中国对东南亚国家政党外交述论

1949—2012

贾德忠 著

Study on Party Diplomacy of
China on South East Countries
(1949-2012)

图书在版编目（CIP）数据

中国对东南亚国家政党外交述论：1949—2012 / 贾德忠著. -- 北京：当代世界出版社，2025.2. -- ISBN 978-7-5090-1922-1

Ⅰ. D822.333

中国国家版本馆 CIP 数据核字第 20250PY089 号

书　　名	中国对东南亚国家政党外交述论（1949—2012）
作　　者	贾德忠 著
出 品 人	李双伍
策划编辑	刘娟娟
责任编辑	刘娟娟　魏银萍　徐嘉璐
出版发行	当代世界出版社
地　　址	北京市东城区地安门东大街 70-9 号
邮　　编	100009
邮　　箱	ddsjchubanshe@163.com
编务电话	(010) 83907528
	(010) 83908410 转 804
发行电话	(010) 83908410 转 812
传　　真	(010) 83908410 转 806
经　　销	新华书店
印　　刷	北京新华印刷有限公司
开　　本	710 毫米×1000 毫米　1/16
印　　张	15
字　　数	202 千字
版　　次	2025 年 2 月第 1 版
印　　次	2025 年 2 月第 1 次
书　　号	ISBN 978-7-5090-1922-1
定　　价	79.00 元

法律顾问：北京市东卫律师事务所　钱汪龙律师团队　(010) 65542827
版权所有，翻印必究；未经许可，不得转载。

前　言

中国对东南亚国家政党外交是中国政党外交的重要组成部分。新中国成立后，特别是中共十一届三中全会以来，改革开放、社会主义现代化建设以及中国特色社会主义建设事业迫切需要一个和平、安全、稳定的国际环境和周边环境。其中，东南亚国家是中国外交的重要发展方向。尤其在中共十八大以后，随着周边外交工作座谈会的召开、共建"一带一路"倡议和构建人类命运共同体理念的提出，东南亚国家在中国外交布局中的地位进一步提升。加强对中国对东南亚国家政党外交的研究，对于进一步丰富和发展中国共产党政党外交理论，深化对政党在国内、国际政治和国际关系中特殊作用的认识，提高党的执政能力，落实"亲、诚、惠、容"的周边外交理念，加强和推动21世纪中国与东南亚国家的战略合作关系，均具有十分重要的理论意义和现实意义。

本书首先从中国的特殊政治制度、中共的特殊历史和意识形态、东南亚国家特殊的政党政治生态、中国与东南亚国家特殊的地缘政治关系等方面，分析中国开展对东南亚国家政党外交的基本政治条件，并从政党外交与政府外交、意识形态与国家利益、领袖作用与制度创新等三组影响因素和辩证关系出发，对中国政党外交的发展路径进行宏观考察，指出，服务国家利益、超越意识形态是包括政党外交在内的中国总体外交的本质要求，彰显特色、错位发展是中国政党外交的路径选择，信任外交、柔性外交是中国政党外交的魅力所在。这是本书对1949—2012年这一阶段中国对东南亚国家政党外交实践的基本理论思考。在这一理论框架下，本书利用公开、零散的资料，对新中国成立以来中国与东南亚国家政党交往的各个历史发展阶段进行系统梳理和分析。这种梳理和分析既总结了不同历史时期中国对东南亚国家政党交往的得与失，也照应、诠释并深化了上述关于中国政党外交的基本理论认识和思考。

在毛泽东时代[①]，在冷战时代背景下，面对中国国内政治生态以及外部环境，中共积极发展与东南亚社会主义国家共产党的关系，支持东南亚国家共产党争取民族解放的活动，并视之为中共履行国际主义原则必须承担的义务和责任。在中越政党交往中，中共积极开展援助外交，支援越南取得抗法、抗美救国斗争的胜利，帮助越南开展社会主义建设，推动了两国在政治、经济、文化等领域的友好关系，中越因此形成"同志加兄弟"的亲密关系。在与东南亚国家共产党的交往中，中共从政治、外交、道义等多方面给予其援助，促进了这些国家人民民主运动的发展，巩固了社会主义力量的团结和友谊，提升了中共国际及地区地位和影响力。在这一时期，中共领导人通过与东南亚建交国和非建交国领导人的互访和交往，实现了与东南亚部分国家执政党领袖的接触，首脑外交成为中共与东南亚国家民族民主政党交往的起源。20世纪60年代以后，由于中苏关系的破裂和中共"左"的思想的影响，中共与东南亚国家政党的交往遭遇严重挫折。

需要强调的是，根据本书的界定，政党外交是指主权国家合法政党（包括政党国际组织）之间为促进国家关系、提高政党执政参政能力、树立政党形象而开展的国际交往活动。在毛泽东时代，中共既与东南亚社会主义国家的共产党开展政党交往活动，也与意识形态相同、但当时在所在国处于非执政地位或被所在国政府视为"不合法"状态的东南亚其他国家的共产党开展政党交往。因此，这一时期中共与东

[①] 本书从以下三个历史阶段——意识形态主导下的中国对东南亚国家政党交往（1949—1978年）、党际关系调整中的中国对东南亚国家政党外交（1978—1991年）、基于国家利益的中国对东南亚国家政党外交（1991—2012年）——来研究中国对东南亚国家的政党外交，为论述方便，本书在论及上述阶段时分别使用"毛泽东时代""邓小平时代""后冷战时代"的提法。

南亚国家部分政党之间的交往活动，尚不属于严格意义上的政党外交，但可纳入政党对外交往的范畴。这一时期，中国政府外交与政党外交在相当长的一段时间里趋同与重叠。

中共十一届三中全会的召开标志着中国进入改革开放和社会主义现代化建设的新时期。和平与发展逐渐取代战争与革命，成为新的时代主题。以邓小平为核心的党的第二代中央领导集体，纠正了"文革"时期政党交往工作中一系列"左"的错误，彻底摒弃过去实行的"支持世界革命""支左反修"的方针，突破"以我划线""以苏划线"的思路和做法，逐步形成以党际关系四项原则为核心的新时期中共对外交往的指导思想和工作方针。中共严格意义上的政党外交是从这一时期开始的。在新型党际关系原则指导下，在20世纪80年代末90年代初，中共实现了中断十余年的中老、中越党际关系和国家关系正常化。同时，中共对与东南亚国家共产党的关系进行了大幅度的调整，逐步实现了与东南亚国家的增信释疑，推动了中国与印度尼西亚（以下简称"印尼"）的复交以及与新加坡、文莱的建交。至此，中国与东南亚国家联盟（以下简称"东盟"）十国全部建立正式外交关系，从而为后冷战时代以来中共与东南亚国家各类政党全方位、多领域政党外交的开展奠定了基础。

20世纪80年代末90年代初，东欧剧变、苏联解体及冷战结束，对国际局势和世界政党格局产生了深刻的影响。中国政党外交也和国家总体外交一样，在经历了短暂的挫折和挑战之后，进入了一个稳步发展的历史新时期。特别是进入21世纪以后至中共十八大召开之前，在世界多极化、经济全球化加速发展的国际形势下，中共进一步丰富了和平与发展的时代内涵，提出建设和谐地区、和谐世界的新理念。中共政党外交思想突破了意识形态的束缚，代之以本着求同存异的原则，同各国各地区政党和政治组织开展交流与合作。这一时期，中共在与东南亚国家的政党外交中坚持睦邻、安邻、富邻的周边外交基本方针，中共与越南、老挝等传统社会主义国家执政党的关系得到新发展，与东南亚国家所有执政党、多数参政党和主要在野党都建立和发展了良好的党际关系，开辟了多边政党外交的新舞台，从而促进了与东南亚各国国家间关系的发展，加强了党的执政能力建设，也树立了良好的政党国际形象，使中共与东南亚国家政党之间的党际关系和政党外交的机制化水平都达到了历史新高度。

中国对东南亚国家政党外交所取得的成效，突出表现在以下三个方面：一是配合总体外交，在不同历史时期维护了国家利益，促进了国家间关系的建立和发展。改革开放以来，中共还在政党外交中注入经济因素，加强了文化、科技、教育等多领域的交流与合作。二是巩固了中共作为世界上最大的马克思主义执政党的地位，提高了党的执政能力，树立了一个大党的良好国际形象。三是丰富了中共对外交往的经验，深化了对政党外交的理论认识，为中共党际关系四项原则的确立、发展和成熟作出了贡献。

中共十八大以来，中国特色社会主义进入新时代，东南亚国家在中国外交全局中的地位日益突出，中共对东南亚国家政党外交正在打开新的局面。在结束语部分，本书对中共对东南亚国家政党外交的历史得失进行了综述，分析了中共十八大以来中国外交形势的新变化，并对中共对东南亚国家政党外交作出了展望。

目 录

前 言

第一章 导论 / 1
第一节 选题意义 / 1
第二节 文献综述 / 4
第三节 基本概念界定与相关概念辨析 / 14
第四节 研究方法 / 25
第五节 学术创新 / 27
第六节 结构框架 / 29

第二章 中国对东南亚国家政党外交的背景与路径 / 31
第一节 中国对东南亚国家政党外交的基本政治条件 / 31
第二节 中国对东南亚国家政党外交的影响因素分析 / 38
第三节 中国对东南亚国家政党外交的基本理论思考 / 49

第三章 意识形态主导下的中国对东南亚国家政党交往（1949—1978） / 57
第一节 中国与东南亚国家政党交往的时代背景和战略定位 / 57
第二节 中国共产党与越南共产党的政党交往 / 66
第三节 中国与东南亚民族民主国家的政党交往 / 88
第四节 意识形态主导下中国与东南亚国家政党交往的成效及不足 / 100

第四章　党际关系调整中的中国对东南亚国家政党外交
（1978—1991）/ 113

第一节　中国对东南亚国家政党外交的时代背景及战略定位 / 113

第二节　中国共产党对东南亚社会主义国家共产党的政党外交 / 119

第三节　中国与东南亚非社会主义国家的政党交往 / 129

第四节　党际关系调整时期中国对东南亚国家政党外交的成效及不足 / 136

第五章　基于国家利益的中国对东南亚国家政党外交
（1991—2012）/ 142

第一节　中国对东南亚国家政党外交的时代背景及战略定位 / 142

第二节　中国共产党对东南亚社会主义国家共产党的政党外交 / 149

第三节　中共对东南亚国家民族民主政党外交 / 166

第四节　基于国家利益的新时期中国对东南亚国家政党外交的主要成效 / 186

结束语：中国对东南亚国家政党外交的展望 / 198

参考文献 / 206

后　记 / 229

第一章 导 论

第一节 选题意义

在当今世界200多个国家和地区中,除20多个国家和地区没有政党以外,其他国家都实行不同形式的政党制度。政党政治已经成为世界多数国家政治生活中的常态,政党特别是执政党成为国家政权的实际执掌者。政党不但居于国内政治舞台的核心,而且是国际政治舞台的主角,成为国家内政外交的重要主导力量。以政党为主体的政党外交在当代全方位外交体系中的作用尤为引人注目。[①]

虽然学术意义上的"政党外交"一词直到20世纪80年代中后期才在国内刊物上出现,但政党外交的具体实践活动早已有之。就中国共产党而言,为实现争取中国革命胜利、民族独立和人民解放的历史使命,在成立初期,就与共产国际、俄国共产党(布尔什维克)以及其他工人阶级政党建立了联系。甚至可以说,中共本身就是党际交流的产物。[②] 1949年10月,新中国成立后,建党在先、建国在后的历史

[①] 时新华:《中国共产党政党外交:理论·实践·经验》,山东大学博士论文,2011年3月,第3页。

[②] 杜艳华等:《中国共产党对外党际交流史鉴》,上海:上海人民出版社,2011年版,第37—38页。

格局，以及中共对中国革命和新的国家政权建立的特殊贡献，形成了以中共为执政党、其他八个民主党派①为参政党的具有中国特色的政党制度和由中共长期一党执政的党政关系，决定了中国政党外交与政府外交的高度一致性和一定的重叠性。

本书的研究对象是1949年至2012年中国对东南亚国家的政党外交，这一时期对东南亚国家政党外交，是中共政党外交的重要组成部分。中国与东南亚国家山水相连，有着悠久的交往传统。21世纪以来，中国-东盟②自由贸易区的建立，成为中国与东盟关系发展的新的里程碑。尤其是在中共十八大之后，随着周边外交工作座谈会的召开、共建"一带一路"倡议和构建人类命运共同体理念的提出，东南亚国家在中国外交总体布局中的地位进一步提升。加强对中共对东南亚国家政党外交的研究，对进一步丰富和发展中共政党外交理论，深化对政党在国内外政治和国际关系中特殊作用的认识，提高党的执政能力，落实"亲、诚、惠、容"的周边外交理念，进一步加强和推动中国与东南亚国家的战略合作关系，具有十分重要的理论意义和现实意义。

首先，研究中国对东南亚国家政党外交实践，对丰富和发展中共政党外交理论以及马克思主义政党学说具有重要的理论意义。全球化时代，中共作为当代世界最大社会主义国家的执政党，如何与世界上不同类型的政党进行交往，如何在政党外交中坚持国家利益、发展国家关系，是对中共这一马克思主义政党的严峻考验。东南亚国家政党政治千差万别，其中，既有传统的社会主义国家，也有资本主义国家；既有处于执政地位的社会主义国家的无产阶级政党和民族民主国家的资产阶级政党，也有不在执政位置上的无产阶级政党。中共在与东南亚国家政党长期的交往实践中，既有正确认识与科学判断国际形势、

---

① 八个民主党派是指中国国民党革命委员会、中国民主同盟、中国民主建国会、中国民主促进会、中国农工民主党、中国致公党、九三学社、台湾民主自治同盟。

② 东盟由印尼、泰国、新加坡、菲律宾、马来西亚五国于1967年8月正式宣告成立。其前身是1961年7月由马来亚、菲律宾和泰国三国在曼谷成立的东南亚联盟。

制定和贯彻正确路线方针政策的成功经验，也有错误判断国际形势，制定和贯彻错误路线方针政策的教训。①对这些丰富的实践经验和历史教训的研究，长期以来还没有得到足够的重视。因此，以党际关系为研究主线，对中国对东南亚国家政党交往进行系统梳理和深入考察，从正反两个方面总结经验教训，不仅是丰富和发展中共政党外交理论的需要，而且是建设和发展马克思主义政党政治学的需要。

其次，研究中国对东南亚国家政党外交，有利于总结历史得失、加强理论思考，有利于提升中国开展周边外交的水平，有利于发展总体外交、多轨外交、公共外交，服务改革发展大局。就中国与东南亚国家而言，中国与东盟关系一直是亚太地区国际关系的重要内容，是亚太地区和平与发展的重要力量，但中国与东南亚国家的关系也面临着诸如南海问题、台湾问题及华人华侨问题等方面的困扰，通过政党外交妥善处理和化解影响中国与东南亚国家关系的上述因素，是对中共执政能力的一大考验。从某种意义上讲，政党外交能力本身就是一种执政能力，是一种服务于总体外交、为国内经济建设和社会发展创造和平环境的能力。

再次，研究中国对东南亚国家的政党外交，有利于促进向东南亚国家传播处理国际问题的基本宗旨、原则及发展目标，传播长期致力于促进亚太地区和世界和平与发展的事业，最终实现构建人类命运共同体，消除一些国家对中国发展存有的疑惑。

最后，在研究过程中，本书尽可能全面地搜集、参阅众多虽公开出版或发表、但分布零散的文献和史料，将之进行梳理归纳和整理汇编，力图展示出新中国成立以来中国对东南亚国家政党外交的历史概貌和发展轨迹，因此也使这项研究具备了一定的史料整理和分析价值。

---

① 杨扬:《毛泽东执政时期的中共政党外交》，中国人民大学博士论文，2010年，第3页。

第二节 文献综述

一、国内研究现状

（一）关于政党外交基础理论的研究

自20世纪90年代中期以来，国内学者对政党外交的研究处于不断升温的态势，研究内容涉及政党外交的内涵、历史条件、原则、作用、特征、制约因素等方面。21世纪以来，周余云、许月梅、王福春、黄金祺等人均对政党外交进行过理论探讨，并在学界产生了一定的影响。周余云在《论政党外交》（2001）中具体分析了政党外交产生的历史条件、地位、作用、指导原则和制约因素，该文是以政党外交基本理论为研究对象的最早公开发表的文章，对政党外交研究具有开创性意义。许月梅在《建国后中国共产党政党外交理论研究》（2003）一书中首次将政党外交概念与其他概念进行了辨析，从党史、党建角度探讨了新中国成立后中国共产党对外交往的理论流变。王福春和黄金祺分别在《外事管理学概论》（2003）和《怎样当好外交外事人员》（2004）中把政党外交单列一节进行了简要论述。王创峰的博士论文《新时期中国共产党政党外交的理论与实践》［中共中央党校（国家行政学院），2006］较为系统地论述了当代世界政党外交的兴起、现状和发展趋势，政党外交的动因和制约因素，以及政党外交在国家总体外交中的地位和作用。陈志敏等人撰写的《当代外交学》（2008）将政党外交作为总体外交中的一节，阐述了一般意义上政党作为外交主体的必然性与合理性、政党外交的实践内容及其在总体外交中的作用。王韶兴主编《政党政治论》（2011）则专门辟出一章，从学科交叉的角度，探讨了政党外交的一般原理，内容涉及政党外交的由来、概念、内涵、基本职能，以及政党互动应遵循的基本原则等系列问题。

党际关系研究是政党外交研究的基础。在政党外交概念提出之前，学界更多关注的是对国际共产主义运动中党际关系的研究。这方面的代表性成果有：姜琦、张月明主编的《国际共产主义运动中的党际关系史》（1991），黄宗良、林勋建主编的《共产党和社会党百年关系史》（2002）等。前者分析了早期国际共产主义运动几种不同类型的党际关系，重点研究了共产国际时期党际关系的历史特征以及二战后更趋复杂的九个方面的党际关系，并结合100多年的党际关系实践进行了理论归纳、形势分析与展望。后者阐述的内容包括：世界社会主义运动从19世纪末20世纪初发生分裂以来的百年间，共产党和社会党（社会民主党）之间的对立、斗争或协作、联合，这两类党的互相转化及其力量和影响的此消彼长，共产党主张的社会主义和社会党主张的民主社会主义，两党关系史的历史经验和教训等。

（二）关于中共政党外交基本理论与实践的研究

1. 中共政党外交基本理论研究

关于中共政党外交基本理论研究，其基础是对中共党际关系的研究，在20世纪80年代已逐渐引起学界的重视。例如，张玉良等人编写了《党际关系的新发展》（1989）一书，该书介绍了中共对外联络工作的重大变革和巨大成就，总结了发展同国外共产党及其他类型政党关系的历史经验，评价了20世纪60年代初期中苏论战的是非曲直，体现了中共的自我批评精神和对马克思主义的重视。全书有史有议，富有新意。但由于时代所限，该书还没有从政党外交的角度来认识这一时期党的对外工作。

许月梅的《建国后中国共产党政党外交理论研究》（2003）一书从中共党史学和党建的角度对新中国成立后中共政党外交的实践进行了系统梳理，对以党际关系四项原则为核心的政党外交理论进行了较为全面的总结和概括。肖枫在《社会主义：转折与创新》（2003）一书中分析了毛泽东执政时期党际关系的思想及政党外交的原则。①王创峰的博士论文《新时期中国共产党政党外交的理论与实践》[中共中央党校（国家行政学院），2006]思路更加开阔，作者以外交学和国际政治学的理论和方法解析中共的对外交往，进一步推动了中共政党外交的研究。郑蕊在《中国共产党对外党际关系研究》（2007）一书中回顾了自中共成立到改革开放这一历史时期党的对外交往过程，并对21世纪政党对外交往战略提出构想。上述研究多对中共政党外交历史进程进行了梳理，初步形成了新时期中共政党外交的基本理论框架。王家瑞主编的《中国共产党对外交往90年》（2013）一书将历史划分为五个阶段，对中国共产党成立以来的90年中，对外交往历程及其取得的历史性成就进行了全面回顾与深入阐述，总结了90年来党的对外工作的经验和规律。于洪君主编的《中国特色政党外交》（2017）全面回顾和系统梳理了中共成立以来对外交往的历程和经验，对中共政党外交规律进行了总结提炼，并对政党外交理论进行了深入研究。宋涛主编的《中国共产党对外工作100年》（2021）分六个历史时期，回顾总结了中国共产党成立100年来对外工作主要成就和经验，指出，新中国成立后，通过积极发展与各国共产党、工人党和其他进步力量的关系，为新中国打开外交局面、巩固新生政权、推进社会主义事业发挥了重要作用。

2. 中共政党外交实践研究

从历史分期来看，现有对中共政党外交实践的研究涉及新中国成立之前党的对外交往、新中国成立到改革开放初的政党外交、改革开放以来的政党外交等。新中国成立前中共开展的对外工作，为新中国对外关系的建立和发展，以及对外交往原则的确立奠定了基础。这一时期的研究成果主要包括：曹军的《中国共产党和共产国际关系史研究》（2001）；牛军的《从延安走向世界——中国共产党对外关系的起

---

① 肖枫：《社会主义：转折与创新》，北京：当代世界出版社，2003年版，第133—141页。

源》（2008）；郭德宏主编《共产国际、苏联与中国革命关系研究述评》（1996）；王庭岳的《崛起的前奏：中共抗战时期对外交往纪实》（1995）等。由于中苏之间在近代中国革命和建设过程中的特殊关系，对新中国成立到改革开放初期的政党外交，特别是对中共与苏共关系的研究，一度成为学界的热点。代表性著作有：吴冷西的《十年论战：1956—1966 中苏关系回忆录》（1999）；蒲国良的《走向冰点：中苏大论战与1956—1965 年的中苏关系》（2000）；刘杰诚的《毛泽东与斯大林会晤纪实》（1997）；沈志华主编的《中苏关系史纲》（2007）；杨奎松的《毛泽东与莫斯科的恩恩怨怨》（2008）等。他们对新中国政党外交的开拓和曲折发展进行了梳理，认为这一时期提出的中共对外交往的总方针奠定了中共政党外交的理论基础。对这一时期中共政党外交进行较全面研究的还有：杨扬的博士论文《毛泽东执政时期的中共政党外交》（中国人民大学，2010）；杨胜刚的博士论文《新中国政党外交维护国家利益研究——以处理意识形态与国家利益相互关系为视角》（外交学院，2022）等。

关于改革开放以来的政党外交，有关研究成果也较为丰富和多样。中共中央对外联络部（以下简称"中联部"）编写的《中国共产党对外工作概况》自 1992 年起，连续介绍中共与包括东南亚国家政党在内的各国政党、政治组织交往的情况，为研究中共对东南亚国家政党外交和政党交往提供了公开的档案资料。杜艳华等人所著《中国共产党对外党际交流史鉴》（2011）一书，对自中共成立以来特别是改革开放以来的各个历史时期，中共对外政党交往的重大活动，进行了历史性回顾与梳理，并对中共对外党际交流的基本经验进行了高度凝练和概括。

近年来，政党外交的国别和区域研究逐渐引起学界的重视，研究者除如前述对中共与苏共关系进行研究之外，还延伸到中共与日本、德国、美国、印度等国，以及与欧洲、非洲、拉丁美洲等地区的政党交往工作。相关的博士论文有：舒新的《中国共产党与当代西方社会民主党之间的关系研究》（华中师范大学，2005）；冯瑾的《中国共产党与西欧共产党党际关系研究》（中国社会科学院，2023）等。硕士论文有：王志峰的《抗战后期中国共产党的对美外交》（中国人民大学，2003）；邵开封的《新中国成立以来中国共产党与欧洲社会党关系的历史考察》（中国人民大学，2006）；郑晓飞的《中国共产党对日"民间外交"政策的形成与发展（1952—1962）》（首都师范大学，2007）；黄刚的《战后中日关系中的政党外交》（上海外国语大学，2008）；王玉琴的《中国共产党与日本民主党党际交流实践研究》（青岛大学，2010）；谢燕红的《政党交往在中日国家关系中的作用》（南开大学，2010）；邓华的《中国共产党与欧洲社会民主党党际交往研究》（外交学院，2010）；肖慧敏的《中日政党外交对政府外交的作用和影响》（山东大学，2011）；高雅的《中国共产党与阿拉伯国家政党外交研究》（上海外国语大学，2013）；李晓燕的《中国共产党与日本社民党的党际交往研究》（外交学院，2014）；聂祖国的《中日两国共产党党际关系研究》（外交学院，2014）；王元磊的《中国共产党与印度共产党（马克思主义）的党际关系研究》（外交学院，2014）；侯武亮的《中国共产党与英国工党党际关系探析》（外交学院，2014）；杨凯的《日共与中共党际关系述论》（东北师范大学，2014）；马阳阳的《当代中国对澳大利亚政党外交研究》（外交学院，2015）；范世煜的《当代中国对非洲政党外交研究》（外交学院，2016）；叶益巧的《抗战时期中共与联共（布）党际关系研究》（西南大学，2016）；吴凯的《中国共产党与德国社民党的党际关系研究》（外交学院，2016）；邵芮的《当代中国对英国政党外交研究——以英国朝野政党相互关系为视角》（外交学院，2017）；王秀娟的《中国共产党与古巴共产党党际关系的历史发展及基本经验研究》（外交学院，2017）；高欣的《论党际关系促进国家关系——以中日政党外交为例》（外交学院，2017）；毛泽华的《新中国成立以来中国共产党与朝鲜劳动党党际关系的历史演进研究》（外交学院，2019）；瓦莱的《老挝-越南党际关系研究》（云南大学，2019）；曹启昭的《国家关系视角下中共与法共的党际关系研究》（外交学院，2020）；张哲的《中国共产党与坦桑尼亚革命党党际关系探究》（外交学院，2021）等。

（三）关于中国对东南亚国家政党外交的研究

1. 中国与东盟关系研究

冷战时期，国内外对中国与东盟关系的研究较少。20世纪70年代以后，特别是冷战结束以来，中国-东盟关系逐渐进入新的历史发展阶段。国内外学者围绕中国与东盟关系展开了全面、深入的研究，涌现了大量的研究成果。然而，在研究视角上，现有研究主要以经济学为视角，着眼于对中国与东盟（包括东盟成员国）之间的经济关系，而对中国与东盟国家的政治交往研究不够，存在"重经轻政"的现象。有关中国与东盟关系的代表性研究成果主要包括：陈乔之的《冷战后东盟国家对华政策研究》（2001）；贺圣达的《世纪之交的东盟与中国》（2001）；曹云华、唐翀的《新中国-东盟关系论》（2005）；李富强主编的《中国与东盟交流合作史研究（政治卷）》（2007）；葛红亮的《新变局：演进中的东南亚与中国-东盟关系》（2018）；屠年松、屠琪珺的《中国与东盟国家和谐关系论》（2018）；林文勋、郑永年的《中国-东盟命运共同体与澜湄合作》（2019）；胡昊、翟崑的《中国—东盟合作中的政党与社会团体研究》（2021）等。相关博士论文包括：王光厚的《冷战后中国东盟战略关系研究》（北京大学，2005）；赵乾坤的《大国权力与地区规范：中国与东盟关系研究》（外交学院，2006）；黎氏秋红的《中国东南亚睦邻外交战略研究：兼论中国与东盟及其成员国的关系》（中国人民大学，2011）；温智宏的《中国与东盟国家人文共同体构建研究》（上海外国语大学，2022）等。

2. 中国对东南亚国家政党外交研究

中共政党外交在不同历史时期具有不同的特点。在冷战时期，受当时特殊的国际国内环境影响，中共政党外交具有明显的意识形态痕迹和清晰的层次性。在中国与东南亚国家的政党交往中，这种层次性主要表现在中共主要与同一意识形态的社会主义国家的共产党发展党际关系，中国政党外交最为重要的对象是社会主义国家的共产党，如越南共产党（以下简称"越共"）①、老挝党②，其次是东南亚非社会主义国家中的共产党，最后才是东南亚国家的民族民主政党。冷战结束后，中国共产党政党交往的对象才逐渐扩大到东南亚国家的各类主要政党。

上述层次性也反映在学界对中国对东南亚国家政党外交的研究上。从现有研究成果来看，关于中共与越共的政党交往研究较多，主要著作有：郭明主编的《中越关系演变四十年》（1992）和《中越关系新时期》（2007）；郭明、罗方明、李白茵的《现代中越关系资料选编》（1986）；黄铮的《中越关系史研究辑稿》（1992）和《胡志明与中国》（1987）；古小松的《越南国情与中越关系》（2007）；潘金娥的《越南政治经济与中越关系前沿》（2011）等。博士论文有：古小松的《从恩恩怨怨到平等互利——20世纪后期中越关系研究》（暨南大学，2000）；黄惠英的《在大国间寻求平衡——革新开放以来越南对华和对美外交》（中国人民大学，2009）；张秀阁的《援越抗美与中越关系的演变》（南开大学，2010）；李桂华的《地缘政治视角下的中越关系研究（1949—1972）》（中国人民大学，2011）；丁进孝的《1950年至1975年的中越关系研究》（湖南师范大学，2014）等。硕士论文有：周建华的《中越两党关系研究》（中国人民大学，2000）；罗雪珍的《中国共产党与越南共产党关系的考察与反思——基于意识形态与国家利益的视角》（华侨大学，2014）；伊士健的《中越两国共产党党际关系研究》（外交学院，2014）等。诸多的文献对中共与越共的关系做了梳理，为研究中共对越共的政党外交提供了重要的参考价值。

涉及中国与东南亚其他国家政党交往的研究成果则相对较少，以中国与东南亚国家（或与东盟成员国）政党外交（或党际交往、政党

---

① 越南共产党成立于1930年2月，同年10月改称印度支那共产党。1951年，印度支那共产党改名为越南劳动党。1976年12月，越南劳动党又改称越南共产党。本书为行文方便，将其统称为越南共产党（"越共"）。

② 老挝人民党于1951年成立，1972年更名为老挝人民革命党。本书为行文方便，将其统称为"老挝党"。

交往）为主题的专著目前尚未发现，学位论文也较为少见，有限的硕士论文主要包括：王丽丽的《中国共产党与新加坡人民行动党党际交往研究》（外交学院，2014）；郭安娜的《当代中国与东南亚国家政党外交研究》（外交学院，2016）；罗雅琪的《中国共产党与马来西亚国民阵线关系研究——以党际关系与国家关系互动为视角》（外交学院，2020）；杨晓亮的《政党外交视域下的中老命运共同体构建研究》（外交学院，2021）；蒋龙侠的《十八大以来中国共产党政党外交理论与实践研究——以中国共产党和缅甸全国民主联盟外交为例》（中共重庆市委党校，2022）等。部分政党交往史料由于保密等方面的原因，目前还难以查阅。

已经公开的部分史料则散见于有关著述中，如：李健的《天堑通途——中国共产党对外交往纪实》（2000）；当代世界出版社史料编辑组的《历史瞬间的回溯：中国共产党对外交往纪实》（1997）；蒋光化的《访问外国政党纪实》（1997）；刘万镇等的《毛泽东国际交往录》（1995）等纪实性专著。中共中央重要文件汇编，不同时代的党报党刊，政党领袖文选、文集、年谱，有关当事人的回忆录、传记等，也是中共政党外交研究的重要史料来源。此外，中国与东南亚国家关系、中国周边外交、东南亚国家政党制度等领域的研究成果，也从不同侧面拓宽了本书的研究思路。

二、国外研究现状

虽然国外学者对政党理论、政党政治的研究成果较多，但一般认为，政党外交只是政党间国际交往的一种行为和方式，学界也未从政党与外交关系的视角进行考察和研究。特别是在国外，政党主要是国内选举的政策工具，外交仍然属于政府行为，政党在国际上开展政党外交不是主流。这一原因导致很多国外学者对政党外交的研究只是描述性的和经验型的。① 因此，从完整意义上使用政党外交一词的研究成果尚不多见，一些研究则散见于有关中共的研究中。一是关于中共早期对外交往的研究，如：美国学者 K.E. 休梅克的《美国人与中国共产党人》（1989）；西班牙学者克劳丁的《共产国际、斯大林与中国革命》（1982）等。这些研究聚焦中共在新中国成立前的对外交往活动，既有助于我们理解中共在新中国成立之前就已经与外部世界建立起来的联系，也有助于理解中共政党外交的思想渊源、行为方式及主要特征。二是散见于回忆录、纪实、专著当中，涉及新中国成立后中共的对外交往以及政党领袖的研究。其中，主要以对中苏政党交往的研究为主，如《赫鲁晓夫回忆录》（2006）、《费德林回忆录——我所接触的中苏领导人》（1995）、《最后的遗言》（1988）等。国外研究成果还包括：日本不破哲三的《斯大林与大国主义》（1982）；奥地利学者尤利乌斯·布劳恩塔尔的《国际史》（1985）；约翰·刘易斯的《共产主义中国的领袖》（1963）；斯卡拉皮诺的《中华人民共和国的精英》（1972）等。三是 21 世纪以来，随着中国综合国力的日益增强，以及中国共产党领导下的中国日益走近世界舞台的中央，关注中共对外交往的研究逐渐增多，如：柏思德和郑永年的《恢复党的地位：中国是如何治理的》（2004）；沈大伟的《中国共产党：萎缩与调整》（2008）等。同时，中共对外交往的主要机构也开始进入学者的视野。例如，沈大伟的《静悄悄的外交：中共中央对外联络部》，重点介绍了中联部的角色、历史沿革、组织结构和活动；② 在《冷战研究》（*Cold War Studies*）杂志上发表的《早期卡斯特罗时代的中国与古巴的关系》一文，论述了古巴共产党与中国共产党的关系；《中国季刊》（*China Quarterly*）杂志则专文论述中国共产党和苏联共产党之间的关系；《共

---

① 姜峰：《中国共产党政党外交国际身份演变研究》，外交学院博士论文，2015 年 6 月，第 12 页。

② Shanbaugh David L., "China's Quiet Diplomacy: The International Department of the Chinese Communist Party", *China: An International Journal*, Vol. 5, No. 1, 2007, pp. 25-26.

产主义与后共产主义研究》(*Communist and Post-Communist Studies*) 杂志也有文章描写邓小平时代中共与东南亚共产党的关系。

需要强调的是,一方面,固有的意识形态色彩和政治偏见时常充斥在上述一些研究之中,一些带有主观性、片面性的观点有待进一步商榷和鉴别。特别是冷战结束后,一些西方学者并不是为社会主义政党总结经验教训,而是为达到特定目的而对中共政党外交进行否定和歪曲,为历史终结论制造舆论。欧洲一些共产党和社会民主党还提出"新国际主义""第三条道路"等主张,对此,我们应审慎对待、慎重取舍。另一方面,虽然上述研究并不是直接针对中共政党外交,但其中也不乏真知灼见,从外部维度拓宽了我们的思路,深化了我们对中共政党外交的认识。

总之,自20世纪80年代以来,随着外交主体多元化趋势的发展,学界对中共政党外交的理论和实践进行了较为系统的梳理,围绕政党外交的概念、背景、作用与特征等进行了广泛而深入的研究,出现了若干代表性成果。然而,当前的研究主要集中于全景式、整体性的中共政党外交理论或实践研究,或是以时代为线对不同历史时期中共政党外交实践进行研究。而对于中共与世界不同类型的政党开展政党交往的个案研究,或与世界不同地区、组织及其成员国开展政党交往的系统研究,虽然已有个别研究成果面世,但尚未引起学界足够的重视。

东盟是一个地区性合作组织,由于地缘政治因素以及相似历史文化传统的影响,东盟成员国的政党在国家政治生活中发挥着特殊的作用。中共对东南亚国家的政党外交,对促进国家关系的建立和发展起着不可替代的作用。然而,从中国与东南亚国家关系的研究状况来看,当前的研究主要集中在经济层面,而非政治层面。在有限的政治关系研究成果中,也主要集中在双边或多边的政府外交层面,或在分析国家间关系的时候间接涉及政党交往的内容。从政党外交的视角研究中共与东南亚国家政党的关系,当前的研究成果仍然很少。

第三节 基本概念界定与相关概念辨析

  政党外交是伴随着国际关系行为主体的变化产生和发展起来的。自1796年西方保守主义之父埃德蒙·柏克最早提出"外交"这一概念之后,外交长期被认为是一种以主权国家为主体的官方对外活动,外交的参与者在多数情况下被限定在主权国家的政府之间。① 二战后,特别是20世纪80年代以来,全球化的发展趋势促使国家由一个封闭的统一体变成一个开放的体系,国际关系行为主体开始从主权国家这个层面向多个层面扩展,相关研究也由此展开。如英国学者白里安·豪京首次提出"多层外交"(Multilayered Diplomacy)的概念。② 英国外交学专家巴斯顿认为,"外交本身是国家通过正式或非正式的代表以及其他行为者,运用通信、个别会谈、交换观点、说服、访问、威胁和其他相关的行动来阐明、协调和维护特殊的和更广泛的利益的手段",同时他还明确指出,"以一种狭义和正式的观念将外交看作是外交部和外事人员的独占领域并非恰到好处,做不如说外交由广义的'国内'各部门或各机构与它们国外的反映其技术性内容对口部门来承担;外交也在不同的国际组织如国际货币基金组织和联合国秘书处的官员之间;或是在跨国涉及外国公司和一个东道国政府;以及非政府组织和'民间'人士一起通过他们来进行"。③ 美国学者路易丝·戴蒙德、约翰·麦克唐纳将"二轨外交"的概念发展为"多轨外交",将众多非国家行为体开展的缔造和平的活动纳入一个统一体系。④ 美国学者普利斯科也认为,"外交在理论上和实践上的表现形式,如同大多数人类制

---

  ① 张历历:《现代国际关系学》,重庆:重庆出版社,1988年版,第83页。
  ② Brain Hocking, *Localizing Foreign Policy: Non-Central Governments and Multilayered Diplomacy*, London: Palgrave Macmillan, 1993. 转引自时新华:《中国共产党政党外交:理论·实践·经验》,山东大学博士论文,2011年3月,第3页。
  ③ R.P. 巴斯顿著,赵怀普译:《现代外交》,北京:世界知识出版社,2002年版,第1—2页。
  ④ 路易丝·戴蒙德、约翰·麦克唐纳著,李永辉等译:《多轨外交:通向和平的多体系途径》,北京:北京大学出版社,2006年版,第4页。

度一样，是充满活力并随时代而变化的"。① 上述学者均对外交主体多元化进行了多视角的研究，从而为政党外交理论的产生奠定了基础。国内学界也在世纪之交开始出现"总体外交""大外交""小外交"的提法。②

作为一种广义的外交行为，政党外交是现代国际关系和政党政治发展的必然结果。现代意义上的国际关系诞生于西欧地区，1648年签署的《威斯特伐利亚条约》在这一地区确立了民族国家互动的基本准则，由此形成了以民族国家为主体的威斯特伐利亚体系。该体系及其准则在18世纪拓展到北美，19世纪扩展到拉美，并在20世纪的下半叶，即第二次世界大战之后，扩展到亚洲和非洲，从而形成了全球意义上的以民族国家为主体的国际关系。③ 与之同时进行的是政党和政党政治在世界范围内的发展。1679年，在英国首先出现现代意义上的政党，即托利党和辉格党，此后，政党在西欧地区并逐渐在世界范围内成为一种普遍的政治现象。迄今为止，政党政治已经成为世界多数国家政治生活中的常态。

一、基本概念界定

在政党的产生和发展过程中，政党的对外交往活动由来已久，但政党外交这一概念的出现和学界对政党外交的研究却颇为滞后。据文献考证，政党外交一词大约在20世纪80年代中后期才在国内刊物上出现。1987年，何方在《世界知识》第13期的《记取历史教训，发展中日友好——纪念"卢沟桥事件"50周年》一文中曾提到政党外交

---

① 埃尔默·普利施科著，周启明等译：《首脑外交》，北京：世界知识出版社，1990年版，第11页。
② 有学者提出，"总体外交"="小外交"+"大外交"。"小外交"指的是国家元首、政府首脑和外交部系统所从事的外交，也称严格外交；"大外交"则可包括一国政党、议会、军事、经济、文化、科技、体育等政府部门和地方政府部门，以及民间各个领域旨在促进国家间关系和以主权国家为主体所进行的一切"心中有国"的对外交往。参见黄金祺：《什么是外交》，北京：世界知识出版社，2004年版，第3页。
③ 王韶兴主编：《政党政治论》，济南：山东人民出版社，2011年版，第501页。

一词。①1991年，吴枫、杜文君主编的《中华现代思想宝库》（外交篇）在为中国近代外交史料分类时，也提到国家外交与政党外交。②这一时期，有关媒体和刊物主要是在谈及日本或中国台湾地区的政党政治时才用到这一概念。1994年，钟岩文的《新时期党的对外工作纵横谈》第一次在分析中共的对外工作时使用了政党外交这一概念，认为政党外交的一个重要特点是它的思想性、政策性比较强，具有连续性、积累性等特点。新时期党的对外工作"开创了以各国执政党、参政党和合法在野党为重点的全方位的政党外交的新格局"。③1995年，中联部研究室撰写的《新时期中国共产党对外工作的发展》一文指出："政党外交是国家总体外交的重要组成部分，它与政府外交、议会外交、民间外交相互补充、相互促进，共同服务于总体外交的总目标，同时又有自己的工作对象和范围、工作重点和特点，它在为我国改革开放和现代化建设争取有利的国际环境方面，有自己独特的作用和意义。"④这表明，政党外交一词在20世纪90年代中期已被官方采用，这也是对政党外交的目标、特点和意义的较早阐述。

学界对政党外交的认识也有一个逐步深化的过程。1996年俞正梁的《当代国际关系学导论》在划分外交类型时，1999年金正昆出版的《现代外交学概论》在论述现代外交方式发生的重大变化时，均提到政党外交，由此可见，学界早在20世纪90年代中后期就已经把政党外交列为现当代外交的重要方式之一，但上述学者并没有对政党外交的内涵进行更深入地探讨。

进入21世纪，中国学者对政党外交的研究处于不断升温的态势。关于政党外交的内涵，学界主要有广义和狭义之分。狭义的理解以许

---

① 何方：《记取历史教训，发展中日友好——纪念"卢沟桥事件"50周年》，载《世界知识》，1987年第13期。
② 吴枫、杜文君主编：《中华现代思想宝库》，长春：吉林人民出版社，1991年版，第1074页。
③ 钟岩文：《新时期的对外工作纵横谈》，载《党建》，1994年第12期。
④ 中联部研究室：《新时期中国共产党对外工作的发展》，载《求是》，1995年第19期。

月梅、王福春等人为代表。例如,许月梅认为:"政党外交特指社会主义国家的执政党在为特定的目的而斗争的过程中与世界上其他国家的各种类型的政党进行的交往、合作和斗争的政治行为。"① 王福春认为,政党外交也称党际联络工作或党的外事工作,是我国总体外交的重要组成部分,是国家整个对外工作的基本方面。② 上述定义只把政党外交局限于中共的党际交往,或者是社会主义国家执政党与其他国家政党进行的交往活动,其定义过于狭窄,有失偏颇。

近年来,更多的学者倾向于从广义上来理解政党外交。所谓广义的理解,既体现在政党外交的主客体方面,也体现在政党外交的目的界定方面。

政党外交的主客体方面,周余云认为,政党外交是指主权国家合法政党之间开展的国际交流、对话与合作。政党外交的主客体应是主权国家的合法政党,即各国执政党、参政党、合法的在野党及跨国政党组织。③这一定义强调了政党外交主客体的资格和范围,将政党外交的主体和客体均扩展到世界上所有合法政党及政党国际组织。王创峰认为,政党外交是"一种广义的外交行为,是指一国政党在国家总体外交战略的指导下,为维护国家利益和促进国家关系与其他主权国家的合法政党及政党国际组织进行的联系和交往"。④这一定义强调了政党外交的主客体资格、目的、性质等核心要素。赵可金认为,政党外交以跨国政党交流为内容和载体,外交对象广泛,除国外执政党、参政党、在野党外,还包括与利益集团、人民团体和社会各界人士、各国政府、政治家及政党国际组织的交流。⑤这一定义在政党外交的客体

---

① 许月梅:《建国后中国共产党政党外交理论研究》,北京:中国社会科学出版社,2003年版,第14页。
② 王福春:《外事管理学概论》,北京:北京大学出版社,2003年版,第206页。
③ 周余云:《论政党外交》,载《世界经济与政治》,2001年第7期。
④ 王创峰:《新时期中国共产党政党外交理论与实践研究》,中共中央党校(国家行政学院)博士论文,2006年5月,第18页。
⑤ 赵可金:《政党外交及其运行机制》,载《当代世界》,2010年第11期。

界定方面显然有失宽泛。于洪君主编的《中国特色政党外交》认为，政党外交是由主权国家的执政党或国际性政党组织（包括区域性政党组织）所开展的，针对其他主权国家的合法政党和政治组织或者国际性政党组织的，旨在推动国家间关系发展或促进国际事务妥善解决的对外交往活动。①该定义强调，政党所进行的涉外活动，必须以促进国家间关系发展、促进执政地位稳固或者参与全球性公共事务治理为目的，并不是政党所从事的一切对外交往活动都属于政党外交。

政党外交的目的界定方面，黄金祺认为，"'政党外交'泛指一国政党旨在促进国家间关系所进行的对外交往"，"有关国家的政党之间为促进或影响国家关系而进行的联系和交往即构成'政党外交'"。②余科杰认为，所谓政党外交，就是在国家总体外交战略的指导下，一国之合法政党与他国政党或政党国际组织，为促进或影响国家关系、维护本国利益而进行的国际交流、对话与合作。③上述定义强调了政党外交目的上的国家政府属性，即政党外交的目的是促进国家关系。杨胜刚认为，"政党外交是一国合法政党以党际关系为依托，促进国家间关系，实现国家利益，所开展的对外交流与合作"。④这一认识突出了政党外交的主体功能，政党间的互动关系服务于国家关系，体现出政党外交的目的是以国家利益为最终指向。钟放认为，所谓政党外交，是指（合法）政党作为国际政治的主体，为提高其国际国内地位，与本国以外的政治主体（包括个人）进行的交往活动。⑤时新华认为，"所谓政党外交就是主权国家合法政党为维护政党自身利益、促进国家关系、维护国家利益而进行的政党间国际交往的实践活动"。政

---

① 于洪君主编:《中国特色政党外交》,北京:社会科学文献出版社,2017年版,第25页。
② 黄金祺:《怎样当好外交外事人员》,北京:世界知识出版社,2004年版,第42—43页。
③ 余科杰:《论"政党外交"的起源和发展——基于词源概念的梳理考察》,载《外交评论（外交学院学报）》,2015年第4期。
④ 杨胜刚:《新中国政党外交维护国家利益研究——以处理意识形态与国家利益相互关系为视角》,外交学院博士论文,2022年6月,第25页。
⑤ 钟放:《论日本共产党的在野党外交》,载《日本学论坛》,2007年第1期。

第一章 导 论

党外交的目的"必须是在维护政党自身利益的前提下维护国家利益"。①王韶兴提出,"所谓政党外交就是主权国家合法政党在对外交往中所秉持的价值理念、政策主张及其实践活动,其目的在于促进国家关系、维护国家利益、增进党际关系"。②上述定义强调了政党外交要维护政党自身利益的目的(如提高其国际国内地位、增进党际关系等),从而在政党外交的目的界定方面实现了突破,即政党外交不仅要为促进国家关系服务(这是政党外交的首要目的),也要为实现政党的自身利益服务。综上所述,从广义上理解政党外交的概念,显然比从狭义上理解更能反映政党外交的全貌。

关于政党外交的内涵,当前学界尚无统一的界定。在综合分析政党外交的主体、客体、目的、性质等方面内容的基础上,本书认为,政党外交的主客体既包括主权国家的合法政党,又包括国际性和地区性的跨国政党组织;政党外交的动机和目的既包括维护国家利益、促进国家关系的一面,又包括维护政党自身利益的一面。具体而言,一个政党要赢得选举、执掌或参与国家政权,就不能不在内政和外交中关注和实现政党自身的利益。政党自身利益的核心内容是提高政党的执政能力和参政能力,树立良好的政党国际形象,促进党际关系的发展。因此,本书认为,政党外交是指主权国家合法政党(包括政党国际组织)之间为促进国家关系、提高政党执政参政能力、树立政党形象而开展的国际交往活动。

关于"中国对东南亚国家政党外交(1949—2012)"研究边界的界定,鉴于中共在中国革命和建设中所处的特殊地位和所起的特殊作用,以及具有中国特色的中国新型政党制度、中国共产党领导的多党合作和政治协商制度,本书关于中国对东南亚国家政党外交的研究,主要限于对中共与东南亚国家政党交往的研究。

---

① 时新华:《中国共产党政党外交:理论·实践·经验》,山东大学博士论文,2011年3月,第34—35页。

② 王韶兴主编:《政党政治论》,济南:山东人民出版社,2011年版,第503页。

二、相关概念辨析

(一) 政党外交与政府外交

在中国特色的政治制度下,处理政党外交和政府外交的关系无论在理论上还是实践上,都是中国政党外交面临的一大挑战。政党外交通过促进党际关系,进而实现促进国家关系、促进政党自身建设、树立政党良好形象等目的。政府外交则是指政府作为国家行政机关,在某种战略、政策的指导下,处理国家外交事务的行政行为。它从事具体的外交事务,在处理国与国之间建立或断绝国家关系、使领馆的建立或撤销、发布外交公告、进行外事活动等方面起着重要作用。①政府外交是国家总体外交的主要组成部分,是主权国家的代表。

一般来说,政党外交与政府外交既有联系,又有区别。其相同之处有以下两点:一是根本利益的一致性。在实行政党政治的国家,政府多是由政党单独或联合组成的,执政党的成员往往就是政府外交的执行者。②因此,执政党对政府制定和实施对外政策的指导性作用是显而易见的。当政党外交的主体是执政党时,政党利益与国家利益具有高度的一致性。从长远来看,即使处于在野党乃至反对党地位的政党,其自身利益与国家的根本利益仍然是一致的。二是外交理念和基本原则的相关性。外交理念是指导一国总体外交的观点和看法,适用于政府外交、政党外交、议会外交等不同外交形式。在外交原则上,由于主体不同,政府外交和政党外交有所区别。例如,中国政府提出的和平共处五项原则(互相尊重主权和领土完整、互不侵犯、互不干涉内政、平等互利、和平共处),与中共政党外交奉行的党际关系四项原则(独立自主、完全平等、互相尊重、互不干涉内部事务),虽然表述不

---

① 许月梅:《建国后中国共产党政党外交理论研究》,北京:中国社会科学出版社,2003年版,第12页。
② 王创峰:《新时期中国共产党政党外交理论与实践研究》,中共中央党校(国家行政学院)博士论文,2006年5月,第19页。

尽相同,但仍具有内在的统一性。因此,在一国总体外交格局中,政府外交居于主导地位,政党外交则是政府外交的延伸和补充。政党外交对政府外交的影响,一方面表现为政党外交可以成为政府外交的先导,从而促进国家间正式外交关系的建立和发展;另一方面表现为政党外交中产生的分歧和矛盾也可能导致国家关系的恶化,给国家间正式外交关系带来损害。

政党外交与政府外交相比也有一些不同。一是承担的责任不同。政党外交并不处理需要由政府来处理的具体的外交事务,这本身说明,政府难以涉及政治生活的各个方面,这就为政党外交发挥作用提供了空间。二是工作的对象不同。政党外交主要是同外国的政党和政要进行交流,而政府外交主要是政府之间的交往。三是工作的方式不同。政党外交注重的是同外国政党、政党领袖和政要等进行思想、理念的沟通和交流,而政府外交更加注重实际问题的解决,以维护国家利益。四是政党外交不必拘泥于外交礼节,可以为政府外交传递信息、解决政府外交不便解决的问题。①五是主体不同。政党外交的主体是政党,政府外交的主体则是政府。这些差异和不同恰恰体现出政党外交的特殊作用。

(二) 政党外交与政党对外交往

如前所述,政党外交一词大约于 20 世纪 80 年代中后期才在国内学者的著述中出现,在 90 年代中期以后逐渐被官方和学界采用。而在此之前,更多使用的是"党际关系""党的对外交往""党的对外工作"等概念,而且在使用过程中这几个概念也未作严格区分,经常交替使用。截至目前,在中共的全国代表大会报告中尚未见到"政党外

---

① 范炳良:《国家外交形式的发展趋势》,载《当代世界》,2005 年第 3 期。

交"的表述,① 但学界的理论探讨应不限于此。鉴于"党的对外工作"、"党的对外交往"和"对外党际交流"这三个概念的内涵和外延基本相同,而它们与政党外交、党际关系则有着明显的区别。因此,为准确界定政党外交这一概念,本书仅就政党外交与政党对外交往、党际关系之间的异同进行辨析。

政党对外交往是指一国政党与他国政党或政党国际组织进行的往来。因此,就概念本身而言,政党外交与政党对外交往都是指政党的跨国交往活动,它们是一组极为相近的概念。有学者认为,政党外交的着眼点在于维护国家利益和促进国家关系的发展,只有当政党在与外国政党和政党国际组织的交往中直接或间接包含与国家关系有关的内容时,这种交往才可以说是政党外交。而政党对外交往内容丰富,其外延要比政党外交大得多。②政党外交是旨在促进国家关系的对外交往活动,而不是政党所从事的一切对外交往活动(尽管有时要对此进行辨别和区分非常困难)。③这些观点值得商榷。

政党外交的首要目的是维护国家利益、促进国家关系发展。没有这一点,政党外交就不可能成为国家总体外交的重要组成部分,也不可能成为现代外交的基本方式之一。然而,现代政党也不回避和否认政党自身的利益,如在对外交往中实现提高政党执政参政能力、树立政党国际形象乃至加强彼此理解、增进党际关系的目的。当然,从长

---

① 改革开放以来,中共历次全国代表大会对政党对外交往的表述分别为:"发展同各国共产党和其他工人阶级政党的关系"(十二大报告)、"发展同外国共产党和其他政党的关系"(十三大报告)、"同各国政党建立和发展友好关系"(十四大报告)、"发展新型的党际交流和合作关系"(十五大报告)、"同各国各地区政党和政治组织发展交流和合作"(十六大报告)、"开展同各国政党和政治组织的交流合作"(十七大报告)、"开展同各国政党和政治组织的友好往来"(十八大报告)、"加强同各国政党和政治组织的交流合作"(十九大报告)、"中国共产党愿在独立自主、完全平等、互相尊重、互不干涉内部事务原则基础上加强同各国政党和政治组织交流合作"(二十大报告)。

② 王创峰:《新时期中国共产党政党外交理论与实践研究》,中共中央党校(国家行政学院)博士论文,2006年5月,第18页。

③ 张蕾蕾:《社会身份理论视域下中国共产党政党外交研究》,复旦大学博士论文,2011年3月,第5页。

远来讲，实现这一目的与维护国家利益、促进国家关系发展这一首要目的是高度一致的，因为一个政党自身的利益如果不能与国家利益高度契合，就很难得到民众的拥护和认同，执政或参政也就无从谈起。而且在现实当中，政党的哪些对外交往是服务国家利益，哪些不包括与国家关系有关的内容，何时是为国家利益服务，何时又是为政党的自身利益服务，事实上是难以割裂和区分的。因此，就目的和内容而言，政党外交与政党对外交往是一致的。无论是政党外交还是政党对外交往，都以实现促进国家关系、实现政党自身利益为目的。即使在今天，中共官方文献中也是在意义基本等同的语境下使用"党的对外交往"与"政党外交"这两个概念的。

当然，政党外交与政党对外交往也不是一组完全等同的概念，其区别主要体现在交往对象上。政党外交的客体是主权国家的合法政党，既可以是国外的执政党，也可以是在野党或反对党，乃至其他具有合法地位的小党派。一国政党与被其所在国政府视为"不合法"状态的政党进行交往，往往被视为对他国主权和内政的干涉，非但不能促进国家关系，反而会损害现有的国家关系。[①]因此，与被所在国政府视为"不合法"状态的政党交往不应属于政党外交的范畴，但可纳入政党对外交往的视域进行考察。

（三）政党外交与党际关系

界定政党外交还应区分政党外交与党际关系的异同。作为一组相近的概念，政党外交是侧重于国家关系的以政党为主体的政治行为。党际关系则是对政党之间所处状态的描述，侧重于关系范畴。有学者指出，传统意义上的党际关系指的是无产阶级政党（共产党）之间相

---

① 王创峰：《新时期中国共产党政党外交理论与实践研究》，中共中央党校（国家行政学院）博士论文，2006年5月，第18页。

互作用、相互影响的一种连带关系。①但今天学界更多的是从更为宽泛的视角来认识党际关系，认为党际关系是对政党交往行为主体与客体之间所产生的互动状态的描述。它可以是一国之内政党之间关系状况的反映，也可以是对跨国政党交往现象总的描述。② 本书同意这一观点。

政党外交与党际关系之间的联系主要表现在以下几个方面：第一，政党外交是政党为了促进国家关系、促进政党自身建设、树立政党形象而开展的国际交往活动。发展党际关系的目的是增进政党之间关系，进而促进国家关系的建立和发展。因此，政党外交与党际关系的目标具有同一性。第二，政党外交与党际关系的主体都是国际社会的合法政党，因此，主体也具有一致性。第三，政党外交是"因"，党际关系是"果"，开展什么样的政党外交，就有可能形成什么样的党际关系，党际关系可以作为评判政党外交的重要标准。政党外交过程必然体现党际关系，党际关系是政党外交结果的表现形式。在政党外交主客体均为执政党的情况下，党际关系甚至与国家关系高度重叠。因此党际关系与政党外交实际上是一个问题的两个方面，它们相互关联，只是考察角度不同而已。

政党外交与党际关系的区别主要在于以下两个方面：第一，政党外交是进程概念，党际关系是状态描述。政党外交主要侧重于行为的主体性，往往带有极强的目的性和方向性，更侧重于描述动态的过程。党际关系则侧重于交往主客体双方的相关性。在一定时期内党际关系是一个趋于稳定、相对处于静态的概念。第二，党际关系包含国内、国际两个方面，显然处理国内党际关系不具备政党外交的特性。③

---

① 许月梅：《建国后中国共产党政党外交理论研究》，北京：中国社会科学出版社，2003年版，第13页。
② 王创峰：《新时期中国共产党政党外交理论与实践研究》，中共中央党校（国家行政学院）博士论文，2006年5月，第19页。
③ 时新华：《中国共产党政党外交：理论·实践·经验》，山东大学博士论文，2011年3月，第35—36页。

第四节 研究方法

"中国对东南亚国家政党外交（1949—2012）"是一项多学科的交叉研究，因此，在研究方法上必须坚持辩证唯物主义和历史唯物主义的基本研究方法，也必然涉及若干具体的社会科学研究方法，这些方法主要包括：历史研究法、实证分析法、系统分析法、理论与实践相结合的方法等。

第一，历史研究法。中国对东南亚国家政党外交是在特定的国际和国内环境中形成和发展起来的，为此我们必须立足历史，全面分析中共在不同历史时期、与不同政党的交往，在此基础上总结和归纳中共与东南亚国家政党外交的经验、教训、特点和规律，这就必须坚持历史分析和历史比较的方法。马克思主义认为，逻辑与历史发展的现实是一致的，"历史从哪里开始，思想进程也应当从哪里开始"。[①]在中国对东南亚国家政党外交研究中，以历史的逻辑起点为原则，重视实践依据、历史比较以及文献梳理和分析，均具有重要的意义。这种历史考察不是历史的展示，而是历史的概括，即通过历史分析总结归纳出中国对东南亚国家政党外交的特点和规律。

第二，实证分析法。"中国对东南亚国家政党外交（1949—2012）"不是一个理论问题，而是实践问题。本书主要通过政党外交的视角来研究中国与东南亚国家的关系，这就必然涉及不同历史时期中共与东南亚国家各类政党交往的历史实践，所有这些都带有鲜明的实证性。在实证分析中，一是要重视个案研究法，二是要坚持定性分析与定量分析相结合的方法。这样既能准确把握事物的性质和发展方向，又能从微观上说明事物本身。定性分析与定量分析只有相互为用、相互借鉴才能全面、完整地研究事物，使结论更加真实、可信。

第三，系统分析法。系统分析法是从贝塔朗菲的系统论引申扩展

[①] 中共中央马克思恩格斯列宁斯大林著作编译局编：《马克思恩格斯选集》（第二卷），北京：人民出版社，2009年版，第603页。

到政治学领域的。虽然社会科学研究方法众多，但"系统分析对于当前政治研究中的若干问题，仍具发言权"。①根据系统论原理，中国对东南亚国家政党外交作为研究对象，其本身即构成一个大的系统。中共交往对象不仅有社会主义国家共产党，也有非社会主义国家共产党，以及民族民主政党，这些不同类型的政党构成系统的多个要素。而不同历史时期的国际和国内环境构成了系统互动的外部和内部环境。研究中共与东南亚国家不同类型政党的交往，就需要研究上述系统、要素与环境之间的相互联系和制约，研究其中包含的众多复杂的结构要素和互动关系，包括冷战时期以及后冷战时代中美、中苏（俄）等大国关系的影响。因此，在研究中必须坚持系统分析的方法，这样才能从整体上把握其中的本质和规律。

第四，理论与实践相结合的方法。实践是理论的丰富源泉，又是理论的最佳试验场。但是实践和理论之间是有距离的，从理论到实践和从实践到理论，都要经过反复的认识和总结，以及再认识和再总结。即便是正确理论对实践的指导，也要经过多次的实践才能成功，而且即使成功了，也并非一劳永逸的，还要经受复杂曲折的挑战，甚至还有可能走弯路。②中共政党外交理论以及中国对东南亚国家的政党外交实践，便充分地说明了理论与实践之间的辩证关系。中国对东南亚国家的政党外交实践，与所处的国际和国内环境以及在当时的时代背景下形成或确立的政党外交指导思想是密切相关的，是在这些政党外交的理论指导下开展的，政党外交实践中的失误与教训无不打着深深的理论烙印。反过来，中国对东南亚国家的政党外交实践，历经毛泽东、邓小平和后冷战三个时代，也在时时推动着政党外交的理论创新与发展，并为21世纪中共政党外交理论走向成熟作出了理论贡献，而新的

---

① 戴维·伊斯顿著，王浦劬译：《政治生活的系统分析》，北京：华夏出版社，1999年版，序言第5、8页。
② 许月梅：《建国后中国共产党政党外交理论研究》，北京：中国社会科学出版社，2003年版，第18页。

理论也必将有力地指导新时期政党外交实践的科学发展。因此，理论与实践相结合的研究方法，也是分析中国政党外交最基本的研究方法之一。

第五节　学术创新

本书以政党外交为研究视角，对中国与东南亚国家的政党交往实践进行系统梳理和深入考察，以期对中共政党外交理论的丰富和发展，对深化政党在国内、国际政治和国际关系中特殊作用的认识，以及对指导中共政党外交实践、提高应对国际局势和处理国际事务的能力能有更深的思考。

本书希望在以下方面作出学术贡献：

第一，还原1949—2012年中国对东南亚国家政党外交简史。由国内外研究综述可知，无论是在政党外交研究视域，还是在国际关系研究视域，无论是从宏观角度研究中国对东南亚国家的政党外交，还是从微观角度研究中国与东南亚各国的双边政党外交，都尚未引起学界的重视，现有研究成果均极为少见，几近空白。同时，作为研究依据的相关史料、原始材料、开放档案等，因为数量偏少、内容分散，收集整理起来极为不易。因此，本书首先从中共党史研究的角度，本着严肃、认真、负责的态度，对散见于各处的原始材料尽可能地进行搜集和整理，力图还原一部线索基本清晰、史料相对厚实的中国对东南亚国家政党外交史，既为本书的研究提供最基本的事实依据和逻辑起点，也为未来他人的研究提供若干便利。

第二，界定政党外交概念，对中国对东南亚国家政党外交确立一个分析框架，并提出相关理论思考。在第一章导论部分，通过对基本概念的考查，提出对政党外交的界定，即政党外交是指主权国家合法政党（包括政党国际组织）之间为促进国家关系、提高政党执政参政能力、树立政党形象而开展的国际交往活动。第二章从理论上提出了中国对东南亚国家政党外交的四个基本政治条件（中国特殊的政治制度、中国共产党特殊的历史和意识形态、东南亚国家特殊的政党政治生态、中国与东南亚国家特殊的地缘政治关系）、影响中国对东南亚国家政党外交的三对辩证关系（政府外交与政党外交、意识形态与国家利益、领袖作用与制度创新），同时结合对中国对东南亚国家政党外交的历史考察，概括出中国政党外交的三条特色路径，这也是中国对东南亚国家政党外交实践给予我们的基本理论思考（维护国家利益、超越意识形态是包括政党外交在内的中国总体外交的本质要求，彰显特色、错位发展是中国政党外交的路径选择，信任外交、柔性外交是中国政党外交的魅力所在）。

受研究基础和作者能力所限，本书存在的研究不足也是比较明显的，具体包括以下两个方面：第一，对中国与东南亚国家政党外交的历史考察既是本书的重点，也是研究的难点。通过检索国家图书馆馆藏文献和统计中国知网收录文献，无论是从整体上以"中共对东南亚国家政党外交（或党际关系）"为主题进行的宏观研究，还是以"中共对东南亚各个国家的政党外交（或党际关系）"为主题进行的双边政党外交个案研究，相关专著、学位论文、期刊文章等研究成果均极为少见。正如有学者在研究中共与地区或有关国家政党的党际关系时认为，"缺憾是目前这方面的成果只研究了中国共产党与部分地区和国家的政党交往，对于中国共产党与东南亚、非洲等地区的政党交往，囿于资料所限，国内很少有公开成果出现"。[①]此外，相当一部分史料还处于保密状态，有限的公开材料也极为分散，整理、收集、挖掘相关史料乃至寻访相关当事人的任务十分艰巨，这些因素无疑增加了本研究的难度。第二，近年来，东南亚国家的政党政治正处在民主转型过程中，其特殊的历史文化传统和这一区域的大国关系，也给其政党政治打上深刻的烙印。冷战结束后，多数东南亚国家实行了多党制，

[①] 金鑫：《国内外关于中国共产党对外交往的研究综述》，载《当代世界》，2015年第3期。

一些长期执政的大党、老党失去了执政地位，政党成立、分化、组合、消亡现象十分频繁。目前，尚有 200 余个政党活跃在东南亚国家的政坛。东南亚国家特殊的政党政治现实深刻影响了中国对东南亚国家的政党外交进程，也影响着本书对中国与东南亚国家政党关系的内在逻辑把握，是对本研究的重大考验。

第六节　结构框架

本书属于对中国区域政党外交实践的研究。在第一章导论部分首先分析了本研究的选题意义，对国内外研究成果进行了归纳分析。在此基础上从政党外交的一般内涵入手，对政党外交概念的由来与基本内涵进行了梳理和考查。在界定政党外交内涵的基础上，对政党外交与政府外交、政党对外交往和党际关系等三组概念进行了辨析。此外，本章对本书的研究方法、学术创新和结构框架进行了说明。

第二章首先分析了中国开展对东南亚国家政党外交的四个基本政治条件和三对辩证关系，同时结合对中国与东南亚国家政党交往的历史考察，提出三个方面的基本理论概括和思考。

以上述理论概括为统领和思维视角，本书从第三章开始对中国与东南亚国家政党交往的各个历史阶段进行阐述和分析。中国与东南亚国家世代为邻，但历史上曾"邻而不睦"，有其复杂的国内外背景和原因，也与不同时代中共对时代主题的认知密切相关。从新中国成立到改革开放前夕，在意识形态的主导下，中国与东南亚国家的关系深受两极格局（特别是中美关系和中苏关系）的影响，这种影响促使中共形成战争与革命的时代观，进而左右着中共与东南亚国家不同类型政党的交往。因此，本书第三章首先分析了在战争与革命时代观指导下，中共与东南亚国家政党交往的时代背景和战略定位。在此基础上，分别梳理了中共与越共、中共与其他东南亚国家共产党、中共与东南亚国家民族民主政党交往的历史脉络，最后归纳总结了这一时期中共与东南亚国家政党交往的主要成效和不足。

　　需要强调的是，根据本书的界定，政党外交是指主权国家合法政党之间的交往。在毛泽东时代，中共既与东南亚社会主义国家的共产党开展政党交往活动，也与意识形态相同但当时在所在国处于非执政地位或被所在国政府视为"不合法"状态的东南亚其他国家共产党开展政党交往，并从多个方面给予其援助和支持。因此，这一时期中共与东南亚国家部分政党之间的交往活动尚不属于严格意义上的政党外交，但可以纳入政党对外交往的范畴。改革开放后，特别是从20世纪80年代开始，中共逐渐调整与东南亚国家共产党的关系，与东南亚国家的政党交往始纳入政党外交的轨道。

　　本书第四章和第五章结合改革开放和冷战结束后变化了的时代背景，以及中共由战争与革命向和平与发展转变的时代观，提出了中国对东南亚国家政党外交新的战略定位，研究了中国与东南亚国家共产党及东南亚国家民族民主政党交往的历程，分别总结了改革开放至冷战结束、后冷战时代以来至中共十八大之前中国对东南亚国家政党外交的得与失。

　　理论源于实践，又指导新的实践，这是一个马克思主义政党走向理性和成熟的重要标志。中共十八大以来，东南亚国家在中国外交舞台上的地位日益突出，中国对东南亚国家的政党外交正在打开新局面。在结束语部分，本书对中国对东南亚国家政党外交的历史进行了综述，分析了中共十八大以来中国外交形势的新变化，并对未来中国对东南亚国家政党外交提出了展望。

第二章 中国对东南亚国家政党外交的背景与路径

中国对东南亚国家的政党外交是中国总体外交的一部分。中国对东南亚国家政党外交的发展，反映了不同时期中国外交的战略需要和利益诉求，但由于受制于国内和国际政治发展状况，也面临着一些内在的影响因素和矛盾辩证关系。在这些矛盾辩证关系影响下，中国对东南亚国家政党外交呈现出特殊的发展脉络。因此，在对不同历史时期中国对东南亚国家的政党外交进行回顾之前，本章将首先提纲挈领地分析三个基本理论问题：中国对东南亚国家政党外交的基本政治条件，中国对东南亚国家政党外交的三对主要辩证关系，以及在此基础上提出的中国对东南亚国家政党外交的基本理论思考。作为本研究的理论所得，这些思考有助于我们更深入地理解中国对东南亚国家政党外交的历史发展进程。

第一节 中国对东南亚国家政党外交的基本政治条件

政党外交本身不是从西方传统外交实践和学术话语中产生出来的概念，甚至可以说，中国的政党外交是中国特色外交实践的产物和在此基础上的概念创造。就政党外交来说，西方国家的政党更接近于松散的、以组织选举活动为核心的政治组织。这些政党可能因其国内的政治活动而影响外交政策，也可能存在自身的对外交往活动，但离严格意义上的政党外交仍相距甚远。因此，要研究中国对东南亚国家的政党外交，应当首先对其特殊的政治条件和背景进行分析。

一、中国特殊的政治制度

中国实行中国共产党领导的多党合作和政治协商制度，中国共产党是中国的执政党。这一政治制度使得中国的政党外交与世界上大多数国家的政党对外交往相比，具有更为特别的功能和意义。其主要特征表现在以下三个方面：

第一，中国政党外交的特殊权威性。无论外交的概念范畴如何扩展和演化，代表国家意志的权威性都是外交不可或缺的根本特征。因此，迄今为止，绝大多数外交行为的直接主体仍然是国家政府。其他行为主体开展的民间外交活动、公共外交活动等，只有反映国家意志和目标，才能上升到外交的层次，并和一般的对外交往活动区别开来。从这个角度出发，很多资产阶级政党（即便是大党甚至执政党）开展的对外交往活动，常常只是体现本党的利益和意志，未必体现整体国家意志。相比之下，由于中共的领导地位是由宪法所确认的，宪法规定中共是中国的执政党，中国的政党外交和政府外交秉持基本相同的终极目标、核心理念和政策方针，是一枚硬币的两面。中共对外交往具有高度的政治权威性和可靠性，是中国外交的天然组成部分。其他国家的政党、政府和民间组织在与中国共产党接触时，也是以等同于政府间接触的心态和定位来进行信息判断和交往的。

第二，中国政党外交的相对灵活性。在中国特殊的政治制度下，政党外交可以成为政府外交的另一条轨道，兼具柔性和权威性，成为政府外交的重要补充。政府外交的轨道受到现代外交规则的节制，一般采取正式的形式，实现公对公的交往。而在政党外交中，中共一方面代表着中国的公权和公意，另一方面可以在政府间活动之外采取行动，进行非正式沟通，联络私人感情，调和政府间的矛盾。从历史角度看，中共在开展非正式对外交往方面有着良好的传统和优势，也有一定的制度基础和文化传承。例如，中国公共外交的经典案例，很多都是通过政党人物和政党渠道来实现的。

第三，中国政党外交和政府外交的政治黏性。政党外交灵活性优势的发挥，要以政党外交和政府外交一定程度的独立性为前提。但在中国的政治制度下，政党外交与政府外交互为表里，政府外交体现政党意志，政党外交有时候又履行政府功能，其间的平衡如能把握恰当，则如双剑合璧，威力加倍。当然，中国政党外交和政府外交也有界限不清、相互牵扯的时候。在意识形态斗争激烈的年代，政党关系的交恶会难以避免地、长时间地影响政府间的关系，导致外交回旋和平衡的战略空间缩小。反过来，有时候政府间的关系陷入僵局，政党外交也会停滞，难以发挥作用独立和方式灵活的优势。

二、中共特殊的历史和意识形态

中国的政党外交主要是中共开展的政党外交。中共成立至今已走过100多年的漫长历程。在这个过程中，中共的内外处境发生了天翻地覆的变化，党的自我定位和政治目标也不断随之调整。中共自身的历史和政治状况深刻地影响着政党外交的开展。

第一，中共诞生于国际政治的摇篮中。没有马克思、恩格斯创造的科学学说随着近代西方的文化思潮涌入中国，就没有中共诞生的理论基础；没有十月革命的一声炮响和共产国际的活动，就没有中共成立和发展的组织基础。可以说，中共本身是近代中国对内求自强、对外求生存历史使命的结晶，也是中外关系和国际共产主义运动的产儿。因此，中共从诞生开始，就面临一个内外兼顾的政治目标，一方面是适应国内环境和历史发展要求，另一方面要处理国际关系和对外党际关系。中共从诞生开始就深深卷入国际交往之中。这种国际交往有时候会从正面给中国革命带来思想启迪和物质外援，有时候也会从反面使得中共容易受到外部力量的干涉和压制。这中间产生的互动和反弹，深刻地影响着中共政党外交的发展。甚至可以说，新中国外交就是从早期中共政党外交的经验中发展起来的。中共是有着国际视野、外交经验和世界情怀的政党，这与马克思主义信仰、爱国主义和民族主义精神等一起，成为中共的政治基因，影响着中共政党外交的发展轨迹。

第二，中共特殊的意识形态影响着政党外交。中共信奉马克思主义的普遍真理，将之与中国具体实际相结合，与中华优秀传统文化相结合，这一意识形态融入冷战历史之中，决定了中共和东南亚国家共产主义政党之间的复杂关系，为中国与东南亚国家早期政党关系贴上了共产主义的标签。这中间的得失在本书后续的章节中将详细阐述。但我们可以得出一个总体评价，那就是，中共政党外交长期受到政党意识形态的影响，同时也在现在和未来相当长的时间里要面对意识形态的成见。

第三，中共超强的调整和纠错能力影响着政党外交。实事求是是毛泽东思想活的灵魂，更是邓小平时代及后来中共领导人的基本思想和行为指针。抛开其理论价值不谈，实事求是对于中国共产党的功用是使中共具备了超过其他政党的自我调整和纠错能力。这一点已为历史发展所证明。中国的政党外交能够不断调整和发展，跟中共的自我调整和自我发展是分不开的。连续观察中共不同历史时期与东南亚国家的政党交往历史会发现，其内容、目标和特征变化非常大。这种变化真实体现了中共适应环境、自我超越和自我发展的特征。

三、东南亚国家特殊的政党政治生态

中国对东南亚国家政党外交，除了受中国的政治制度和政党特征的影响，还受到东南亚国家的政党政治环境和政党特点，以及中国和东南亚国家之间特殊地缘政治关系的影响。正是由于后两者的影响，中国对东南亚国家的政党外交与对其他地区的政党外交相比，展示出不同的特点。本节首先分析东南亚国家特殊的政党政治环境。

一是东南亚政治的威权特征。东南亚国家的政治制度具有多样性，既有共产党执政的社会主义国家，也有实行多党选举制度的国家，还有个别实行一元制君主制的国家。但总体来说，东南亚政治有一定的共同特征，即普遍带有或曾经带有比较稳定的威权色彩。从政党制度来说，东南亚一些国家老党或大党一般都是在反抗殖民统治的过程中建立起来的现代民族民主政党，这一历史合法性使得部分国家的政党能够相对长期执政，不像西方、非洲和拉美的一些国家有频繁的政党轮替。所以说，东南亚国家的政党政治生态既有"形异"的一面，又有"神似"的一面。这种威权特征在某种程度上导致东南亚国家的政党外交具有一定的权威性。中国共产党同美国共和党、民主党交往的外交效果，和与新加坡人民行动党、马来民族统一机构（以下简称"巫统"）、越共等政党的外交效果比起来，是相当不同的。中国对东南亚国家的政党外交具有更大的政治作用和施展空间。

二是东南亚外交的多轨特征。东南亚国家现代外交的起源和发展不同于西方。对西方来说，现代外交的制度、规范和礼仪是从欧洲国际关系和政治文化中内生而来的。而对包括东南亚国家在内的亚洲国家来说，自近代被迫打开国门以来，在列强的炮火和争取独立自主的斗争中才逐步建立起现代民族国家，制度上移植了一套欧洲式的外交规则，除了表面上与西方国家存在相似的外交机构和形式，还保留了许多传统的东方式的外交方法和风格，它们以潜在的形式发展起来。当然，即便在欧美国家之间，外交也不仅仅是政府间公对公的交往，私下沟通和潜规则也大量存在，但总体上与政府外交体系是相融的。东南亚国家外交的潜规则则更明显地体现在政府间公对公的外交体系和规则之外，更加依托于多样且相对独立的其他外交渠道，政党外交便是其中之一。在东南亚，政党的交往、社会组织的交往、精英团体（包括政治领袖）的个人交往，更多地被纳入大的东方式的关系框架中。前述政府外交和政党外交相互牵扯的情况，不但中国存在，其他很多亚洲国家也同样存在。

三是东南亚国家政党政治目标的相近性。在东南亚地区，几乎所有国家现代政党的诞生，都源于殖民地民族主义解放运动，以及反封建、反专制的政治现代化运动。在夺取政权以后，东南亚国家政党最主要的政治目标都是发展经济，这是这一地区数十年政治史的共同发展轨道。其中唯一的例外是冷战时期造成的意识形态的影响，但这一影响在东南亚地区也不是政治目标的根本冲突，而是对实现目标的道路的理解不同。相反，冷战期间，欧洲国家的分裂是根本政治目标的对立。西方国家内部的政党关系很多是冲突对抗关系。而在中东、非洲地区的一些国家，教派冲突、种族冲突、外部大国的干涉等长期占据着国家最重要的政治议程表，政党外交也受此影响。总之，在绝大多数时期，东南亚国家的政党外交都有着共同话语，存在着推动国家间合作的共同利益基础，有着比较充实和丰富的内涵，这是由这一地区各国政党的性质和相似的国内任务决定的。

四、中国与东南亚国家特殊的地缘政治关系

东南亚地区是悠久东方历史和文明的核心地区之一。而在近现代，东南亚地区成为西方列强和超级大国逐鹿的舞台，历史矛盾积淀很深，国际环境异常复杂。同时，东南亚各国又有着天然的文化和经济纽带，形成相互依赖的关系。东南亚国家和中国的关系具有一定的历史和现实特殊性，不能完全和欧洲或世界其他地区的地缘政治等同起来。对中国来说，东南亚地区在安全上是门户和软腹，经济上是发展支点，文化上交流融合。发展和东南亚国家的关系，在不同的历史时期都具有非常重要的意义。政党外交作为政府外交的重要补充，正是在这样的"大外交"格局中发挥作用的。

首先，东南亚地区是亚洲最主要的安全门户，而中国是亚洲安全的核心要素。在古代，中国主要的安全威胁来自北方长城一带，而近代以后，则主要来自海上。葡萄牙、荷兰、英国、法国等老牌殖民国家都是先以东南亚地区为跳板，最终染指中国版图的。在欧洲殖民势力角逐势力范围的同时，日本军国主义又崛起，而东南亚地区也是日本侵略扩张的核心目标之一，是其称霸世界野心的重要一环。冷战期间，美国和苏联先后成为中国最主要的安全威胁，斗争的爆发点除了朝鲜半岛，就是在中南半岛。如今，美国提出"回归亚洲"，推动亚太"再平衡"战略，也是从东南亚地区着手。因此，可以说东南亚一线是中国的新的"海上长城"。而对东南亚国家来说，中国则是地区安全的核心因素。当中国孱弱时，外强染指，殃及池鱼；当中国强大时，东南亚各国一方面可以享受经济红利，另一方面有一些安全上的担心。这样的格局和心态始终贯穿中国和东南亚国家的交往。

其次，中国和东南亚国家在经济上共同演进、相互依存。所谓共同演进，指的是彼此促进发展的增量概念，与相互依存的存量概念相补充。中国的经济强盛自然会带动东南亚国家的发展和繁荣；中国从衰弱中恢复和复兴，也从东南亚国家获益良多。推动这种历史动态演进的，是每一个阶段都存在的地区间资源、贸易互动，还有知识、资金和技术的流动。自古以来，东南亚地区的经济就有一体化的特征。进入工业时代以后，海洋在国家贸易发展中的作用越来越重要，东南亚国家在中国经济发展中的地位也更加重要。经济关系是中国和东南亚国家关系最自然、最基础的层面。

最后，中国和东南亚国家间存在共同的文明纽带。文明关系并不是美国学者萨缪尔·亨廷顿创立的。但在19世纪和20世纪的大多数时期内，东南亚地区被殖民战争、地缘安全、意识形态对立因素主导，文明关系被遮掩。冷战结束后，当亨廷顿提出"文明冲突论"之时，对亚洲来说，重新寻回文明纽带的过程才刚刚开始。只有在文明这样的宏观概念之下，亚洲才能从利益共同体走向命运共同体，对包括东南亚各国在内的亚洲地区各国来说才能称得上"家园"。

第二节 中国对东南亚国家政党外交的影响因素分析

前文分析了中国对东南亚国家政党外交的基本背景和政治条件，实际上已经揭示出中国对东南亚国家政党外交的若干特征，包括权威性、灵活性、较强的波动性等。更重要的是，在中国对东南亚国家政党外交的相关国际、国内政治条件中，实际上蕴含了影响中国对东南亚国家政党外交的几对主要矛盾和辩证关系。① 长期以来，这几对主要矛盾和影响因素给中国对东南亚国家政党外交构成理论挑战，也推动了相关政治实践的演进和发展。

一、政府外交与政党外交

在第一章导论部分，本书对政府外交和政党外交这一组概念进行了辨析，此处更多的是要揭示其对中国与东南亚国家政党交往的影响和制约关系。在包括政府外交、政党外交、议会外交等外交形式在内的国家总体外交中，政府外交无疑处于最重要的地位，是国家外交的主要组成部分，但其他外交形式也是政府外交重要的、有益的和不可替代的补充。因此，一个国家理想的外交格局应该是不同外交方式之间相互配合，互为补充，形成合力，促进国家总体外交事业取得更大的成效。但遗憾的是，在现实的外交实践中，不同外交方式之间有时候很难做到有效整合和协同，从而使国家总体外交成效大打折扣，中国也不例外。在中国对东南亚国家政党外交的实践中，政党外交在配合政府外交开展工作上，确实有很多方面需要我们思考。特别是对社会主义国家执政党来讲，要合理界定政府外交和政党外交，使之互为补充，殊非易事。

中共执政伊始，就先后筹建了专司政府外交职能的外交部和专司政党外交职能的中联部。但是由于当时中共的对外交往主要是与社会

---

① 本书所述的"矛盾"，符合马克思主义哲学话语中"矛盾的两面既对立又统一""矛盾与发展对立统一"的概念，而与一般生活语言中的"矛盾冲突"不同。

主义阵营的共产党的交往,与东南亚国家的政党交往也主要是与东南亚国家共产主义政党的交往,因此,1951年中联部成立的时候,中共就明确提出,中联部的工作职责和任务是为与亚洲国家的政党交往服务。此后相当长的一段时间里,中国政府外交与政党外交趋同与重叠。

以中越政党交往为例,新中国成立初期,外交部和中联部曾达成协议或默契,涉及亚洲国家的事务由中联部直接负责。例如,对越南的外交事务在这一时期就是由中联部而不是外交部负责的。因此,在新中国成立初期,甚至在整个毛泽东时代,中共对越共的政党外交与政府外交高度重叠,几乎合二为一。执政党外交与政府外交的重叠保证了对越南外交的成效,但也混淆了两者的区别。当两党两国关系友好的时候,党际关系和国家关系能互相产生正效应,促进两党和两国关系的发展,使中越两党形成"同志加兄弟"的亲密关系。但是在20世纪70年代末中越关系恶化的时候,政党外交与政府外交整齐划一的弊端就显现出来。在中越国家关系陷入低谷的十余年间,中越两党之间的党际关系也几乎中断,政党外交对政府外交的补充作用也就无从谈起。

就中国对东南亚国家政党外交而言,在政党外交和政府外交的关系处理上,已经呈现出重视政党高层交往的特点。再以中越政党交往为例,毫无疑问,无论是政府外交,还是政党外交,中越两国各个层次的政府(政党)代表团的频繁交往有利于增进两国人民之间的了解和友好关系,但两党两国的战略互信,以及涉及领土主权问题的沟通协调则必须由高层来推动,而这些正是影响中越关系的深层次问题。政府高层访问属于正式访问或国事访问,因此政府外交的频次、内容、方式都有一定的限制,而政党外交长于思想交流和深度沟通,本没有条条框框的限制。从公开资料来看,自冷战结束至中共十八大之前,中越两党高层的互访与交流就有30余次。面对中国与东南亚国家关系中目前存在的问题,需要加强各个层面的交流,增进两国人民的互信,在这一点上是无可非议的。但南海问题、"中国威胁论"、历史遗留问题等都是深层次的问题,在这些问题上,民意固然是风向标,但两党两国高层交往的导向作用则更为重要。

当然，就中国对东南亚国家政党外交而言，在政党外交和政府外交的关系处理上，也存在需要进一步突出党际交往特色的地方，这主要表现为政党外交与政府外交内容的趋同性。进入21世纪，中国与东南亚国家政党交往的代表团数量较多，相关政党党务部门通过对口交流、访问考察、召开理论研讨会等方式交流治党治国经验，同时在政党外交中注入经济因素，"政党搭台，经济唱戏"，使政党外交的内容更加丰富，从以前相对单一的政治交往扩展至经济、文化、科技、教育等多方面的交流，拓展了政党外交的内涵和外延，促进了国家关系的发展。但是在政党外交中过多地注入经济因素，过于强调经济功能，就会与政府外交促进经贸往来的功能产生一定的趋同性，使政党外交过多地承载了政府外交的职能，反过来又会影响政党外交特色和优势的充分发挥。

中共政党外交承载的经贸属性可以说自毛泽东时代即已有之。其主要原因在于，当时的国际体系相对孤立和封闭，社会主义阵营与资本主义阵营的对立使国际体系割裂开来。中国要发展经济，仅仅通过与社会主义国家进行贸易往来是不够的，但通过国家外交的途径扩展经贸关系在当时是非常不现实的，因此，政党外交为中国发展经济提供了更为广阔的便利。[①]但时至今日，中国已与世界绝大多数国家建立了正式外交关系，通过政党外交途径实现促进经贸往来的需求已不如当时那么强烈。与传统的政府外交相比，政党外交旨在维护和促进党和国家的重大战略利益，其特点是关注长远，做人的工作，偏重思想领域，更具战略性，更需前瞻性，而不应过多地涉及具体外交事务，包括经济事务。因此，政党外交需要结合国内外形势、自身角色定位和战略目标等进行统筹和思考，回归自身的政治属性。在路径选择上，与政府外交相比，政党外交只有彰显特色、错位发展、保持稳定性，

---

① 杨扬：《毛泽东执政时期的中共政党外交》，中国人民大学博士论文，2010年，第27页。

才能更好地服务国家总体外交，坚持、维护和获取更多的国家利益。

二、意识形态与国家利益

意识形态与国家利益是中国对东南亚国家政党外交需要处理的另一对重要辩证关系。与前一对矛盾（政府外交与政党外交）一样，意识形态和国家利益既可能是内在统一的，又可能相互牵绊和对立。中共的本质属性和特征决定了中国对东南亚国家的政党外交必须始终在意识形态和国家利益之间把握平衡。然而，无论在理论上还是在现实中，意识形态和国家利益都是一组联系紧密又存在明显差异的复杂概念，对这两个概念的把握也自然呈现出多样化的状态。意识形态这一概念由19世纪法国哲学家德·特拉西提出。现代学者一般认为，意识形态是一定的阶级、阶层基于相应的经济基础与政治地位形成的思想体系，是特定阶级与阶层的思想观念与政治情感的系统化、理论化反映，是一个阶级或阶层的世界观与价值观的统一。[①]关于国家利益，一般而言，指一个国家内有利于其绝大多数居民的共同生存与进一步发展的诸因素的综合，包括安全、经济、政治和文化等内容。[②]外交政策的出发点和落脚点应该是国家的核心利益、长远利益和全局利益，而不是一时的利益或局部的利益。[③]为了平衡意识形态和国家利益之间的关系，中国对东南亚国家的政党外交走过了长期而曲折的道路。

新中国成立初期，正值全球冷战正酣，资本主义与社会主义两大阵营的意识形态根本对立，矛盾不可调和，在这样的时代背景下，中国采取了"一边倒"的方针政策。在东南亚地区，中共与越共及其他国家共产党的关系迅速发展。这一时期，中共加强与意识形态相同的东南亚国家共产党的交往，也有国家利益的考量。新中国成立不久，

---

① 刘红凛：《论政党意识形态》，载《山东师范大学学报（人文社会科学版）》，2007年第5期。
② 宋新宁、陈岳：《国际政治学概论》，北京：中国人民大学出版社，2000年版，第115页。
③ 裴远颖：《关于中国外交谋划的思考》，载《中国经济时报》，2006年2月13日，第A01版。

美国就在亚洲建立起一个月牙形的包围圈和一连串的反共反华堡垒，而朝鲜战争、越南战争以及美国对蒋介石集团反攻大陆的支援等都使新生的中共政权面临严峻的国家安全形势。而帝国主义对百废待兴的新中国的经济封锁，也使国家经济利益受到极大的威胁。因此，中国果断倒向以苏联为首的社会主义阵营，这一时期，中国的国家利益和意识形态表现出高度的一致性。在与东南亚国家的政党交往中，中共对外交往的对象仅限于社会主义阵营的共产党。中共对社会主义阵营极为重视，把同社会主义国家的关系看得高于一切。在越南抗法、抗美救国时期，中共对越共提供了无偿的援助，为越南取得两个战争的胜利作出了巨大的贡献。中共对其他东南亚国家的共产党也给予了政治和经济上的支持。中共与东南亚国家共产党的交往提升了新中国的周边影响力。

然而随着国际局势的变化，意识形态一度更深入地影响和主导了中国外交。苏共二十大后，由于存在对社会主义的不同理解，中苏两党在对待斯大林的评价和"和平共处、和平竞赛、和平过渡"路线等意识形态领域的重大问题上产生了分歧，从20世纪50年代末开始，中苏关于意识形态的大论战由隐蔽、半公开直至完全公开。[①]这一时期，中共在波匈事件、莫斯科会议[②]等国际共运重大事件中的表现，使之与苏共并列成为社会主义阵营的领导者，至少在事实上成为亚洲国际共产主义运动的领导者。中苏两党产生分歧乃至走向分裂的过程中，中共强烈谴责苏共从马列主义的"半修正主义""修正主义"到"社会帝国主义"的蜕变，坚定维护中共正统的马克思列宁主义的原则和立

---

① 20世纪60年代的中苏论战，既有意识形态方面的原因，也有国家利益之争。如苏联关于建立长波电台和共同舰队的问题，苏联撕毁技术协定问题，在中印边界冲突中偏袒印度、对中国妄加指责问题，以及指责中国炮击金门、干涉中国内政问题等，这些问题均涉及现实的国家利益，因此，中共对苏共进行了针锋相对的斗争。

② 1957年11月2日至21日，毛泽东率代表团第二次访问苏联，参加十月革命40周年的庆祝典礼，并出席12个社会主义国家共产党和工人党代表会议和68国共产党和工人党代表会议，史称"莫斯科会议"。

场,这场意识形态的交锋对中国与东南亚国家的政党交往产生重大影响。

在与东南亚国家共产党的交往中,中共把意识形态看作国家利益的重点。中共希望与东南亚国家的共产党在意识形态方面保持一致,在对苏论战中统一立场。中苏产生分歧和走向分裂后,中共特别关注东南亚国家共产党的表现,尤为关注与社会主义国家越南的关系,在意越共对中共和苏共的不同态度。当越共与中共意识形态一致、与苏共意见相左的时候,中共在国际事务中给予其政治支持和经济援助,加强友好合作,通过政党交往积极促进国家关系的发展;在越共态度摇摆时,中共则指责其没有是非感。

中共与东南亚国家民族民主政党之间的意识形态差异更为明显。新中国成立初期,中共对外交往战略服从于国家总体外交战略的需要,坚持"一边倒",坚决站在社会主义阵营。意识形态的差异使东南亚非社会主义国家及其执政党对新生的社会主义中国和中共采取了完全对立和敌视的态度。新中国成立后的"一边倒"、20世纪70年代脱离实际的"支左反修",也使中共与东南亚国家民族民主政党全面对立。在毛泽东时代,中共与东南亚国家民族民主政党基本上没有交往,与部分国家也未建交。比如,马来西亚、泰国、菲律宾直到20世纪70年代中期才陆续与中国建交;中国与印尼复交则晚至90年代。

在毛泽东时代,中共主要与意识形态相同或相近的政党发展关系,以意识形态划线成为中共与东南亚国家政党交往的重要特征。但是在不同时期,意识形态对中共对外交往的影响是不同的,并因民族民主政党的性质不同而有所区别。即使对于同一个政党,在不同的历史阶段也有所不同,甚至差异很大。20世纪70年代以后,随着中美和中日关系的改善,中共对外交往中的意识形态因素才逐渐减弱。

中共十一届三中全会以后,随着国家工作重心的转移,中国自身发展利益在中共对外战略中的分量越来越重,中共突破了20世纪五六十年代强调的国际主义优先原则。这一时期,中共在对东南亚国家政党外交中，除与菲律宾、马来西亚等国在历史上形成的南海问题纠纷之外，更多的是历史形成的由意识形态引发的国家关系问题，而不仅仅是国家主权利益问题。20世纪80年代，中国开始实施改革开放战略，自70年代中期提出的"四个现代化"目标使中国人民受到鼓舞，而一个安全、稳定、和平的国际环境，特别是周边环境，对于中国的现代化建设也越来越重要。

但在这一时期，中共与东南亚国家民族民主政党的联系仍十分有限。例如，中国与新加坡、文莱两国尚未建交，与印尼还处于断交状态。改革开放后，中共对东南亚国家政党外交的最大成就不是与民族民主政党全面建立联系（这是后冷战时代的事情），而是顺应时代发展大势，大幅度地调整了与东南亚国家共产党的关系。这一调整既符合中国的国家利益，也契合东南亚国家的国家利益，从而促进了中国与有关国家关系的发展，并为冷战结束后中共对东南亚国家全方位政党外交做了铺垫。

在20世纪80年代中国对东南亚国家的政党外交中，中共提出了党际关系四项原则，在政党外交中淡化了意识形态色彩，但是意识形态因素仍时强时弱，到80年代中期，意识形态才完全让位于现实的国家利益。

20世纪80年代末90年代初的东欧剧变和苏联解体，发生在中苏关系恢复和中越、中老关系正常化之际，是对中共国家利益观的又一次考验。在国际共产主义运动处于低潮时期，作为世界上最大的社会主义国家，面对西方世界的经济制裁，是顺应一些第三世界国家希望中国当头的呼声，重新举起意识形态大旗，还是继续选择"不搞意识形态争论"的方针，中共选择了后者。中越关系正常化以来，既有主权利益的维护（如领土边界问题、南海问题等），也有意识形态利益的考虑。但这一时期的意识形态利益只是两个社会制度相同的国家之间的关系，并不针对第三方。而且从根本上讲，这一时期的意识形态利益还是服从国家核心利益的。即使是与社会主义国家恢复关系，中共也明确强调，回到20世纪五六十年代那种状态是不现实的。即使是关于马克思主义和社会主义理论的探讨，中共也严格限定在理论研讨的范围之内，互不干涉政党内部事务，更不针对其他国家和政党，从而保持了自20世纪80年代以来中共在国家利益和意识形态关系上的延续性。

21世纪初期至中共十八大之前，中共在延续关于和平与发展时代主题判断的基础上，进一步丰富和发展了和平与发展时代观的内涵。中国对东南亚国家政党外交积极贯彻睦邻、安邻、富邻基本方针，坚持周边为首要的工作方针，服从国家推进和谐世界、和谐地区建设的战略，更加紧紧围绕为国家利益服务。这一时期，中共政党外交的主要特点包括以下几个方面：

第一，交往的多层次。中共既重视政党高层互访，为政党外交把脉定调，又重视各类代表团交流考察，对东南亚国家的政党高层交往频次和互访代表团的数量超过历史上任何一个时期。在高层交往的推动下，中越陆地边界问题、北部湾划界问题这两个历史遗留问题得到全面解决。其他层级的政党外交也在不同层面增进了中共与东南亚国家政党的相互了解，密切了感情，化解了矛盾。第二，交往的全方位。这首先表现在中共与东南亚国家所有合法政党的交往方面。中共超越意识形态的差异，只要有利于党和国家利益的，都是中共交往的对象。其次表现为中共在政党外交中既重视传统的政治交流，也重视在政党外交中注入经济、文化因素，政党外交覆盖政治、经济、文化等多个领域，国家利益中的经济利益、文化利益等得到比较充分的体现。这一时期，中国还加入《东南亚友好合作条约》，与东南亚国家构建"新安全观"，维护了国家的安全利益。第三，树立了良好的政党国际形象，提高了党的执政能力。在通过政党外交维护国家利益、促进国家关系发展的同时，中共积极追求政党自身发展，在对东南亚国家开展政党外交实践及政党理论研讨、交流治党治国经验教训的过程中，不断提高自身的执政能力，树立起一个大国、大党的良好国际形象。

三、领袖作用与制度创新

政党外交还要处理好领袖作用和制度创新这一对辩证关系。政党和政府的组织程度和组织形式是有区别的。对绝大多数的国家而言，政府是更加制度化的官僚机构，而政党的组织相对更加松散，政党领袖在政党活动中发挥着更大的作用。政党领袖是政党成员价值观和共同理想的引导者和维护者，同时是一个政党中最高权力的实际或潜在掌握者和裁决者。①政党领袖的素质、水平、经验、智慧和能力对政党的决策、决策的执行，以及政党的兴衰成败起重大作用。②对参与选举政治的资产阶级政党来说，一个好的政党领袖很大程度上决定了选举结果和执政地位。而对无产阶级政党来说，政党领袖的地位也很关键。正如列宁所言："在现代社会中，假如没有'十来个'富有天才（而天才人物不是成千成百地产生出来的）、经过考验、受过专门训练和长期教育并且彼此配合得良好的领袖，无论哪个阶级都无法进行坚持不懈的斗争。"③因此，无论是无产阶级政党还是资产阶级政党，在执政期间或在野期间，由于国情、党情和政党制度不同，其所处的地位和作用有所不同，但是作为政党领导核心中的核心，作为党内精英的政党领袖，其对政党所起的作用是显而易见和不可替代的。

政党对内竞选、获得政权和维护政权如此，政党的对外交往活动亦然。诚然，作为执政党的领袖，其对外活动已经成为国家总体外交中的最主要部分，执政党自身的利益和偏好已经"渗透"到政府外交中，但是对处于非执政地位的政党而言，要组织并赢得选举，固然要做好政党的"内务"，还应通过对外交往树立政党形象、争取政党利益，从而更好地为赢得选举、获取政权和巩固政权服务。因此，一个成熟的政党不仅要重视发挥政党在国内政治生活中的作用，也要努力

---

① 王韶兴主编：《政党政治论》，济南：山东人民出版社，2011年版，第87页。
② 周淑真：《政党政治学》，北京：人民出版社，2011年版，第70—71页。
③ 中共中央马克思恩格斯列宁斯大林著作编译局编：《列宁选集》（第一卷），北京：人民出版社，1972年版，第332页。

成为政党外交的积极参与者,其中,政党领袖在政党外交中的作用更为突出。

第一个作用是定方向。政党领袖外交是由政党领袖直接参与的政党外交活动,也是政党外交的最高规格,政党领袖外交的主体和客体一般都应是政党的一把手或主要领导人。由于政党领袖的特殊身份、地位和影响力,在领袖外交中可以对党际关系作出战略规划,从而指导一定时期内的政党外交活动。在中国对东南亚国家政党外交的不同历史时期,领袖外交都起到了定方向、定方针、定大势的作用。以中越政党外交为例,越南民主共和国成立于1945年,但是在中华人民共和国成立之时,越南民主共和国仍被西方媒体称为"幽灵"般的国家,在外交上更未得到其他国家(包括苏联和东欧等社会主义国家)的正式承认。新中国成立后,中越两党最高领导人毛泽东、胡志明从当时的世情、国情和党情出发决定建交,并直接领导和推动了这项工作,越南也由此成为东南亚国家中第一个与中国建交的国家。中越建交极大地改善了越南的国际处境和抗法斗争形势,也扩大了中共在社会主义阵营的同盟军。20世纪80年代末,由于国际政治格局的演变和中苏关系的恢复,越南问题的全球战略性质不复存在。鉴于越南宣布从柬埔寨撤军使中越关系的主要障碍得以消除,中越两党主要领导人再次推动了中越关系正常化进程。邓小平通过老挝党总书记凯山给越共中央总书记阮文灵传话,希望他当机立断,把柬埔寨问题"一刀斩断"。阮文灵也排除越方多个方面的阻力,与部长会议主席杜梅和越共中央顾问范文同访华,与中共领导人江泽民、李鹏在成都会晤,这次会晤开辟了中越两党两国关系的新天地。后冷战时代至中共十八大之前,中共领导人江泽民、胡锦涛,越共中央总书记杜梅、黎可漂、农德孟、阮富仲均曾多次互访,先后确定了90年代以"明确方向、逐步推进、大局为重、友好协商"发展两国关系、解决历史遗留问题的"十六字方针",① 以及"长期稳定、面向未来、睦邻友好、全面合作"的21世纪发展两国关系的"十六字方针",② 为21世纪两党关系的发展指明了方向。

第二个作用是破难题。政党领袖外交探讨交流影响和制约两党乃至两国关系的主要矛盾和核心问题,增信释疑,凝聚共识,化解矛盾,破解难题,促进交流与合作。作为一个政党内政外交事务的最终决策者,政党领袖所处的地位决定了领袖外交必须就重大原则性问题进行"定调",而不可能拘泥于细枝末节。这样也便于直接、迅速地聚焦核心问题,集中破解难题。特别是在重大问题上遇到分歧或谈判处于僵局时,领袖外交往往能够寻求突破口。上文提到中越两党主要领导人的成都会晤,实际上就是中越关系史上的破题之举,这次会晤使长达十余年的两党两国关系的隔绝得以消除,使中越传统友谊得以延续。20世纪70年代末期,邓小平在出访东南亚三国(泰国、马来西亚、新加坡)时会见了李光耀等人,果断调整与东南亚国家共产党的关系,从而破解了中国与东南亚国家关系中的一大难题,为冷战结束后中共与东南亚国家各类政党关系的建立和发展奠定了基础。

第三个作用是增互信。政党领袖外交往往关注世界大事和大势,交流沟通对世界热点问题的看法,这种深层次的思想交流与感情沟通增进了政党之间、国家之间以及民众之间的相互了解。同时,随着彼此了解的加深,往往还会交上朋友,甚至成为至交,并长期保持个人之间的友谊。新中国成立后,毛泽东、周恩来等中共领导人就在国际交往中与东南亚国家的政党和国家领导人(如胡志明、凯山、苏加诺、西哈努克、吴努、奈温等)建立了深厚的友谊。胡志明一生有历史记载的就曾先后35次来到中国,包括早年从事革命活动,越南独立后来华访问、度假、治病、疗养等,时间累计约13年之久。③中国也是他在

---

① 《中国共产党对外工作概况》编委会编:《中国共产党对外工作概况(2000)》,北京:当代世界出版社,2001年版,第280—281页。
② 于向东:《中越关系发展的特征与趋势》,载《东南亚纵横》,2003年第1期。
③ 古小松:《越南国情与中越关系》,北京:世界知识出版社,2007年版,第276页。

海外居住和活动时间最长的一个国家,他与中国领导人和中国人民结下了深厚的友谊。中缅建交后,缅甸领导人吴努、奈温多次访华并与中共领导人建立了长期的友谊。1976年周恩来逝世后,奈温于当年1月15日撰写了一篇题为《我所知道的周恩来总理》的悼文,发表在缅甸所有的报纸上,以表达对周恩来的敬意。在毛泽东时代,苏加诺曾三次访华,与毛泽东这位老朋友亲切会面,中国与印尼两国关系也一度达到高潮。①改革开放以来,邓小平、江泽民、胡锦涛等中共领导人与阮文灵、杜梅、农德孟、阮富仲、朱马里、李光耀等人多次举行高层会晤。这种在政党外交中建立起来的友谊对改善和增进党际关系、促进国家关系都发挥了重要作用。

中国对东南亚国家的政党外交在发挥政党领袖作用的同时,实际上还面临着制度创新不足的问题。政党领袖外交能够产生事半功倍、一锤定音的作用,但同时存在一定的偶然性。成熟的政党外交还需要稳定的制度建设和机制创新。改革开放以来,中国越来越重视对东南亚国家政党外交的机制化建设,其中既包括与越共、老挝党建立的理论研讨会机制,又包括多边政党外交平台的拓展。以亚洲政党国际会议为代表的多边合作机制,也成为中国对东南亚国家开展政党外交的新平台。与西方大多数资产阶级政党相比,中共具有更强的组织优势。如何把这种组织优势和政党领袖的个性外交、柔性外交结合起来,是中国对东南亚国家政党外交需要平衡和解决的第三对重要辩证关系。

第三节 中国对东南亚国家政党外交的基本理论思考

在处理和平衡前文所述的三对辩证关系过程中,中国对东南亚国家的政党外交逐步摸索出了具有中国特色的政党外交路径。这些路径不但有助于我们分析中国对东南亚国家政党外交的发展,而且对于从

---

① 黄朝翰著,张乃坚等译:《中国与亚太地区变化中的政治经济关系》,广州:暨南大学出版社,1990年版,第41页。

宏观上考察中共政党外交事业具有一定的启示。

一、服务国家利益、超越意识形态：中国总体外交的本质要求

中国对东南亚国家政党外交的实践表明，服务国家利益、超越意识形态是未来中国政党外交的必然选择。总体而言，服务国家利益、超越意识形态是中国总体外交的本质要求，不独于政党外交，对于政府外交乃至公共外交、民间外交等其他外交方式莫不如此。

国家利益是外交的基础，但是包含意识形态在内的政治观念始终影响着外交行为。在毛泽东时代，中国政党外交受到意识形态的重大影响。在中国与东南亚国家政党交往实践中，在一定的时期内国家利益与意识形态是一致的。但更多的时候，则是把意识形态放在突出位置。当时中国内外政治的意识形态特征很大程度上是历史条件使然，可以说意识形态是当时中国特殊的国家利益。在邓小平时代，中国的政党外交重新树立为国家利益服务的方针，有效地推动了国家总体外交的发展。处理国家利益和意识形态关系必然涉及爱国主义与国际主义的关系问题。对此，邓小平早在1978年就指出："我们现在还很穷，在无产阶级国际主义义务方面，还不可能做得很多，贡献还很小。到实现了四个现代化，国民经济发展了，我们对人类特别是对第三世界的贡献可能会多一点。"① 这应该是中共对爱国主义和国际主义关系更深刻的注解。21世纪以来，中国的国家利益向全球扩展，政治矛盾更加复杂，中国发展带来的所谓"中国威胁论"在全球以不同形式发酵。在对东南亚国家政党外交中，面对更为复杂的周边外交形势，要统筹国际和国内两个大局，中共必须平衡好政治观念和国家利益之间的关系，在政党外交中树立正确的价值观和国家利益观，为"义利兼顾"的时代外交打开新局面。

第一，继续把维护国家主权利益、安全利益、经济利益等核心利

---

① 邓小平：《邓小平文选》（第二卷），北京：人民出版社，1994年版，第112页。

益放在政党外交的首位，同时要系统考虑和研判现时期的国家利益。以中国崛起外交的海洋向度为例，目前我国与多个东南亚国家存在领土及海洋纠纷。在这方面，国家利益到底应该如何体现和实现，这既是一个原则问题，也是一个策略问题。有学者认为，其理论观念的选择和行动方针的指向，不但要捍卫合法权益，而且要考量地缘战略利益，还要符合国际海洋法的规则。只有以上述三者统领海权争端问题的"理"与"利"，才能不陷入简单模仿"海权论"博弈的窠臼。①国家战略利益和核心利益是国家利益在不同维度的综合和集成，政党外交的着眼点正是国家的综合战略利益，因此要尤为防范在国家利益观上的简单化倾向。而要科学认识国家综合战略利益，就必须准确把握时代观，对时代特征与国际环境作出科学判断。科学观察与系统分析政党所处的时代特征，正确评估与把握时代主题，树立正确的时代观，是一个成熟的政党科学把握国家利益的基本前提。

第二，在政党外交中提升中国外交在价值层面的发展水平，推动实现亚洲共同发展的价值观。毛泽东时代，意识形态是一种特殊的国家利益，今天，树立什么样的政治观念，也必然反映出什么样的国家利益观。习近平指出，"要坚持正确义利观"，"要讲信义、重情义、扬正义、树道义"。② 在这样的高度上，我们需要重新思考政党外交的特殊作用及本质要求。中共本身就是一个信仰团体，是依靠政治信念凝聚在一起的组织。中共如何在政党外交中实现价值观与国家利益观的统一，是当前我们应当思考的主要问题。改革开放以来，特别是21世纪以来，政党外交已经褪去了浓厚的意识形态色彩，但如果没有文化、价值和情感等方面的支撑，政党外交也将失去最重要的用武之地。因此，通过政党外交搭建情感纽带，建立价值认同和情感共鸣，加强战略互信，夯实民意基础，从而形成中国在政治上的感召力和吸引力，

---

① 阳翯：《平衡中国外交的刚性与柔性》，载《世界知识》，2011年第5期。
② 习近平：《论坚持推动构建人类命运共同体》，北京：中央文献出版社，2018年版，第200页。

打造与东南亚国家的利益共同体和命运共同体,是未来中国对东南亚国家政党外交转型和发展的新方向。

第三,正确处理国家利益与意识形态之间的关系,还必须正确认识政党的意识形态利益和属性这一问题。政党意识形态是现代政党的旗帜和灵魂,它是一个政党所代表的一个阶级的意识形态的集中反映。①政党外交服务国家利益,并不以放弃政党意识形态为前提。因此,必须正确认识政党的意识形态利益和属性。在政党外交中超越意识形态的差异、淡化意识形态的作用,是以承认这种差异为前提的。它并不是西方所宣扬的"意识形态的终结",而是在尊重本国和他国意识形态的前提下,寻求双方的共同利益,谋求相互了解与合作,而不让这种差异成为交流与合作的障碍,最终达到搁置分歧、求同存异、促进共同发展的目的。因此,超越并不等于放弃,淡化也不等于同化,在政党外交中,我们必须辩证看待政党的意识形态属性。②

二、彰显特色、错位发展:中国政党外交的路径选择

中国与东南亚国家政党交往的历史从正反两个方面告诉我们,政府外交与政党外交是一对既矛盾又辩证统一的关系。虽然中共自执政伊始就设立了专司政党交往的中联部,从组织架构上来看,政党外交与政府外交也是互不隶属、截然分开的。但事实上,两者在实践中存在高度一致性,这一点在中共与东南亚社会主义国家的执政党交往中尤为明显。本书在接下来的章节中将论述毛泽东时代中共与越共的交往过程,其中就可以清晰地看到这一点。这一时期的中越交往,哪些是政党交往,哪些属于政府外交,其边界常常是模糊的,当然,这种情况也如实反映出中共党际关系思想的探索过程。改革开放以后,特别是21世纪以来,中共进一步扩大了政党交往的范围,既与社会主义

---

① 刘红凛:《论政党意识形态》,载《山东师范大学学报(人文社会科学版)》,2007年第5期。

② 周余云:《论政党外交》,载《世界经济与政治》,2001年第7期。

国家的执政党交往，也与非社会主义国家的政党交往，这时政府外交与政党外交的分野才逐步显现，政府外交与政党外交相辅相成、互为促进的辩证关系才日渐清晰。

三、信任外交、柔性外交：中国政党外交的魅力所在

如前文所述，政党外交要彰显特色，与政府外交错位发展，就要有价值认同、情感联系和战略互信。所谓战略互信，是国家和国家之间或国家与国际组织等主要非国家行为体间为了减少因彼此战略意图、战略能力和重要行为产生的错误判断，降低双方在重大利益上的冲突风险，而在双边关系关键领域采取的共同持久努力以及由此形成的关于对方的积极预期。①在这个意义上，政党外交也可称之为信任外交。而政党外交要建立战略互信，就应该发挥柔性外交的特殊作用。有学者对中国与东亚外交做了分析，认为中国的柔性外交维系了东亚的和平局面，并总结出柔性外交的四个特点，即戒急用忍、柔中有刚、以和为贵、多管并用。②其实与军事行动相比，外交本身就是柔性的。但就外交自身而言，它又是原则坚定性与策略灵活性的结合，是"刚"与"柔"的相济，是"不变"与"变"的统一。"不变"是指独立自主的原则不变，维护国家主权和尊严的立场不变；"变"是在坚持原则的前提下，根据国内国际形势的变化，灵活调整外交的方针策略，以达到解决问题的目的。③政党外交与政府外交相比，其柔性外交的特点就更为明显，这是由政党外交自身的特殊定位所决定的。

第一，信任外交、柔性外交对政党外交的内容和方式提出新要求。政党外交与政府外交在根本目标上是一致的，但在实现根本目标的路径上则应是差异化的。如果说政府外交更多的时候不能不刚性一些、

---

① 刘庆：《"战略互信"概念辨析》，载《国际论坛》，2008年第1期。
② 《熊光清：中国的柔性外交维系了东亚的和平局面》，http://news.uibe.edu.cn/info/1371/11198.htm。
③ 魏景荣：《论毛泽东的哲学睿智与新中国的对外战略》，载《南京航空航天大学学报（社会科学版）》，2005年第4期。

官方一些，那么政党外交在多数情况下则可以更柔性一些。在这里，柔性并不是放弃国家根本利益，而是体现在争取国家利益的表达方式上。政府外交要处理具体的外交事务，应该"就事论事"，而政党外交主要是做人的工作，主要立足思想对话，注重释疑解惑，增进战略互信，着眼长远利益。因此，战略性、思想性和情感性是政党外交和政府外交错位发展、彰显特色的关键。政党外交的议题既可以是现实的，也可以是历史的；既可以是国内的，也可以是国际的；既可以是政府外交的议题，也可以"顾左右而言它"。因此，未来中国对东南亚国家的政党外交，应该而且必须通过经贸合作、文化、科技、教育等抓手和载体来配合政府外交工作。但是另一方面，也要在内容上避免政党外交经济化和具体事务化，避免在开展政党外交时急功近利、追求立竿见影。与政党外交相比，促进包括经贸关系在内的国家关系的发展是政府外交的第一要务，而经贸往来和具体事务合作并不是政党外交的天然属性。政党外交只有回归政治属性，关注战略利益和长远利益，才能发挥好自身优势，实现与政府外交的错位发展、有效配合与优势互补。

在外交的方式上，政府外交受一定的外交礼节束缚，有一定的"定制"和规范，一般情况下不宜逾越。而政党外交的方式则灵活多样，可以打破常规，甚至可以量身定做。但政党外交的方式是为内容服务的，从根本上来讲，借助内容和方式的这些"软的力量"是为建立政党之间的"战略互信"服务的。通过政党外交构建战略互信，通过战略互信提升政治亲近和经济合作，这样才能实现政党外交配合政府外交、促进国家关系发展的终极目标。

第二，信任外交和柔性外交对进一步发挥政党领袖的作用提出新要求。战略互信主要面向国家政治和安全领域的重大事件，特别是直接涉及国家核心利益和关键利益的战略问题，其作用主体的重心在于国家决策层。①与其他社会组织相比，政党处于决策阶层的核心，政党特别是政党领袖在建立战略互信方面具有不可替代的重要作用。政府是制度化程度更高的官僚体系，而政党组织往往更加扁平化，具有灵活性，政党领袖的地位往往更加突出。在中国政党外交实践中，中共高层领导人、中共派出的中央部门或省市党委组成的代表团都是政党外交的主体，但是鉴于政党外交的战略性和思想性，政党领袖往往成为政党外交的中心。毛泽东、邓小平等政治家，往往是以政党领袖（而不是政府首脑）的身份参与外交工作，发挥关键作用。因此，未来中国对东南亚国家的政党外交，需要进一步加强政党高层交往。正如有关学者指出的那样，"实践证明，党的中央领导集体是我党开展对外交往的最主要的行为主体。我们党与周边各国特别是重要邻国的政党交往之所以成效显著，与我中央领导人直接参与乃至亲力亲为密切相关。今后相当一段时期，我们在发展与周边国家的政党关系时，特别是在处理与重要国家重要政党的关系时，必须一如既往地把包括领导人互访在内的各种形式的高层接触放在最优先的位置来考虑"。②

第三，信任外交和柔性外交对政党外交的制度化建设提出新要求。政党外交议题的宽泛性和突出对话与合作等理念的内容的柔性，以及政党外交方式、手段、身段的柔性，在一定程度上弥补了政府外交、军事外交、经济外交等方面的不足。而政党领袖在建立战略互信方面所发挥的不可替代的作用，也为政党外交增添了独特的个性魅力和特殊功效。但这与政党外交的制度化建设并不矛盾。政党外交开辟了与政府外交平行的外交沟通渠道。这一沟通渠道发挥价值的前提在于政党外交的相对独立性、稳定性、权威性和制度化。中共的性质和地位不同于西方以选举为主要目的的政党，无论在内部管理，还是在对外交往上，都需要更强的制度化管理。因此，未来中国政党外交发展的

---

① 刘庆：《"战略互信"概念辨析》，载《国际论坛》，2008年第1期。
② 于洪君：《中国的睦邻友好外交与中国共产党的周边政党交往》，载《红旗文稿》，2005年第16期。

路径与特色，不能因为领导人个人的更替而改变，不能因为领导人个人风格的变化而改变，更不能被政府外交所主导、牵制或左右。这就要求我们必须深入总结中国政党外交的发展历史，深度梳理和提炼制度化的经验和成果，在政党外交的主体拓展、客体延伸、议题设定、多边政党外交的机制化建设等方面实现更多的创制。

总之，信任外交和柔性外交作为一种外交创意，已经成为彰显中国政党外交魅力的另外一种软实力。近年来，中共在政党外交中深入贯彻以人为本的宗旨，加强与在各国政治生活中起主导作用的政党组织和对各国内政外交有现实和潜在影响的政治家的沟通交流。"在双边关系发展的关键阶段，党的对外交往发挥'全天候交往'、'柔性外交'和'人脉联络'等独特优势，主动切入、积极跟进，为推动国家关系健康发展和相关问题的顺利解决提供了另一条路径。"①通过信任外交、柔性外交增加战略互信，很多对中国一度存有偏见的人士改变了对中国的认识，并成为中国人民的朋友和对华友好的中坚力量，促使一些双边、多边关系在陷入僵局时走向"柳暗花明"，推动了国家关系的建立和发展，促进了党的执政水平和国际声望的提高，推进了改革开放和现代化建设事业。

---

① 王家瑞:《积极探索中国特色政党外交新格局的五年——十六大以来中国共产党的对外交往》，载《当代世界》，2007年第10期。

第三章 意识形态主导下的中国对东南亚国家政党交往（1949—1978）

中国共产党与国外政党的交往在新中国成立前即已出现。如果继续向前溯及，甚至可以说中共本身即是政党交往的产物。新中国成立后，在冷战对峙的时代背景下，鉴于中国国内政治生态以及面临的外部环境，中共积极开展与东南亚社会主义国家共产党的交往，支持东南亚国家共产党争取民族解放的活动，并视之为中共履行国际主义原则所必须承担的义务和责任。同一时期，中共与东南亚国家民族民主政党开始部分接触。20世纪60年代以后，由于中苏关系的逆转和"左"的思想的影响，中共与东南亚国家政党的交往遭遇严重挫折。这一时期，中共与东南亚国家政党交往，既为新时期中共的政党外交积累了宝贵的经验，也为中共新型党际关系原则的形成提供了深刻的教训和借鉴。

第一节 中国与东南亚国家政党交往的时代背景和战略定位

一、战争与革命时代观指导下的中共对外交往

时代观就是对不同历史时代的根本观点和看法。在毛泽东时代，

战争与革命一直是中共时代观中的关键词,这一认识既是新民主主义革命时期中共时代观的延续,也是20世纪50年代至70年代特殊的国际和国内背景的写照。在近代中国,帝国主义和中华民族的矛盾,以及封建主义和人民大众的矛盾都是中国社会的主要矛盾,只有通过革命推翻帝国主义和封建主义的压迫,才能实现民族独立和人民解放。从国际环境来看,资本主义发展到帝国主义阶段之后,在资本主义政治经济发展不平衡规律的作用下,在已有的殖民地基本已经被瓜分完毕的情况下,新兴的帝国主义国家要求重新瓜分殖民地与势力范围,这就导致帝国主义战争不可避免。①因此列宁断言:"帝国主义是无产阶级社会革命的前夜,从1917年起,这已经在全世界范围内得到了证实。"②俄国十月革命胜利后,共产主义运动在世界范围内迎来了新的高潮。

受国际共产主义运动的影响,中国共产党自成立伊始就自觉地把中国革命与世界反对帝国主义的斗争联系在一起,并深刻认识到战争与革命的重要性。新中国成立后,中共面临的任务开始从夺取国家政权向捍卫新生的人民民主政权、建设社会主义新中国这一方向转变。这一时期,中共在对时代主题的判断上继续延续了战争与革命的时代观。20世纪50年代,中国外交的主要任务是打破西方国家对新中国的封锁,争取世界进步力量的同情和支持,同时要维护世界和平,为国家建设和发展创造和平、稳定的国际环境。在战争与革命的时代背景下,面对以美国为首的资本主义阵营的敌视、孤立和遏制,中共迫切需要得到国际社会的认同和支持,也希望通过外交来巩固新生的社会主义政权。为此,毛泽东指出:"巩固同苏联的团结,巩固同一切社会

---

① 杨洁勉等:《中国共产党和中国特色外交理论与实践》,上海:东方出版中心,2011年版,第25页。

② 中共中央马克思恩格斯列宁斯大林著作编译局编:《列宁选集》(第二卷),北京:人民出版社,1995年版,第582页。

第三章　意识形态主导下的中国对东南亚国家政党交往（1949—1978）

主义国家的团结，这是我们的基本方针，基本利益所在。"①这一时期，中共认为世界大战的危险虽然存在，但是"世界人民的民主力量超过世界反动力量"，②因此，要"争取世界上一切和平力量使它们更加发展，以有利于世界的持久和平，也就有利于我国的建设"。③

从20世纪50年代末到整个60年代，中苏矛盾逐渐激化，中苏两党和两国关系全面倒退。虽然中共延续了20世纪50年代对战争与革命的判断，但是由于反美反苏"腹背受敌"，对战争的准备也更为迫切。同一时期，亚非拉民族独立和解放运动风起云涌，对此，中共从政治、外交、道义、经济和军事等多个方面给予支持，为新中国国际地位显著提升和恢复联合国安理会常任理事国地位奠定了基础，但其中也有一些政策并不切合实际，超出了自身的实际能力、国家经济和社会发展的水平。

进入20世纪70年代，美苏争霸的局面发生了重大变化，深陷越南战争泥潭的美国实力日减，不堪重负，逐渐转攻为守，而苏联则乘机加紧扩充军备，与美国抗衡。中美战略利益共同点逐渐增多。1973年和1974年，毛泽东在分别会见基辛格和大平正芳时提出了"一条线""一大片"的战略构想。④这一时期，中国在联合国合法席位得以恢复、中美接近和中日邦交正常化，带动西方国家与中国大规模建交。随着中国逐渐融入国际体系，以及第二次世界大战后资本主义世界出现新变化，中共的时代观也发生了重大转变，中共对时代主题的认识

---

① 中华人民共和国外交部、中共中央文献研究室编：《毛泽东外交文选》，北京：中央文献出版社、世界知识出版社，1994年版，第284—285页。
② 同①，第55—56页。
③ 同①，第246页。
④ 1973年2月17日，毛泽东在会见基辛格时提出"一条线"的思想。1974年1月5日，毛泽东在会见日本外务大臣大平正芳时提出"一大片"的思想。所谓"一条线"是指从中国、日本经巴基斯坦、伊朗、土耳其、欧洲到美国都在这条线上；"一大片"是指这条线周围的所有的国家。"一条线"和"一大片"的思想是毛泽东新的国际战略，其主旨就是要团结这"一条线"和"一大片"中的所有国家，即包括美国在内的国际上一切可以团结的力量，共同反对苏联霸权主义。这是毛泽东根据20世纪60年代末70年代初美苏战略态势和中、美、苏三国关系的变化做出的新的国际战略选择。

开始从战争与革命向和平与发展过渡。毛泽东在过去提出的"中间地带论"①的基础上进一步提出了"三个世界"②的理论。纵观20世纪70年代，中共在对战争问题的判断上虽已有所变化，但是防止战争爆发、抓紧时间备战的观念仍然得到延续。③

时代观是一个国家制定外交战略的基本依据，自然也决定着一国政党对外交往的基本定位和走向。新中国成立初期至20世纪50年代，中共实行"一边倒"的外交方针，坚决倒向以苏联为首的社会主义阵营。1951年，主管对外联络工作的中联部成立后，就把开展政党对外交往、发展党际关系的重点放在与社会主义国家执政党和处于非执政地位的其他国家无产阶级政党上。④从20世纪60年代起，随着中苏矛盾的加剧乃至中苏关系的破裂，中共与资本主义国家共产党的交往受到严重影响。受"左"的理论影响，中共坚持推进世界革命，反对与资本主义国家搞缓和战略与和平共处。一些发达资本主义国家的共产党紧跟苏共对中共进行批判，并与中共围绕意识形态进行了激烈的论

---

① 1946年8月，毛泽东在与美国记者安娜·路易斯·斯特朗谈话时提出了"中间地带论"。毛泽东认为："美国和苏联中间隔着极其辽阔的地带，这里有欧、亚、非三洲的许多资本主义国家和殖民地、半殖民地国家。美国反动派在没有压服这些国家之前，是谈不到进攻苏联的。"参见中华人民共和国外交部、中共中央文献研究室编：《毛泽东外交文选》，北京：中央文献出版社、世界知识出版社，1994年版，第59—60页。

② "三个世界"的观点是1974年2月毛泽东在会见赞比亚总统卢翁达时首次提出来的。毛泽东说："我看美国、苏联是第一世界。中间派，日本、欧洲、澳大利亚、加拿大，是第二世界。咱们是第三世界。""美国、苏联原子弹多，也比较富。第二世界，欧洲、日本、澳大利亚、加拿大，原子弹没有那么多，也没有那么富，但是比第三世界要富。""第三世界人口很多。""亚洲除了日本，都是第三世界。整个非洲都是第三世界，拉丁美洲也是第三世界。"参见中共中央文献研究室：《毛泽东文集》（第八卷），北京：人民出版社，1999年版，第441页。1974年4月，邓小平在联合国第六届特别会议上详细阐述了"三个世界"的思想，他指出："从国际关系的变化看，现在的世界实际上存在着互相联系又互相矛盾着的三个方面、三个世界。美国、苏联是第一世界。亚非拉发展中国家和其他地区的发展中国家，是第三世界。处于这两者之间的发达国家是第二世界。"参见中共中央文献研究室编：《邓小平年谱（1904—1974）》（下），北京：中央文献出版社，2009年版，第2012页。

③ 1977年12月，邓小平在中央军委全体会议上指出："我想强调一点，就是要抢时间。战争可能延缓爆发，可是我们不能只看到这一方面，我们要防备别人早打、大打。因为霸权主义者有疯狂性，不知道他们在什么地方制造一件什么小事情，就可能挑起战争。"参见杨奎松：《新中国的革命外交思想与实践》，载《史学月刊》，2010年第2期。

④ 徐则浩：《王稼祥传》，北京：当代中国出版社，2006年版，第338页。

第三章 意识形态主导下的中国对东南亚国家政党交往（1949—1978）

战。中共的对外交往路线因而走上了"打倒帝国主义，打倒现代修正主义，支持世界革命"的极"左"轨道。正是对时代主题的判断和认识失误，使中共对外工作遭受曲折与重挫。但是需要指出的是，这一时期，党的对外交往并没有完全中止。随着殖民主义体系的瓦解和亚非拉民族解放运动的高涨，在毛泽东提出的"一条线"战略以及"三个世界"理论的指导下，中共加强了与亚非拉国家政党的接触与交流，建立了反对苏联霸权主义的国际统一战线，实现了这一时期党的对外工作的新发展。

二、中国与东南亚国家政党交往的战略定位

在毛泽东时代，中共与东南亚国家的政党交往定位主要有以下两个影响因素：一是取决于当时战争与革命的时代背景，受意识形态的影响；二是受当时中国周边外交战略的影响。中国与东南亚国家的关系是周边外交的一个重要组成部分。鉴于当时美苏两极高度对抗的国际格局，一个包括周边国家在内的相对和平、友好的国际环境，对保证中国新生政权的成长极为重要。为此，中共提出了和平共处五项原则。和平共处五项原则既是中国政府外交的指导方针，也成为同一时期中共对外交往的重要指导思想，并为改革开放以后中共党际关系四项原则的形成积累了经验，提供了实践支持。

第一，中共与东南亚国家共产主义政党交往的战略定位。中共与东南亚国家共产主义政党的交往包括两部分：一是与东南亚社会主义国家（指越南）共产党的交往，二是与东南亚民族民主国家共产党的交往。由于具有同宗同源的意识形态，中共视东南亚国家共产主义政党为战略伙伴和盟友，通过对外交往加强社会主义阵营的团结，推动国际共产主义运动的发展，实现反对以美国为首的帝国主义这一共同的战略目标。对社会主义执政党而言，政党交往还担负着推动国家关系全面、健康发展的任务。

首先，在毛泽东时代，中共与东南亚国家共产主义政党交往的战

略定位是"革命外交",是战争与革命的时代观在党的对外工作领域的反映。这主要表现在以下两个方面:其一,中共加强与东南亚国家共产主义政党的交往,是基于中苏两党在国际共产主义运动中的分工,基于履行国际主义的义务与责任。新中国成立前夕,苏共中央就建议成立以中国为首的亚洲共产党中央局,明确要求中共多做东方和殖民地、半殖民地国家的工作,履行对东亚各国革命所承担的责任。[①]新中国成立后,亚洲一些殖民地、半殖民地国家的共产党人和人民群众也把中共视为学习的榜样,真诚地希望加强与中共的联系,得到中国的帮助。在这种情况下,取得胜利的中国共产党也把支援世界革命,特别是支持亚洲各国人民争取民族解放和独立的斗争,看作自己义不容辞的国际主义义务,并将其作为党的对外工作的基本方针和主要任务。[②]

其二,基于地缘政治的影响和意识形态的同质性,中共视东南亚国家的共产主义政党为天然的战略伙伴与盟友。因此,在国际共产主义运动中,中共更希望得到东南亚国家共产主义政党的支持,特别是在中苏关系出现分歧乃至分裂之后。在中苏关系走向分裂的过程中,中共对外交往强调"以苏划线",即根据这些国家共产党对苏共的不同态度,实行区别对待的政策。随着中苏分歧的加剧以及中共在国际共产主义运动中地位和影响的上升,追求在国际共产主义运动中的领导权成为中共对外交往的基本战略目标。中共尤为看重东南亚国家共产主义政党在国际共运中的立场,并希望获得来自它们的帮助和支持。中共与越共的交往成为其中的重中之重。中共对越共实施积极的援助

---

① 1949年7月,在与秘密访苏的刘少奇谈时,斯大林对刘少奇说,中国共产党是一个成熟的党,祝愿中共站在国际共产主义运动的前列。他还建议在国际革命运动中,中苏两家都应多承担一些义务,而且应该有某种分工。希望中国今后多做东方和殖民地、半殖民地国家的工作。革命中心现在转移到了中国和东亚,中共应当履行对东亚各国革命所承担的责任,因此应与东南亚各国建立密切的联系。参见沈志华:《毛泽东与东方情报局:亚洲革命领导权的转移》,载《华东师范大学学报(哲学社会科学版)》,2011年第6期。

② 王家瑞主编:《中国共产党对外交往90年》,北京:当代世界出版社,2013年版,第28页。

第三章　意识形态主导下的中国对东南亚国家政党交往（1949—1978）

外交，而奉行国际缓和方针的苏共在援越反美的斗争中则表现得非常消极和怠慢，最终导致越共逐渐把目光转向以发扬无产阶级国际主义精神为己任的中共身上。因此，中共与越共的交往具有排挤苏共、拒绝苏共插手东南亚地区共产主义事务的因素，以防止苏共因素影响中共在社会主义阵营和国际共产主义运动中的地位和威望。①

其次，中共与东南亚国家共产党的交往也是援助外交。在"革命外交"理念的指导下，中共大力推进无产阶级国际主义援助，对各国共产党提供无偿的政治、经济援助，以国际主义援助推进世界革命。例如，越共领导的抗法斗争从一开始就得到了中共的同情与支持。新中国成立初期，中共不仅先于苏共承认了越南民主共和国，还给越共提供了经济和军事援助。1967年，东盟正式宣告成立，其本身作为一个整体处在中国的对立面，是在反对和遏制共产党的共识上成立起来的。东盟成立之初，正是全球冷战激烈之时。由于东南亚民族民主国家实行的是资本主义制度，因此其中多国共产党处于非执政地位或被所在国政府视为"不合法"状态。在毛泽东时代，中共对外交往的总体战略目标就是推进"世界革命"。这一目标与处在反帝斗争前沿的资本主义世界共产党的战略目标是一致的。作为中共团结与联合的对象，中共试图通过援助外交推动世界革命进程，促进国际共产主义运动的发展。在中苏关系走向分裂之后，特别是在"文革"期间，极"左"思潮深刻影响到党的对外工作。

中共对东南亚国家共产主义政党实施国际主义援助，一方面，在一定程度上是出于意识形态的考虑，是为了履行自身的国际主义义务，同时希望通过援助得到它们在国际共产主义运动和社会主义阵营中的政治支持。另一方面，是出于自身地缘政治安全的考虑。这两方面的因素几乎同时存在，在不同的历史时期交替处于主导地位，决定着中共与东南亚国家共产主义政党的交往关系。

---

① 杨扬：《毛泽东执政时期的中共政党外交》，中国人民大学博士论文，2010年，第110—111页。

第二，中共与东南亚国家民族民主政党交往的战略定位。新中国成立初期，中共与东南亚国家政党交往的对象主要是东南亚国家共产党。随着中苏关系逐步恶化，中共对外交往的对象更加多样化，与东南亚国家民族民主政党的往来也日益增多。在毛泽东时代，促使中共与东南亚国家民族民主政党交往的重要因素之一仍然是地缘政治。中苏关系破裂后，为了扩大反苏同盟，毛泽东进一步深化了对"中间地带"的认识，中国的外交战略调整为依靠包括"亚洲、非洲和拉丁美洲的广大经济落后的国家"在内的第一中间地带国家。特别是到了20世纪70年代，在"反帝反修"两面出击的严峻形势下，中共在国际关系理论上突破以意识形态、社会制度论亲疏的观念，开始把现实的国家利益摆在第一位，采取灵活方式加强与东南亚国家民族民主政党的联系与沟通。

在毛泽东时代，虽然中共与东南亚民族民主国家的执政党并没有建立直接联系，但是中共从维护和营造和平的国际环境和周边环境出发，通过政府或民间渠道与部分民族民主国家的执政党接触。这种交往的目的，首先是希望通过政党交往促进国家关系的建立或发展。东南亚新独立的民族国家都是中国的近邻，与中国存在共同的历史遭遇，又面临着巩固民族独立、发展民族经济的共同历史任务，都需要一个和平、稳定的国际环境。这是中共与之友好相处的基础。但是，又有很多历史遗留问题横亘在中国与东南亚国家之间。一是边界纠纷不断，而且美国蓄意利用边界事端挑拨新中国同周边邻国的关系，意图遏制与扼杀新生的社会主义政权，直接威胁着新中国的国家安全。二是东南亚各国独立后，华侨的双重国籍身份变得格外敏感。三是东南亚国家都是在民族民主政党的领导下取得独立的，独立后走的又是与中国完全不同的民族主义道路，加上有的周边国家与中国的历史纠葛和边界纷扰，以及西方国家出于反共的需要，竭力渲染所谓"共产主义的威胁"，使这些国家的执政党对中共和社会主义新中国一直存有疑虑。虽然民族民主政党的性质和意识形态各异，但是在发展经济、摆脱贫

第三章 意识形态主导下的中国对东南亚国家政党交往（1949—1978）

困、反对霸权、维护世界和平和建立公正合理的国际政治经济秩序等方面与中共有着共同的语言。因此，面对上述问题，中共对外交往要配合政府外交实现突破，就必须重视与民族民主政党特别是执政党的交往。

其次，加强对外经济交流、促进经贸合作也是中共与东南亚国家民族民主政党交往的重要目的之一。新中国成立初期，中共迫切需要重振经济，通过建立社会主义经济制度，提高人民生活水平。而当时相对孤立和封闭的国际体系、美国对中国的经济封锁，都制约着中国的建设和经济的发展。为了自身的生存和发展，为了巩固革命政权，中共把目光投向了作为近邻的东南亚民族民主国家。通过政党交往推动国家经济外交、促进国家间经贸往来，有利于我国经济发展。

毛泽东的地缘政治思想十分重视亚洲和东南亚国家。毛泽东多次指出，亚洲的事务由亚洲人民自己管。①但是纵观毛泽东时代中国与东南亚国家的政党交往，毛泽东的地缘政治思想以及周边外交战略并没有占据主导地位。受意识形态的影响和主导，加上这一时期中共对执政党的党际关系思想尚处于摸索阶段，中共与民族民主政党的交往仅仅停留在和平共处的相对保守的状态，且十分有限。当然，这种交往毕竟突破了过去只与共产党和工人党交往的做法，为日后确立新型党际关系原则和扩大交往范围积累了经验。

---

① 例如，1954年10月毛泽东在分析中国地缘政治形势时认为，美国"把防线摆在南朝鲜、台湾、印度支那，这些地方离美国那么远，离我们倒很近。这使得我们很难睡稳觉"。参见中华人民共和国外交部、中共中央文献研究室：《毛泽东外交文选》，北京：中央文献出版社、世界知识出版社，1994年版，第165页。1957年12月，毛泽东在同缅甸副总理吴巴瑞、吴觉迎谈话时指出，"我们同印度、缅甸、老挝、柬埔寨都是友好的邻国，所以我们对我国的西南部很放心"。参见同上书，第302页。1959年5月，毛泽东再次指出："中国人民的敌人是在东方，美帝国主义在台湾、在南朝鲜、在日本、在菲律宾，都有很多的军事基地，都是针对中国的。中国的主要注意力和斗争方针是在东方，在西太平洋地区，在凶恶的侵略的美帝国主义，而不在印度，不在东南亚及南亚的一切国家。尽管菲律宾、泰国、巴基斯坦参加了旨在对付中国的东南亚条约组织，我们还是不把这三个国家当作主要敌人对待，我们的主要敌人是美帝国主义。"参见同上书，第376页。

第二节 中国共产党与越南共产党的政党交往

一、中越两党"同志加兄弟"亲密关系的建立和发展

越共成立于1930年2月,1945年越南民主共和国成立后成为执政党。在中越两党最高领导人毛泽东、胡志明的直接领导和推动下,中越两国于1950年1月18日正式建交,中国成为世界上第一个承认越南新政权并与之建交的国家。中越两国建交至"文革"前夕,两党高层多次互访,中共中央副主席、国家主席刘少奇和中共中央副主席、国务院总理周恩来四次正式访问或内部访问越南。越共中央主席胡志明1955年正式访华,1959年应邀出席新中国成立10周年庆典活动。越共中央第一书记黎笋和政治局委员、政府总理范文同四次正式访华。在两党高层互访中,除进行政府会谈外,两党领导人还多次举行党内会谈。两党其他层面和领域的交往也迅速展开。

在中越政党交往中,中共积极支持越共开展抗法、抗美救国斗争,支持越南社会主义建设和党的自身建设,共同促进国际共产主义运动的发展和社会主义阵营的团结。中越两国同为社会主义国家,中越两党同为执政党,政党交往在两国关系中起到引领和主导作用。新中国成立初期,涉及亚洲国家的事务由中联部直接负责,如对越的外交事务就是全部由中联部负责的。在这样的背景下,本书主要从两党高层交往的视角出发,分析和研究中越党际关系的发展,以及政党外交对政府外交的配合和补充作用。

在毛泽东时代,中共对越共的支持主要体现在以下三个方面:支持越共推进越南革命,开展社会主义建设,共同探讨国际共产主义运动的发展问题。

第三章　意识形态主导下的中国对东南亚国家政党交往（1949—1978）

（一）支持越共推进越南革命

1. 抗法援越时期

新中国成立时正值越南历时九年的抗法战争时期。面对敌强我弱和在国际上孤立无援的局面，越共中央向中共中央提出抗法援越的请求。当时的新中国百废待兴，但为了履行无产阶级国际主义义务，毛泽东、刘少奇、周恩来等中央领导人仍一致表示，尽力向越南提供抗法斗争所需要的一切援助。①1950年1月下旬，胡志明秘密访华，请求中共援助越南人民的解放斗争。此后胡志明还秘密访问苏联。在斯大林出于对当时国际局势的担忧而拒绝了越方的援助请求后，毛泽东仍然给予越南坚定的支持。在整个抗法援越期间，中共中央应越共中央和胡志明的请求，先后派出政治顾问团和军事顾问团帮助其组织军事作战和经济建设。②从1950年3月至1954年日内瓦会议召开，中共对越南进行了长期的支援和帮助，并在抗法援越中取得了边界战役、奠边府战役等一系列战役的胜利，迫使法国于1954年7月21日在关于恢复印度支那和平的《日内瓦协议》上签字。

2. 1954年日内瓦会议期间

1954年4月至7月召开的日内瓦会议是一次关于朝鲜问题和印度支那问题的国际会议，苏、美、法、英、中五国参加了会议的全过程，与会议议题相关的其他国家派代表参加了会议。这次会议对当代国际关系进行了重大调整，也成为中越政党交往的特殊场所。

这一时期，中共与越共的交往受到美国、苏联等多个因素的影响。在美国看来，印度支那地区是美国在东南亚遏止共产主义蔓延的关键地区。为此美国积极向法国提供援助，以巩固法国在印度支那地区的

---

① 黄文欢：《沧海一粟》，越南消息出版社，1986年7月越南文版，第327—328页。转引自郭明主编：《中越关系演变四十年》，南宁：广西人民出版社，1992年版，第27页。
② 1955年7月，中共中央决定撤回顾问团，改派少数专家技术人员到越南协助工作。1956年年初，中国援越顾问团工作全部结束。参见宋涛主编：《中国共产党对外工作100年》，北京：当代世界出版社，2021年版，第22页。

殖民统治。就苏联而言，由于苏联的战略重心在欧洲，因此其延续了自新中国成立以来的东南亚政策，倚重中共来维护亚洲及太平洋地区的稳定，抵抗美国势力的进攻。1953年3月斯大林去世后，其继任者赫鲁晓夫一反斯大林时代苏联对资本主义世界强硬的外交政策和进攻态势，转而强调通过谈判解决美苏分歧，谋求与资本主义世界的和平共处。而此时的中国也迫切希望早日结束朝鲜和越南战争，为新中国的经济建设营造和平稳定的周边环境。

以胡志明为首的越共在领导越南人民反抗侵略的同时，一直在谋求印度支那地区的和平。但越共对日内瓦会议前的形势并没有深刻的认识。在日内瓦会议召开前夕，中共建议越方要做好两个方面的准备，即开展外交活动和加紧军事行动，最终促成了奠边府战役的胜利，有力配合了日内瓦会议的召开。在日内瓦会议期间，周恩来作为中国代表团团长，在每次大会之前都先同苏、越两国代表团主要成员商讨对策，中、苏、越三国代表团紧密合作，协同斗争，打破会议僵局。为使印度和缅甸政府赞同用一切可能的办法重建印度支那和平，会议休会期间，周恩来还应邀访问印度和缅甸，之后又赶赴广西柳州与胡志明举行会谈，就日内瓦会议中涉及的重要问题坦率交换意见，取得一致看法。

3. 抗美援越时期

越南抗法战争胜利后，美国由于担心南越乃至整个东南亚被"赤化"，极力破坏日内瓦协议，并纠集英国、法国、澳大利亚、新西兰、菲律宾、泰国等国家在菲律宾马尼拉签订《东南亚集体防务条约》（又称《马尼拉条约》），组织军事侵略集团，非法将南越、老挝和柬埔寨划为东南亚军事集团的"保护区"，同时在邻近印度支那地区多次举行军事演习。为阻挠胡志明在全国选举中获胜，美国支持南越吴庭艳当局单方面进行选举，成立所谓的"越南共和国"，并妄图取代法国殖民者，把越南南方变成美国的新型殖民地和军事基地。越南南方民族解放阵线成立后，美国又积极武装扶植"越南共和国"，并派出大量军

第三章　意识形态主导下的中国对东南亚国家政党交往（1949—1978）

事顾问，发动一场美国出钱、出武器，利用越南人打越南人的所谓"特种战争"。1964年8月，美国制造了"北部湾事件"，把战火烧到了越南北部。1965年2月起，美国地面部队进入南越参战，"南打北炸"，成为侵越战争的主体。随着美国侵越战争的升级，为了履行自身的国际主义义务与责任，支持被压迫民族的解放运动，也为了在与苏共的竞争中获得越共的支持，中共从各个方面援助越共和越南人民"保卫北方，解放南方，统一祖国"的斗争，为取得最终胜利作出了最大的民族牺牲，直至1975年4月30日越南南方解放，越南的抗美救国战争取得完全胜利。

抗美援越期间，中共与越共政党交往的工作重点包括以下三个方面：一是通过政党交往与越共交流开展武装革命的经验，鼓励和支持越南革命。关于越南斗争方针问题，苏共主张"在独立和民主的基础上用和平方式实现国家的统一"，而中共则认为，由于帝国主义破坏，要按《日内瓦协议》的规定通过普选实现越南的统一难度较大，必须作长期斗争的准备。① 1964年7月，当美国准备进一步扩大越南战争时，中共和越共、老挝党领导人在越南河内举行三国四方会议，这次会议确定了三国、三军共同抗击美国侵略的基本方针和原则。"北部湾事件"爆发后，毛泽东鼓励越共说："不要以为美国了不起。"② "朝鲜战争证明美帝国主义是可以打的。"③毛泽东特别强调人民群众的作用。1967年10月5日，他在会见越南党政代表团和越南南方民族解放阵线代表团时指出："美国人就是怕群众。它脱离群众，它没有群众就没有办法。你们对付的是世界上第一号的帝国主义。没有什么窍门，就是

---

① 黄文欢：《越中战斗友谊的事实不容歪曲》，载《人民日报》，1979年11月27日，第1版。
② 中共中央文献研究室编：《毛泽东年谱（1949—1976）》（第五卷），北京：中央文献出版社，2013年版，第386页。
③ 同②，第414页。

这么一条。"①毛泽东还肯定了越共设法把越南南方的战争限制在"特种战争"的范围内,力争不使战争扩大到越南北方的做法。②

二是鼓励和支持越南南方的抗美斗争。1960年5月,越南领导人在与中国领导人会谈时,阐述了越南南方武装斗争的新方针。中共中央对越南同志的决定表示赞同。③1960年12月,越南南方民族解放阵线成立后,中共率先予以承认。这标志着中国确定了援越抗美的政策。毛泽东多次会见越南南方民族解放阵线代表团和越共南方局领导人,共同研究越南南方的战争形势。毛泽东称赞南越的军事斗争、政治斗争、经济斗争的各项政策和斗争策略都很正确,取得了很大成绩。要取得胜利,敌军工作很重要,俘虏政策很重要。怎样瓦解吴庭艳军队,是取得南越革命战争胜利的一个主要问题,要好好努力创造条件。④(虽然)敌人力量很强大,军队多,武器多,武器好;我们军队少,武器较少、较差。但是,我们能够战胜现代化的军队。要集中优势兵力,各个击破,敌进我退,敌驻我扰,敌疲我打,敌退我追。⑤1968年,越南南方"新春大捷"后,毛泽东建议当时秘密在北京治病的胡志明组织大兵团在南方打歼灭战,胡志明接受中共建议,随后向越共中央政治局作了转达。⑥

三是通过政党交往,在政治和道义上旗帜鲜明、始终如一地声援越南人民的抗美救国斗争。毛泽东曾对范文同指出:"你们在我们南方前线,在社会主义阵营前线,你们的贡献很大。你们的事业对全世界、对中国、对苏联、对社会主义阵营、对世界无产阶级和劳动人民都是

---

① 蔡武主编:《中国共产党对外工作大事记(1949.10—1999.12)》,北京:当代世界出版社,2001年版,第312页。
② 中共中央文献研究室编:《毛泽东年谱(1949—1976)》(第五卷),北京:中央文献出版社,2013年版,第415页。
③ 郭明主编:《中越关系演变四十年》,南宁:广西人民出版社,1992年版,第67页。
④ 同②,第255—256页。
⑤ 同②,第159—160页。
⑥ 《越南抗法、抗美斗争的中越关系——二评越南外交部关于越中关系的白皮书》,载《人民日报》,1979年11月21日,第1版。

第三章　意识形态主导下的中国对东南亚国家政党交往（1949—1978）

帮助。因此，中国、苏联、社会主义阵营、世界无产阶级有义务帮助你们。"①1963年8月28日，胡志明发表声明，谴责吴庭艳反动统治集团血腥镇压越南南方人民的罪行，号召南方同胞团结起来进行斗争。对此毛泽东积极响应，并于次日发表《反对美国—吴庭艳集团侵略越南南方和屠杀越南南方人民的声明》。1967年12月，毛泽东坚定表示："七亿中国人民是越南人民的坚强后盾；辽阔的中国领土是越南人民的可靠后方。"②1970年5月20日，毛泽东发表《全世界人民团结起来，打败美国侵略者及其一切走狗》的声明，即"五·二〇声明"，坚决支持越南、柬埔寨、老挝人民的抗美救国斗争。这些都极大地鼓舞了越共和越南人民抗美斗争的意志。

在越南人民抗法、抗美救国战争中，中共向越共提供了打赢一场现代化战争所必需的基本的物质援助，对越南抗法、抗美救国战争的胜利作出了重大的贡献。对此，越共领导人曾指出："如果没有中国这个大后方，没有中国提供的情深义重的、极其巨大的援助，越南人民在以前的抗击法帝国主义和以后的抗击美帝国主义的斗争中就难以取得胜利。"③

（二）支持越共开展社会主义建设

中越两党在20世纪40年代中后期相继成为执政党后，都面临着如何建设社会主义的任务。在中共大力援助越共开展抗法、抗美斗争的同时，中共对越共领导开展社会主义建设的支持也几乎同步展开。

抗法援越时期，中共应越共要求派出"土改"顾问团、政治顾问团以及财经、组织等方面的专家顾问，帮助越共开展土地改革、发动群众、培养党政干部和整顿财经工作，有力地动员了农民抗战力量，

---

① 中共中央文献研究室编：《毛泽东年谱（1949—1976）》（第四卷），北京：中央文献出版社，2013年版，第604—605页。
② 《伟大的领袖毛主席电贺阮友寿主席 最热烈祝贺越南南方民族解放阵线成立七周年》，载《人民日报》，1967年12月19日，第1版。
③ 《黄文欢副主席在记者招待会答记者问》，载《人民日报》，1979年8月11日，第1版。

为抗法援越斗争的胜利创造了条件。由于中越两党的密切合作，中越两党及两国政府"亲密无间""同志加兄弟"的友好关系在抗法援越时期即已形成。中国为了支持越南人民进行反对侵略的正义战争，"寓援助于贸易之中"。越南官方媒体为此写道："中国愿意接受我国所能出口的各种货物，并卖给我国所需要的各种货物。这种无私的援助，是世界上任何国家的贸易史上从来没有的。"①日内瓦会议结束后，在抗美援越的同时，中共又肩负起帮助越南人民恢复生产、重建家园的任务。1955年6月至7月，胡志明和长征访华期间，中方向越南无偿赠送8亿元人民币，协助越南进行战后重建。这一协助后来拓展到工业、农业、交通、经贸、文教等多个领域。在越南仅用三年时间就胜利完成经济恢复的任务后，为帮助越南完成改造和发展经济的"三年计划"，中国又向越南提供了12亿元人民币，包括9亿元无偿援助和3亿元长期贷款。②1955年至1964年，中共和越共领导人多次见面并就越南社会主义建设问题交换意见。1960年，越共中央还就拟向其第三次代表大会提交的政治报告专门来华征求中共的意见。此外，中越两党领导人还就越南统一战线的纲领、越南财经和国家计划问题、干部和组织工作问题、军事计划和军事援助问题等重大问题进行公开或内部的商谈，深入交换意见。越共还组织工业干部考察团、中央经济代表团、财贸商业考察团来华学习中国社会主义建设的经验。涉及的主要议题包括：越南的工业化道路（先轻后重）、农业增产和合作化、统一和社会主义改造、私营工商业改造、财经和国家计划、经济建设、长期计划、对外关系、自力更生与外援关系等方面的问题。由此可见，中越政党交往的内容几乎涉及中越社会主义建设的各个领域。

在中越政党交往中，毛泽东曾向越共专门介绍了中国社会主义改造和建设的经验，包括"多快好省"方针中的快与省、三个同时并举

---

① 越南《新越华报》,1956年9月8日。转引自郭明等：《现代中越关系资料选编》（上册），北京：时事出版社,1986年版，第302页。
② 古小松：《越南国情与中越关系》,北京：世界知识出版社,2007年版，第280页。

第三章　意识形态主导下的中国对东南亚国家政党交往（1949—1978）

中的大中小并举、整风反右与"大跃进"等的关系问题。①他还十分关心越南的工农业生产和布局结构问题，指出："农业问题很重要。……过去几年我们的基本建设搞得过多，工业战线过长，对农业照顾不够。……我们现在的具体安排是农、轻、重，把农业摆在第一，轻工业第二，重工业第三。否则，会出问题。"②1958年6月22日，毛泽东还陪同胡志明去看中共中央农村工作部的试验田。③1963年6月3日，刘少奇在会见胡志明时也谈及中国经济建设的经验和教训："工业搞多少，文教事业规模搞多大才适当？在这方面，几年来我们已经认识到要看农民能拿出多少商品粮食，才能确定可以搞多少工业和文教事业。""马克思在《资本论》里面谈到这个问题。他说，农民除自己消费外，能提供多少粮食和农产品，决定能腾出多少劳动力从事社会的物质生产和精神生产。物质生产即搞工业，精神生产即搞科学、文化、艺术。计划经济中的第一个比例即是工业和农业之间的比例。这个比例要适当。多少人从事农业，多少人从事工业、文教有个比例关系。"④

在与越共的交往中，中共特别强调自力更生，建议越南既不要依赖苏联，也不要依赖中国。早在新中国成立初期，刘少奇就曾复信胡志明，表示，"你们坚持反对帝国主义及来信中所说的'长期斗争，自力更生'的方针，是完全正确的。贯彻这种方针，你们一定能取得最后的胜利"。⑤毛泽东也曾对黎笋说："在中国，苏联专家不撤，自力更生搞不起来。苏联撤回专家，撕毁几百个合同，我们的自力更生就

---

① 蔡武主编：《中国共产党对外工作大事记(1949.10—1999.12)》，北京：当代世界出版社，2001年版，第111页。
② 同①，第205页。
③ 中共中央文献研究室编：《毛泽东年谱(1949—1976)》（第三卷），北京：中央文献出版社，2013年版，第373页。
④ 中共中央文献研究室编：《刘少奇年谱(1898—1969)》（下卷），北京：中央文献出版社，1996年版，第556—557页。
⑤ 同①，第15页。

搞起来了。"①

(三) 共同探讨国际共产主义运动的发展问题

中越两国同属社会主义阵营,在中越政党交往中,对国际共产主义运动的共同关注不仅是题中应有之义,而且成为两党政党交往的重要议题。这主要表现在以下三个方面:

一是中越两党充分利用国际共产主义运动重要会议平台,在会前、会中、会后就国际共产主义运动中的重大事件及时沟通情况,相互交换意见。苏共二十大后,中共与苏共在对斯大林的评价以及通过议会道路和平过渡到社会主义的观点这两个问题上出现分歧。1956年3月14日,毛泽东会见了参加苏共二十大回国途经中国的越共中央总书记长征和印尼共产党中央总书记艾地,着重谈了和平过渡问题。②此后,周恩来率领中国党政代表团访越,就批判斯大林问题、兄弟国家间关系问题当面与胡志明等领导人交换意见。虽然中苏两党在关于斯大林的评价及和平过渡问题上产生分歧,但是当时为了维护社会主义阵营的团结,毛泽东仍然强调,应正当地维护苏联应有的地位,强调国际共产主义运动以苏联为首,积极缓和因波兰"波兹南事件"引发的苏波矛盾,并在苏共中央主席团的内部斗争中对赫鲁晓夫公开表示支持。1957年,莫斯科会议召开的时候,整个社会主义阵营已经逐渐摆脱苏共二十大赫鲁晓夫秘密报告所引起的思想混乱和波匈事件的影响。在这两次会议召开前夕,毛泽东均与胡志明沟通并交换意见。1959年苏共二十一大前夕,针对苏共中央"取消社会主义阵营以苏联为首"和"国际共产主义运动以苏共为中心"的提法问题,周恩来与胡志明在同往莫斯科的飞机上和会议期间两次交换看法,取得一致意见。③ 1961年

---

① 中共中央文献研究室编:《毛泽东年谱(1949—1976)》(第五卷),北京:中央文献出版社,2013年版,第310页。

② 蔡武主编:《中国共产党对外工作大事记(1949.10—1999.12)》,北京:当代世界出版社,2001年版,第60页。

③ 中共中央文献研究室编:《周恩来年谱(1949—1976)》(中卷),北京:中央文献出版社,1997年版,第203页。

第三章　意识形态主导下的中国对东南亚国家政党交往（1949—1978）

10月，在苏共二十二大召开前夕，周恩来与同往莫斯科的胡志明、黎笋会谈时又强调了团结和反帝问题。会议期间，周恩来还与胡志明、金日成就兄弟党之间应遵循的原则交换了意见。①会后，毛泽东会见途经中国回国的胡志明，就各兄弟党对阿尔巴尼亚的态度、对斯大林评价等问题交换意见。②此外，在1960年10月召开的26国共产党和工人党文件起草委员会会议、1960年11月10日至12月1日召开的81国共产党和工人党代表会议（第二次莫斯科会议）期间，中共和越共领导人也多次交换意见、协调立场。81国共产党和工人党代表会议结束后，毛泽东在会见来访的越共代表团时表示，（这次会议）结果是协商一致，保持团结。都在社会主义大家庭，一定要团结，免不了有争吵，结果还是要团结，要和。兄弟党之间，就只能说服，不能压服，兄弟党之间的矛盾是内部矛盾，不是敌我矛盾。③在中苏矛盾发展过程中，越共与中共在一些重大问题上观点相近，在有关斗争中能够互相配合与支持。尽管越共无意破裂与苏联的关系，在具体做法上与中共有所不同，但并未影响其与中共的交往。

二是在当时开展的反对修正主义的斗争中，中越两党在大方向上基本保持一致，能够做到密切协商、协调步骤。1958年以后，中苏分歧从最初的意识形态领域扩展到现实的国家利益范围，到1960年中苏两党分歧公开化，两国关系也随之迅速恶化，并爆发了旷日持久的意识形态论战。中苏论战在60年代初拉开序幕，到1963年夏季正式开始，这场论战最终导致社会主义阵营的分裂。

在中苏论战开始之际，中共中央在两次复信苏共之前都向越共作了通报，并听取越共的意见。1963年3月30日，苏共中央给中共中央

---

① 中共中央文献研究室编:《周恩来年谱(1949—1976)》(中卷)，北京:中央文献出版社，1997年版，第440—441页。

② 中共中央文献研究室编:《毛泽东年谱(1949—1976)》(第五卷)，北京:中央文献出版社，2013年版，第48—50页。

③ 中共中央文献研究室编:《毛泽东年谱(1949—1976)》(第四卷)，北京:中央文献出版社，2013年版，第492—493页。

发来长信,谈及国际共运总路线的问题,并建议以此作为中苏两党会谈的基础。中共中央起草了答复苏共中央的回信稿。初稿形成后,根据毛泽东的指示,1963年6月,刘少奇和邓小平与应邀来访的黎笋举行会谈,双方就苏共中央3月30日来信中关于国际共运总路线问题和中共中央的复信交换了意见。越共代表团提出,对苏共提出的全民党、全民国家的经济基础问题究竟怎么看,回信中应该有所阐述。毛泽东说,这是个原则问题。我们没有触及,你们越南同志看出来了,这很好。1963年11月29日,赫鲁晓夫致信中共中央和毛泽东,提出停止公开论战,改善两党关系,召开兄弟党国际会议。中共复信不仅要答复中苏两党关系问题,还要答复关于召开兄弟党国际会议以及停止公开论战的问题。为此,邓小平率中共代表团内部访问越南,征求越共意见,越共明确表示赞成。①

在当时反对修正主义的斗争中,中越两党总体上做到了互相谅解和求同存异。1960年8月,胡志明在访问苏联前路过北京,向中共递交了《越南劳动党向苏联和中国两个兄弟共产党建议的几点意见》,并希望中苏两党尽早举行会谈。对此,毛泽东表示:"你们的好心,你们的意见我看基本上是好的。你们想要加强团结是好的。你们提出要反对以美国为首的帝国主义和它们的走狗,这是我们的共同任务。但是,究竟谁是朋友,谁是敌人呢?这个问题要分清楚。在这个问题上,我们同赫鲁晓夫早就有分歧。我完全赞同你的打算。你现在做和事佬,以第三者的身份去说一说也好。"② 显然中共领导人不能拒绝胡志明这位老朋友的好心,不反对他在中苏之间斡旋,但对他的努力并未抱有很大的希望。

三是中越两党还在政党交往中沟通和通报党内斗争情况。1959年,中共八届八中会议(庐山会议)召开后不久,中共即向包括越共在内

---

① 王家瑞主编:《中国共产党对外交往90年》,北京:当代世界出版社,2013年版,第81—82页。

② 同①,第80页。

第三章　意识形态主导下的中国对东南亚国家政党交往（1949—1978）

的社会主义国家共产党送交关于《为保卫党的总路线、反对右倾机会主义而斗争》等两个文件，并通报了庐山会议党内斗争的情况。① 1964年1月30日，毛泽东会见黎笋，谈到在中共内部产生修正主义的问题时，表达了对此的警惕和担忧。②

"文革"时期的中越政党交往。《中国共产党中央委员会通知》（"五一六"通知）发布的第二天，胡志明应邀来华休养。包括此次休养在内，至1969年9月逝世，"文革"期间，胡志明来华休养的记录目前已公开的有三次，周恩来对此做出精心安排。1968年1月，胡志明来华治病，周恩来亲赴机场迎接，毛泽东也三次与胡志明会面。这一时期，越共主要领导人黎笋、范文同十余次来华访问或途经中国访问，与毛泽东、刘少奇、周恩来等中共领导人多次举行会谈，就印支地区和世界形势、抗美救国、越美巴黎会谈、中苏关系、中越陆海边界、对越援助等问题广泛交换意见。周恩来也四次赴河内，或吊唁胡志明，或进行正式访问，或通报中美会谈情况及尼克松访华情况等。中共中央政治局委员李先念出席了胡志明的葬礼，中共中央政治局委员陈锡联出席了越南建国30周年庆祝活动。越共四大和中共十一大召开、黎笋当选越共中央总书记和华国锋当选中共中央主席后，两党均互相致电视贺。在与越共的交往中，中共多次表示，坚决支持越南人民抗美救国的斗争，在力所能及的范围内提供援助。1966年11月，毛泽东对来访的黎笋说："你们会胜利的，最困难的时候就是表示快胜利了。""你们的经验是有世界意义的经验，大家都要向你们学习怎样打美国人。"③ 周恩来还向越共提出与美国谈判的"八项原则"。④ 但这

---

① 蔡武主编：《中国共产党对外工作大事记（1949.10—1999.12）》，北京：当代世界出版社，2001年版，第134页。
② 中共中央文献研究室编：《毛泽东年谱（1949—1976）》（第五卷），北京：中央文献出版社，2013年版，第310—311页。
③ 中共中央文献研究室编：《毛泽东年谱（1949—1976）》（第六卷），北京：中央文献出版社，2013年版，第14—15页。
④ 同①，第301页。

种友好关系一直维持到 1977 年 11 月黎笋访华,这是毛泽东时代越共派出访华的最后一个代表团。一年零三个月后,中国对越自卫反击战爆发。

二、中越关系的暗流与中越两党分歧的扩大

中越两党的分歧自抗法援越时期即有征兆,日内瓦会议期间也在多个方面暴露,只不过限于越共亟需中共的援助和支持,限于中共和苏共在社会主义阵营的权威地位,这种分歧被压制。此外,中越之间长期存在的历史问题也潜在影响着中越党际关系的发展。

(一) 抗法援越时期

在抗法援越时期,越共在期盼中共援助的同时,曾表现出对中共顾问团能力的怀疑,也流露出对中共援越动机的疑问。因此,中越两党的芥蒂在这一时期即已显现。此外,由于越南曾作为中国封建王朝藩属的历史长达千年之久,中越两国历史上又曾多次发生战争,因此,历史纠葛也在一定程度上影响着两党的交往。针对中越历史问题的复杂性及由此产生的越方对中共援越动机的怀疑,中共要求顾问团与越共务必采取友好合作的态度,减少对越南同志的批评,以防止越共对中共的怀疑与不满。毛泽东还就修改中国驻越南顾问团工作守则问题专门致信王稼祥,提出修改意见。①在整个抗法援越过程中,中共坚持国际主义原则,尽一切可能支援越南,同时小心翼翼地防备,因而中方的意见及指导还是基本上得到执行。②

(二) 日内瓦会议期间

在日内瓦会议期间,法越双方争执不休。一是在老挝、柬埔寨的

---

① 蔡武主编:《中国共产党对外工作大事记(1949.10—1999.12)》,北京:当代世界出版社,2001 年版,第 30 页。
② 李桂华:《地缘政治视角下的中越关系研究(1949—1972)》,中国人民大学博士论文,2011 年 3 月,第 37—38 页。

第三章　意识形态主导下的中国对东南亚国家政党交往（1949—1978）

"外国军队"问题上，越南坚持认同当年法国殖民者为便于分化统治越南、老挝和柬埔寨三国人民而拼凑起来的所谓"印度支那联邦"，不愿承认在柬埔寨和老挝存在越南军队的现实。在周恩来的努力下，范文同最终放弃其一直坚持的三国为一个统一的整体，即"印度支那联邦"的思维，并明确承认越南在两国驻有军队，这些军队同样应该撤出。①二是在是否划定临时军事分界线的问题上，经反复协商，日内瓦会议上各方才同意以北纬17度划界。在此过程中，周恩来与越方反复协商。为抓住转瞬即逝的和平机会，在日内瓦会议休会期间，周恩来又专程赶赴广西柳州与胡志明交换意见。经过周恩来等人的多次劝说，越方领导人终于改变了对印度支那战争盲目乐观的态度和在划线问题上的举棋不定，最终同意了周恩来的意见。②周恩来返回日内瓦后又继续做仍坚持己见的范文同的工作。为了说服范文同，周恩来与之谈至深夜12时，经过周恩来的耐心劝说，范文同最终接受了方案，从而击破了美国代表妄图结束会议的阴谋。关于中共对日内瓦会议的贡献，越共领导人曾反复给予肯定，如1954年8月3日，范文同就曾指出："在日内瓦会议上，中国代表团代表着六万万人民的和平意志，并以其大国的国际威信，对会议做出了极大的贡献。"③

《日内瓦协议》签署不久，美国纠合英、法等八个国家组成东南亚条约组织，支持吴庭艳建立所谓的"越南共和国"（南越），并以北方不具备自由选举条件为由不接受全国普选，致使越南长时间被分隔为

---

① 中华人民共和国外交部档案馆编：《中华人民共和国外交档案选编（第一集），1954年日内瓦会议》，北京：世界知识出版社，2006年版，第225页。

② 在划分临时军事分界线问题上，周恩来从当时越军实力出发，考虑到两军互相间插，没有一个完整的根据地，不利于日后完成统一大业，因此建议南北划线。据最新研究显示，关于越南南北划线的方案，实际上是苏联提出来的。1954年3月，苏联方面再次建议："如果不能就建立有越盟加入的联合政府方案达成协议，解决方案可以是以北纬16度划界"，因为"这一安排可保证中国南部边界的安全"。出于保证中国南部边疆安全及防止美国势力入侵印度支那等多方面考虑，中国对于这一方案给予积极回应。参见李桂华：《地缘政治视角下的中越关系研究（1949—1972）》，中国人民大学博士论文，2011年3月，第53页。

③ 《新华月报》，1954年第9号。转引自郭明主编：《中越关系演变四十年》，南宁：广西人民出版社，1992年版，第53页。

南北两个部分。这样，越南在日内瓦会议上作出妥协，以撤出大量军队换来的柬埔寨和老挝的和平与中立也就无法实现。越共对日内瓦会议的评价也随之发生变化。

日内瓦会议召开之时，中国刚从朝鲜战争中抽身出来，在投入大量人力、物力支援抗美援朝战场的情况下，仍竭尽所能支援越南人民的抗法战争。中共出于自身利益考虑，也确实迫切需要一个和平的国际环境。在中国革命胜利后越南要求援助时，中国"凡可能者均应答允之"，既是国际主义义务使然，也是当时的中国国家安全利益使然。

（三）抗美援越时期

1964年下半年至1965年年初，鉴于印度支那地区出现形势不断恶化的局面，中国在广东、广西等地先后派驻几十万部队，并进行了一系列军事部署，对此越南极为不安。1965年起，越南《历史研究》等刊物连续刊登文章，历数越南民族在历史上反抗中国封建王朝的战争，片面宣传中国封建统治者"侵略"越南的历史，借古喻今、含沙射影地攻击中国政府和中国共产党。虽然胡志明对此进行了解释，但越南并未停止此类宣传活动。而这一时期适值中国不惜做出巨大的民族牺牲援越抗美，越南的一系列举动给中越关系蒙上了阴影。

三、中苏关系和中美关系对中越党际关系的影响

（一）越共在中苏两党分裂中的摇摆

在毛泽东时代，中苏两党的党际关系是中共政党外交的重中之重。虽然自新中国成立开始，中苏两党对亚洲共产党的事务就有了相对明确的分工，但中苏两党关系的起伏仍不可避免地反映到中越党际关系中来。新中国成立后，苏联政府很快承认新中国，两国签订《中苏友好同盟互助条约》。此后，苏联对新中国的建设给予了大力支援，中苏两党关系进一步深化。20世纪50年代中期，赫鲁晓夫在与西德总理阿

第三章 意识形态主导下的中国对东南亚国家政党交往（1949—1978）

登纳的谈话中表达了对"赤色中国"的忧虑，并要求西德帮助他对付"赤色中国"。①中苏两党两国关系的暗流开始涌动。苏共二十大后，中共与苏共在对斯大林的评价及和平过渡两个问题上出现分歧。为了维护社会主义阵营的团结，毛泽东当时仍然强调，应正当地维护苏联应有的地位。1958年赫鲁晓夫独揽党政军大权后，苏联的大国沙文主义故态复萌，相继提出在中国领土上建设长波电台和共同潜艇舰队等损害中国主权的要求，这遭到中共领导人的严词拒绝和反对，中苏分歧也从最初的意识形态领域扩展到现实的国家利益领域。1959年，苏联单方面撕毁了《中华人民共和国政府和苏维埃社会主义共和国联盟政府关于生产新式武器和军事技术装备以及在中国建立综合性原子工业的协定》（简称《中苏国防新技术协定》），并在中印边境事件发生后公开发表声明偏袒印度。1960年6月，赫鲁晓夫在罗马尼亚工人党代表大会上对中共进行全面攻击，把中苏两党的思想分歧扩大到国家关系上。7月16日，苏联政府突然照会中国政府，单方面决定召回在华苏联专家，撕毁了两国政府签订的12个协定、两国科学院签订的1个议定书及340多份专家合同和合同补充书，废除了200多个科学技术合作项目。②苏联领导人为谋求"苏美合作，主宰世界"，不惜牺牲社会主义国家和争取民族独立国家的利益，导致1960年至1964年的中苏大论战全面爆发。

对于中苏关系，越共一方面同时感谢中苏两党的支持和帮助，另一方面又强调社会主义阵营的团结，表示要为中苏两党的团结而努力。1960年8月，胡志明访苏前经过北京，希望能够说服中苏两党领导人摒弃前嫌，重归于好，但是以失败告终。③1960年9月，越共在三大会议上对两党进行劝和，并提出"团结苏联，团结中国，团结各社会主

---

① 谢益显主编：《中国当代外交史（1949—2009）》，北京：中国青年出版社，2009年版，第149页。
② 同①，第161页。
③ 尼基诺·谢·赫鲁晓夫著，述弢等译：《赫鲁晓夫回忆录（全译本）》（第三册），北京：社会科学文献出版社，2006年版，第2337页。

义国家"的口号。在不得不明确表态的重大国际争端中,越共在支持一方的同时也努力避免得罪另一方。越共追求一种平衡的过程,避免与中苏两党中的任何一方发生对抗,并试图以无产阶级国际主义与马克思列宁主义为基础维护社会主义阵营的统一。[①]

在中苏关系走向分裂的过程中,中共十分在意与越共的关系。在中共看来,苏共违背兄弟党之间的关系准则,以"老子党"自居。苏共二十大以后,苏共又背离马列主义,但越共并不认为苏共背离了马列主义。两党在上述问题上存在明显分歧。

(二)苏共"插手政策"对中越党际关系的影响

1950年2月,斯大林、毛泽东、胡志明等三方领导人商定,中国和苏联共同援助越南的抗法战争,但后来抗法援越的任务全部由中国承担,苏联只提供道义上的支持。1964年上台的苏联新的领导集团却一反赫鲁晓夫对越南问题的"脱身政策",转而执行"插手政策"。1964年11月9日,范文同访苏与柯西金会谈,就苏联对越经济、军事援助达成共识。1965年2月柯西金访越,表示愿意对越南提供军事援助,越共对苏共的看法转趋积极。1965年7月,苏联与越南签订了《关于对越南发展经济和加强防御能力方面援助的决定》。1966年3月,越共中央总书记黎笋率团出席苏共二十三大,在会上表示,苏联是全世界被压迫人民的"真诚的同志和朋友",并宣称苏联是越共的"第二祖国"。1967年4月,范文同访华,转达苏共提出的有关援越问题的建议,但中方认为,这是苏共故意挑拨中越关系,表示不能同意。对此越方很不满意。1968年苏联入侵捷克斯洛伐克,中越两党对此态度截然相反。中共认为这是社会帝国主义的侵略行径,而越共认为这

[①] Ton That Thien, *The Foreign Politics of the Communist Party of Vietnam: A Study of Communist Tactics*, New York: Crane Russak, 1989, p. 128. 转引自杨扬:《毛泽东执政时期的中共政党外交》,中国人民大学博士论文,2010年,第86页。

第三章　意识形态主导下的中国对东南亚国家政党交往（1949—1978）

是"保卫捷克革命成果"。①

"北部湾事件"后，苏共对越共的援助不断增加，苏越关系日益密切。从1965年开始，越南开始拒绝同中共一起谴责修正主义，并转而与苏联呼应，在其党报和报刊上指责中国"联美反苏"，"破坏社会主义阵营的团结"。②自1964年始，苏共开始加大对越共的援助，日益卷入越南战争，这严重影响了中共对越共政党交往。1965年前后，伴随着中苏关系的日益恶化及美国对越南事务的进一步插手，国际形势出现重大变化。中国在北部与南部同时面临地缘政治的严重威胁，中国对越南的态度也发生了根本性变化，中越两党关系更为紧张。

面对地缘政治形势的日益恶化，中国必须采取措施保护自己的国家利益。这一时期，在对越政党交往中，中共主要采取了以下三个方面的措施：

一是尽力清除苏联对越南的影响，反对苏联针对越南问题采取的任何措施。中共注意到苏共因素在中越两党关系中的影响，1965年5月，周恩来和邓小平告诉胡志明，要注意苏联修正主义者正在利用他们给越共的援助，欺骗越共和美国谈判。③在中共对越共的政党交往中，中共领导人多次告诫越方不要陷入美苏联合霸权的圈套，但越共对此并不认同。

二是坚决反对越美和谈和在越问题上的联合行动。在苏联改变"脱身政策"开始大力插手越南事务后，越共积极与苏联合作，接受苏联援助，并在苏联的帮助下与美国进行和平谈判。对此，中共坚决反对。1965年12月，周恩来对越共中央政治局委员、副总理阮维桢说："我们并不拒绝在有利的条件下，有利的时机进行谈判，并不排除这个

---

① 王家瑞主编：《中国共产党对外交往90年》，北京：当代世界出版社，2013年版，第96页。
② 王泰平：《新中国外交50年》（上册），北京：北京出版社，1999年版，第270页。
③ 柯庆生著，詹奕嘉译：《东亚社会主义同盟与美国的遏止战略（1949—1969）》，载华东师范大学国际冷战史研究中心编：《冷战国际史研究》（Ⅳ），北京：世界知识出版社，2007年版，第59页。

可能。但是现在时机没有成熟，条件也没有具备。"①周恩来还指出："美国的所谓'无条件谈判'实际上是有条件的，那就是要南越人民放下武器，停止抵抗，要越南北方人民放弃支持南方的同胞。"② 1965年年初，苏共还向中共提出举行越南、中国、苏联三国最高级别会谈，在援越问题上实行社会主义阵营联合行动的建议。越南出于抵抗美国侵略、壮大自身力量的考虑，也希望中苏能够团结起来，与其他社会主义国家一道，通过联合行动支援越南的抗美斗争。1966年2月，越南首次向中共正式提出"建立国际反美联合阵线以支持越南"的建议，但遭到毛泽东的明确拒绝。③ 中共认为，苏联"如此卖力地为约翰逊政府推销'和谈'骗局"，提出在越南问题上采取联合行动的真正目的不可能是帮助越南人民赶走美国人，而只能是迫使越南人民停止抗美救国斗争，把印度支那变成美苏共同遏制中国的一个阵地。④

三是加大对越援助。1970—1973年，中共对越共的物资援助大幅度上升。应该说，中共对越共加大援助有利于中共阻止越共在中苏冲突中严重倒向苏共。这一时期，中国还努力通过与美国的信息沟通，避免中美的直接军事对抗。但越南却认为，中国的上述举动并非全部符合越南的利益，也不符合越南革命的需要。此后，越南逐步向苏联靠拢，并不断地对中国发难，中越关系的矛盾逐步激化和表面化。

（三）中美关系的变迁对中越党际关系的影响

越南的对华关系一方面长期受到中苏关系发展和演变的影响，另

---

① 蔡武主编：《中国共产党对外工作大事记（1949.10—1999.12）》，北京：当代世界出版社，2001年版，第290页。
② 同①，第291页。
③ Ministry of Foreign Affairs, Socialist Republic of Vietnam, *STBXThe Truth About Vietnam-China Relations Over the Last 30 years*, Hanoi: Foreign Language Press, 1979, p. 39. 转引自李桂华：《地缘政治视角下的中越关系研究（1949—1972）》，中国人民大学博士论文，2011年3月，第105页。
④ 《人民日报》观察家：《苏联领导同谁联合行动?》，载《人民日报》，1966年2月2日，第1版。

第三章　意识形态主导下的中国对东南亚国家政党交往（1949—1978）

一方面与中美关系的调整密切相关。新中国成立前后至20世纪60年代中期，美国政府一直奉行敌视中国的政策。早在1949年5月至6月间，美国国务卿艾奇逊就向多个美国驻西方国家使馆和驻印、缅、菲、泰等亚洲国家使馆发电，指示他们立即向国家政府施加影响，与美国结成共同阵线，切勿采取导致承认即将成立的中共政权的任何行动。①新中国成立后，美国不仅在外交上不承认中华人民共和国，而且以台湾问题为诱饵，图谋分裂中苏关系。朝鲜战争爆发后，美国即开始构筑针对中国的战略包围圈。从1951年到1955年，美国在亚洲建立起一个北起朝鲜半岛，穿过台湾海峡，经过菲律宾群岛和中南半岛，一直到爪哇岛和马来半岛的月牙形包围圈和一连串的反共反华堡垒。

为应对美国对中国国家安全的威胁，1950年10月至1953年7月，中国人民志愿军出兵朝鲜，与美国纠集的"联合国军"兵戎相见。1950年至1954年，中国支持越南开展抗法战争，同时与美国展开一次间接对抗。越南战争爆发后，特别是美国制造"北部湾事件"之后，中国对美国入侵的担忧进一步加深。为防备美国突袭，也为了应对苏联在中苏和中蒙边境部署兵力的威胁，中国在中越边境地区部署兵力，并在全国范围内开展"三线"建设。同时，中国仍给予越南抗美救国战争以超出国力的援助。在越南军民的坚决抵抗和中共的支援下，至20世纪60年代中后期，美国已陷入越战的泥潭，其军事和经济实力受到很大削弱。越南战争中的巨大伤亡也在美国社会引起严重的心理和道德信仰危机，使美国社会陷入自南北战争以来最为严重的分裂和混乱局面，约翰逊政府面临执政危机。此后，在中、美、苏多种因素的影响下，中美关系出现调整与缓和的迹象。

在中共看来，一方面，中国的日益强大及国际影响力的逐步提升，特别是中国第一颗原子弹、氢弹的相继成功爆炸，使美国政府感到前所未有的压力，促使美国开始与中国接触。另一方面，1966年开始的

---

① 谢益显主编：《中国当代外交史(1949—2009)》，北京：中国青年出版社，2009年版，第12页。

"文革"给中国社会带来混乱，外交工作也未能幸免。虽然中共一直在强调"反帝反修"，强调美苏都是中国的敌人，但是自中苏关系恶化以来，特别是在苏联入侵珍宝岛等事件发生后，苏联对中国的战争威胁进一步升级，苏联霸权主义成为中国国家安全的最大威胁，中苏两党和两国关系进一步恶化。因此，中国对苏联的军事挑衅予以坚决还击，并在全国掀起战备高潮。

为摆脱外交孤立的局面，也出于制约和抗衡苏联的考量，中共从现实的国家利益出发重新审视中美关系，并坚定了联美抗苏的想法。1967年10月以后，美国多次发出缓和中美关系的信号，中方积极应对。1970年1月，中美第135次大使级会谈恢复。1971年7月，基辛格秘密访问中国，并促成1972年2月尼克松访华以及中美《联合公报》的签署。此后，中美双方都采取积极态度，加快两国关系正常化进程，中美之间的经济往来也迅速扩大。中美敌对状态的结束在全世界引起巨大反响，整个亚太地区因美国长期封锁中国而造成的紧张局势得到缓和，一个新的世界战略格局正在形成。

进入20世纪70年代，除了持续的对越援助外，中共还积极推动美越和平谈判。①事实上，在中美关系解冻、基辛格和尼克松访华之际，中共仍一直坚持把印支三国问题作为双方沟通的重点。在中美谈判过程中，基辛格曾将台湾问题与印度支那问题联系在一起，希望中国向越南施加影响，但遭到周恩来的拒绝。1971年基辛格访华后，周恩来即赴河内访问，在24小时内与黎笋、范文同举行了三次会谈。周恩来告诉越南领导人，基辛格在与他的会谈中把台湾问题与印度支那问题挂钩，而中国则坚持把美国从南越撤军放在中国联合国代表权问题之前。他试图让越南方面相信，中美关系的改善将有助于美国认识到其

---

① 中共对越美和谈的态度在1968—1971年间发生变化，其背景如下：一是珍宝岛事件发生，在中国国家安全受到严重威胁的情况下，中共改变思路，不再反对越美和谈；二是美国的战略收缩使中美缓和成为可能。参见邵笑：《论中国对越美和谈态度的转变及其对中越关系的影响(1968—1971年)》，载《当代中国史研究》，2012年第2期。

第三章　意识形态主导下的中国对东南亚国家政党交往（1949—1978）

全球战略的重点在于欧洲而非亚洲，从而提高越南北方在巴黎会谈中与美国讨价还价的筹码。中美改善关系从长远来说有利于越南问题的解决。①尼克松访华后，周恩来又一次赴越南通报有关情况。

事实上，从1964年8月美国对越南北方进行大肆轰炸到1975年4月底越南南方完全解放的十年零八个多月里，中国政府共签订并执行了30个向越南提供无偿的经济技术、军事物资援助的协定。其中，从1971年7月基辛格访华、中美关系开始改善，到1975年4月底仅三年零九个月里，中国就签订了上述30个协定中的13个，合计金额占30年援助协定总金额的53.9%。②可见，中美关系改善后的时间比上段时间还要短，但中国对越南援助的数量比前一段时间还要多。

20世纪70年代初，中共为应对中苏关系恶化、中苏濒临战争的局面而果断实施联美抗苏战略，因此，中美关系的调整是中共在意识形态和国家利益之间权衡取舍的结果。但中美和解却在社会主义阵营引起轩然大波。时任越南巴黎会谈首席代表的春水即认为，中共这一行动是"背信弃义"，是为了分裂社会主义阵营而设计的假和平攻势。在周恩来从河内通报中美会谈情况回国不久，越南《人民报》就发表了题为《"尼克松主义"一定破产》的社论，对中美会谈进行影射批评。③对此，周恩来又利用外交途径，多次向越方党政领导人通报基辛格访华的情况及基辛格关于美国对越谈判的基本方针。④但是越共并不理解中共和中国政府的立场以及联美抗苏的外交战略，其领导人指责中国邀请尼克松访问是"向快要淹死的尼克松扔救生圈"，"大国间的行动有时会牺牲小国，把它压垮"，⑤指责中共出卖和背弃了越共。

---

① 王成至：《跨越雷区的握手》，上海：上海三联出版社，2010年版，第260—261页。
② 郭明主编：《中越关系新时期》，北京：时事出版社，2007年版，第31页。
③ 中共中央文献研究室编：《周恩来年谱（1949—1976）》（下卷），北京：中央文献出版社，1997年版，第469—470页。
④ 同③，第497、534页。
⑤ 人民出版社编：《中越边界冲突的真相》，北京：人民出版社，1979年版，第4页。

第三节 中国与东南亚民族民主国家的政党交往

一、中共与东南亚民族民主国家共产党的交往

20世纪20年代末，在东南亚的印尼、马来亚①、北加里曼丹、泰国、老挝、柬埔寨、越南、缅甸、菲律宾等地先后出现共产党组织。到21世纪初，除了越共和老挝党仍在执政、菲律宾共产党仍在与菲律宾政府进行和平谈判外，其他多已消亡。从中共八大至"文革"前夕，中共与东南亚国家的共产党大多保持着良好的关系。一方面，中共与这些党有着传统友谊，在它们建立和发展的过程中起过促进作用。1951年1月中联部成立之时，印尼、缅甸、暹罗（今泰国）、越南、马来各国共产党即有代表在京，与菲律宾共产党也已建立联系。②另一方面，这些党大多处在艰苦的革命斗争之中，不赞成苏联对美国实行的缓和政策及减少对各国革命的支持的做法。因此，这些党在反对赫鲁晓夫的国际政策方面与中共有较多的共同语言，基本上能互相配合。当然，实际情况非常复杂，中共与东南亚一些重要国家非执政共产党的关系前后变化很大，影响双方关系的根本原因也很不一样。③

中共与老挝党和柬埔寨共产党的交往。中共与印度支那共产党的交往是与全力支持印支三国人民反对法国、美国侵略，争取民族独立和国家主权的斗争紧密联系在一起的。1951年2月，印度支那共产党第二次代表大会决定，越南、老挝、柬埔寨三国分别建党。老挝党和高棉人民革命党（1971年更名为柬埔寨共产党）分别于1955年3月

---

① 英属马来亚（British Malaya），简称马来亚（Malaya），大英帝国殖民地之一，包含了海峡殖民地（1826年成立）、马来联邦（1896年成立）及五个马来属邦。曾组成马来亚联邦。1957年8月31日，马来亚联合邦宣布独立。1963年9月16日，马来亚联合邦同新加坡、沙捞越、沙巴合并组成马来西亚（1965年8月9日新加坡退出）。
② 蔡武主编：《中国共产党对外工作大事记（1949.10—1999.12）》，北京：当代世界出版社，2001年版，第17页。
③ 王家瑞主编：《中国共产党对外交往90年》，北京：当代世界出版社，2013年版，第83页。

第三章 意识形态主导下的中国对东南亚国家政党交往（1949—1978）

和1951年6月正式成立，并领导了老挝和柬埔寨的抗法、抗美救国战争。中国共产党和中国政府全力支援印支三国反对外来侵略、争取和维护民族独立的斗争，并与老挝党及其公开身份活动组织老挝爱国战线①，以及高棉人民革命党建立了密切的关系。

中国与老挝于1961年建交，但是早在1952年，中共就曾邀请印支共产党老挝支部的诺哈·冯萨万来华参加亚洲及太平洋区域和平会议。在20世纪50年代末60年代初，凯山、苏发努冯、富米·冯维希等老挝党和老挝爱国战线领导人多次访华，并就苏黎世会谈、美国拉拢富马孤立寮方的阴谋、老挝斗争的发展前途等问题与中共进行会谈。②中共支持老挝党参加王国政府，希望"一方面是把联合政府维持下去，愈长愈好；一方面是准备打"③，"要尽量推迟联合政府破裂。在斗争中要掌握三个法宝：军队、统一战线和党的团结"④。1962年7月，在关于老挝问题的日内瓦会议上，中方坚决反对美国对老挝的侵略，支持老挝爱国力量为争取老挝独立、中立而进行的正义斗争，并为维护老挝主权与和平提出一系列积极建议，迫使美方在《关于老挝中立的宣言》和《关于老挝中立的议定书》上签字。1964年4月，美国支持老挝右派颠覆老挝民族团结政府，老挝内战爆发。老挝党领导人先后多次访华，协商加强双方合作和扶持老挝解放斗争等具体问题。对此，毛泽东曾对1965年12月来访的以凯山为首的老挝党代表团指出："要争取群众才行。不争取群众，这些反动武装就很难消灭，不论什么国家的兵士都是劳动人民，要争取他们的士兵。……现在越南南方的武装斗争，比我们过去抗战时期有发展，所以我们要向他们学习。

---

① 老挝爱国战线(后改名为"老挝建国阵线")是老挝党领导下的统一战线组织，曾多次参加老挝联合政府，并取得合法地位。
② 蔡武主编：《中国共产党对外工作大事记(1949.10—1999.12)》，北京：当代世界出版社，2001年版，第182页。
③ 中共中央文献研究室编：《毛泽东年谱(1949—1976)》(第五卷)，北京：中央文献出版社，2013年版，第149—150页。
④ 同②，第205页。

劝你们也要向他们学习,整个东南亚的党也要向他们学习。"① 1975 年 8 月,老挝党击败右派势力,并控制首都万象。12 月,老挝党宣布废除君主制,成立了由老挝党领导的、以社会主义为基础的老挝人民民主共和国。中老两党友好关系的发展为两国关系奠定了坚实的基础。在老挝争取民族独立的过程中,中国共产党给予大量的无偿援助。根据中老两党 1967 年和 1969 年两次换文规定,② 由中国无偿援助老挝在广西南宁近郊建立的学校(定名为老挝"六七"学校)于 1968 年正式开办,至 1975 年共接受老挝师生 1030 人。老挝全国解放后,应老挝新政府要求,"六七"学校师生在 1975 年学年结束后全部撤回老挝。③ "文革"期间,凯山分别以老挝党总书记、老挝爱国阵线党中央副主席和老挝党总书记、政府总理身份四次访华,毛泽东三次会见。1976 年 3 月 17 日,毛泽东会见凯山,这是毛泽东生前最后一次会见东南亚国家政党领导人。会见中,毛泽东祝贺老挝人民革命斗争取得胜利。时任代总理华国锋向凯山表示,同意在力所能及的范围内向老挝提供援助。诺哈·冯沙万、富米·冯维希等老挝党主要领导人也曾多次访华。但是,受中越关系的影响,1978 年中共与老挝党关系中断。

柬埔寨共产党虽然于 1951 年即已成立,但引起国际注意则是在 20 世纪 70 年代印度支那抗美战争期间。直到 1977 年 9 月,其领导人波尔布特访问北京时,这一已经成立 17 年的组织才公开自己的党名,并自称以马列主义、毛泽东思想为指导思想。由于其名称长期不公开,西方普遍称之为"红色高棉"。④ 在毛泽东时代,柬埔寨国内武装斗争的主要力量由柬埔寨共产党领导,而柬埔寨共产党与西哈努克之间则有着很深的矛盾。西哈努克 1955 年 4 月在万隆会议(又称"亚非会

---

① 中共中央文献研究室编:《毛泽东年谱(1949—1976)》(第五卷),北京:中央文献出版社,2013 年版,第 546 页。
② 蔡武主编:《中国共产党对外工作大事记(1949.10—1999.12)》,北京:当代世界出版社,2001 年版,第 310 页。
③ 同②。
④ 徐焰:《波尔布特:"左祸"的一面镜子》,载《百年潮》,2001 年第 3 期,第 67 页。

第三章　意识形态主导下的中国对东南亚国家政党交往（1949—1978）

议"）上与周恩来总理结识，并从此与中共几代领导人建立了深厚的友谊。西哈努克领导的柬埔寨人民反抗外来侵略、维护国家独立和主权的斗争也得到中国政府和人民的大力支持。1970年，美国策动朗诺集团在柬埔寨发动"三·一八"政变，西哈努克被废黜。此时，柬埔寨共产党中央书记波尔布特正在中国进行秘密访问。为此，中共领导人多次劝说他要不计前嫌，看清民族矛盾才是柬埔寨国内的主要矛盾，希望他与西哈努克合作，建立反美统一战线，打击共同的敌人。在中共的促成下，柬埔寨共产党开始与西哈努克及国内各派建立统一阵线，成立民族团结政府，并于1975年4月取得抗美救国斗争的最终胜利。[①]柬埔寨解放战争胜利后，作为执政党的柬埔寨共产党打着"社会主义"的旗号开始实行一系列极"左"政策。1975年9月，周恩来在会见"红色高棉"领导人乔森潘时就曾提醒柬埔寨共产党，"不要企图通过一个大跃进就想达到共产主义的最后阶段。我提醒你们不要重蹈我们的覆辙"。[②]但周恩来的忠告并未被柬埔寨共产党理睬，波尔布特的极"左"政策不仅给柬埔寨国家和人民带来长期、深重的灾难，也受到国际社会的普遍谴责。

二、首脑外交：中共与东南亚国家民族民主政党交往的起源

在东南亚地区，东盟最早的五个成员国（印尼、马来西亚、菲律宾、新加坡和泰国）均与美国关系亲密，都反对共产主义，并被美国拖入遏制中国的战略中。中美的长期对峙、斗争以及美国对其他国家承认新中国的阻挠，成为影响新中国与其他国家（特别是与东南亚民族民主国家）建交以及中共与这些国家民族民主政党交往的重要因素之一。

[①] 杜艳华等：《中国共产党对外党际交流史鉴》，上海：上海人民出版社，2011年版，第193页。

[②] 周尔均、周秉德主编：《百人访谈周恩来》，南京：江苏文艺出版社，1998年版，第265页。

东南亚民族民主国家中最早承认中华人民共和国并与之建交的是印尼（1950年）和缅甸（1950年）。此后，柬埔寨于1958年、老挝于1961年分别与中国建交。但印尼于1967年10月与中国中断外交关系，至1990年复交。东南亚其他民族民主国家在整个50年代、60年代至70年代中期均与中国无正式外交关系。这一时期，中共与东南亚国家民族民主政党的接触，仅限于与一些国家执政党领袖之间的交往，这些首脑外交十分有限，却成为中共与东南亚国家民族民主政党交往的起源。

（一）与建交国执政党的交往——印尼、缅甸

印尼于1945年8月宣布独立，1949年12月摆脱殖民统治，建立了独立的民族国家。独立后的第一届内阁哈达政府确立了印尼总的外交方针政策，即积极主动和独立自主。根据这一方针，印尼于1950年4月30日与中国建交。但是由于此后的纳席尔和苏基曼内阁（执政党为马斯友美党，以极端反共著称）均奉行投靠西方的外交政策，因此，印尼政府对华态度冷淡，在建交后的三年多时间里，中印尼关系事实上处于停滞状态。

印尼民族党原名为印度尼西亚民族联盟，于1927年成立，其创建人为印尼第一任总统苏加诺。1953年7月，印尼民族党内代表中间力量的阿里·沙斯特罗阿米佐约组成以印尼民族党为主的内阁，并开始执政。在阿里·沙斯特罗阿米佐约总理的两届任期内，周恩来应其邀请，出席在印尼召开的万隆会议，并在会上以"中国代表团是来求团结而不是来吵架的"[①]为开场白，发表了历史性演说，使万隆会议成为中国开展多边外交的舞台。万隆会议期间，中国和印尼签署了关于华侨双重国籍问题的条约，合理解决了华侨双重国籍问题，从而有效回击了美国关于广大华侨是中国政府安插在东南亚国家的"第五纵队"

[①] 中华人民共和国外交部、中共中央文献研究室编：《周恩来外交文选》，北京：中央文献出版社，1990年版，第121页。

第三章 意识形态主导下的中国对东南亚国家政党交往（1949—1978）

的无端指责，在很大程度上化解了有着大量华人华侨的东南亚国家在这一问题上对中国的疑虑和恐惧心理，成为中国打开外交局面的一个突破口，也成为实践和平共处五项原则的典范。在此期间，印尼总统苏加诺、总理阿里·沙斯特罗阿米佐约、国会议长以及包括印尼国民党、马斯友美党、共产党、社会党、回教联合党等政党议员在内的印尼国会代表团相继访华。中国与印尼政治层面的交流与对话，对发展两国关系，消除反华、恐华心理发挥了积极作用。

1959年7月，印尼由议会内阁制转而实行总统内阁制，并开启苏加诺提出的"有领导的民主"时代。虽然此后不久即发生反华、排华事件，并使两国关系受到严重影响，但中印尼友好合作的时代需求越过了矛盾与分歧。继1956年访华之后，苏加诺又于1961年和1964年两次访华。1961年，两国恢复解决华侨问题的谈判。中国政府还向印尼灾民捐赠物资，支持印尼收复西伊里安领土，维护印尼国家统一与领土完整；支持印尼反对马来西亚新殖民主义计划而进行的斗争。正是这种团结合作、相互支持与帮助，使此后的两国关系达到一个高潮，形成"北京—雅加达轴心"。①

印尼实行"有领导的民主"后，印尼共产党再次参加政府。这一时期，中共与印尼的政党交往既包括与印尼共产党的交往，也包括与民族民主政党的接触，这一点在与东南亚其他国家的政党交往中是没有的。在此期间，印度尼西亚党主席阿斯马纳·哈迪，印尼和平委员会主席西拉朱丁·阿巴斯，印尼共产党主席艾地、书记萨努西等人多次访问中国；刘少奇、周恩来访问印尼，中共还派出代表团出席印尼共产党建党45周年纪念活动。

缅甸是东南亚国家中第二个与中国正式建交的民族民主国家。无论在价值取向、对外关系或经济政策上，缅甸都与中国比较接近。中

---

① 黄朝翰：《中国与亚太地区变化中的政治经济关系》，广州：暨南大学出版社，1990年版，第41页。

缅两国关系历来都比较好,即使在最糟糕的年代里也要维护礼尚往来。①在 20 世纪 50 年代,多数东南亚国家尚未与中国建交的情况下,发展中缅友好关系对中共发展与东南亚其他不同社会制度国家的关系具有重要的示范和借鉴意义。在毛泽东时代,中共与缅甸民族民主政党的交往主要是与执政党缅甸反法西斯人民自由同盟(以下简称"自由同盟",1960 年 3 月后其分支廉洁派改名为缅甸联邦党)和缅甸社会主义纲领党的交往。自由同盟在 1944 年组建,当时是由缅甸各党派(包括共产党、社会党、爱国党、大缅甸党等)共同组成的抗日统一战线组织。1948 年 1 月缅甸独立后,自由同盟成为第一个执政党。在 1962 年 3 月奈温政变上台前,除短暂的看守内阁时期外,缅甸一直由自由同盟执政,自由同盟执行和平中立的外交政策,遵守和平共处五项原则。其党首吴努曾两度出任政府总理,并同周恩来、尼赫鲁共同倡导和平共处五项原则。1962 年 3 月,奈温通过政变上台后,建立了缅甸社会主义纲领党,并确立缅甸社会主义纲领党作为国家唯一合法政党的地位。虽然缅甸宪法规定缅甸是社会主义国家,但实际上实行的是民族社会主义。由于对外封闭、军人当政,实行不符合缅甸国情的政策,加之民族问题严重,因此,在奈温和缅甸社会主义纲领党统治的 26 年里,缅甸并没有获得多少发展。②

吴努政府外交政策的基点是在中立主义的基础上谋求本国的利益。在 20 世纪 50 年代泰国、菲律宾等国追随美国签订《东南亚集体防务条约》之际,实行中立政策的缅甸对中国的意义尤为重要。因此,尽管这一时期中缅之间存有一些尚待解决的问题,中缅两国的关系仍然取得稳定的发展。两国领导人交往频繁,仅 1950 年至 1962 年间,周恩来就五次访问缅甸,缅甸总理吴努六次访华,奈温四次访华。两国之间的胞波情谊得到迅速发展。中缅边界问题也于 1961 年得到友好解

---

① 陈乔之等:《冷战后东盟国家对华政策研究》,北京:中国社会科学出版社,2001 年版,第 317 页。

② 米良编著:《东盟国家宪政制度研究》,昆明:云南大学出版社,2006 年版,第 133 页。

第三章　意识形态主导下的中国对东南亚国家政党交往（1949—1978）

决,《中缅边界条约》成为"亚洲各国人民友好相处的榜样",成为"亚洲国家解决边界问题和其他争端的范例"。①

在中国的鼓励下,缅甸政府于1963年同缅甸共产党进行和平谈判。中共多次向缅方表示:"你们政府和缅共的关系是缅甸的内政问题,你们可以和缅共去谈,别的国家是不能去干涉的。"②但是,极"左"思潮对华人华侨的影响又使中缅关系在20世纪60年代中期至70年代初趋于紧张,并一度恶化。

（二）与未建交国执政党的交往——马来西亚、菲律宾、泰国和新加坡

在毛泽东时代,东南亚一些国家长期对新中国采取敌视和对抗政策,这种敌视与对抗在未建交国中更为明显。在20世纪50年代至70年代初,马来西亚、菲律宾和泰国均实行反共反华、敌视并拒绝承认新中国的政策。由于意识形态的差异以及当时冷战格局的影响,这些国家认为自身面临共产主义扩张的威胁,因此在美国的影响与支配下成为东南亚的反共反华阵地。他们认为,中国奉行"极权制度"和对外扩张与冒险,东南亚国家是中国对外扩张的重要目标,其国内以华人华侨为主体的共产党是中国从其内部"颠覆东南亚国家的代理人"。③因此,一些东南亚国家采取亲美、反共、反华、对新中国不承认、不接触的政策,在国际上公开反对恢复中华人民共和国在联合国的合法席位,与中国的关系特别是政治关系处于不接触状态,仅有少数国家与中国存在贸易关系。

1962年中印边界战争爆发后,马来亚政府攻击中国入侵印度,在台湾问题上实行"一中一台"政策,并利用"西藏问题"干涉中国内

---

① 中华人民共和国外交部外交史研究室编:《周恩来外交活动大事记(1949—1975)》,北京:世界知识出版社,1993年版,第290页。
② 蔡武主编:《中国共产党对外工作大事记(1949.10—1999.12)》,北京:当代世界出版社,2001年版,第43页。
③ 唐希中等:《中国与周边国家关系(1949—2002)》,北京:中国社会科学出版社,2003年版,第244—245页。

政。中国政府对马来亚的态度和政策也从温和友善转变为强硬。

中泰关系有别于中国与其他东南亚国家的关系。20世纪50年代中期，和平共处五项原则的提出和万隆会议的召开，以及早期銮披汶政府的亲美政策遭到泰国国内包括经济人党等中小资产阶级政党的普遍批评，使中国对泰国的看法和政策发生改变。毛泽东和周恩来在会见来访的印度总理尼赫鲁、缅甸总理吴努、印尼总理阿里·沙斯特罗阿米佐约时，均请他们转告泰方，中国愿意根据和平共处五项原则与泰国建立和平友好关系。在此期间来访的泰国代表团也几乎都受到周恩来及其他领导人的会见。① 1955年12月21日，毛泽东会见由国会议员庵蓬率领的泰国经济文化代表团，阐述了中国对外政策，指出，"我们也不在你们国家讲共产主义。我们不挑起人家来反对他的政府。我们中国要和平建设，要争取和平，和平的时间越长越好"。② 1956年2月10日，毛泽东会见泰国国会议员、经济人党领袖乃贴率领的泰国人民促进友好访华团。乃贴表示："我们在中国所闻所见，同我们在泰国所听到的传说完全相反。我们所看到的事实超出了我们的想象，这里没有什么隐蔽的，我们有充分的自由，各方面对我们都是公开的。"毛泽东强调，中国愿意改善与泰国的关系，并把两国不和的责任归咎于美国，把东南亚条约组织比作"一道墙"，认为这实际上是为了控制墙南各国，损害这些国家的利益。③该团在中国访问一个多月，从各方面加深了对中国的了解。2月9日，周恩来在接见该代表团时介绍了中国少数民族的历史与现状和中国的睦邻政策，指出："新中国是各个民族的大家庭。傣族自治州同所谓'自由泰'是毫无关系的。中国需要同东南亚各国友好。中国不会侵略泰国，也不可能那样做。一个国家想要确立什么制度，革命不革命，这要由他们本国人民去选择，革命是不

---

① 朱振明、谢远章：《和平共处五项原则与中泰建交》，载《东南亚》，1990年第1期。
② 蔡武主编：《中国共产党对外工作大事记(1949.10—1999.12)》，北京：当代世界出版社，2001年版，第53页。
③ 中共中央文献研究室编：《毛泽东年谱(1949—1976)》（第二卷），北京：中央文献出版社，2013年版，第525页。

第三章 意识形态主导下的中国对东南亚国家政党交往（1949—1978）

能输出的。如果有人想把他们的政治制度强加在别人身上，那么他一定要失败。我们不仅要提高我们自己的经济和文化，我们也希望我们周围的国家、亚非的国家都能够强盛，都有自己的工业，科学水平都能提高，这样人类就能幸福。"①但是，万隆会议之后中泰两国有限的缓和与交流只延续到1958年。随着泰国陆军司令沙立·他那叻于1957年9月发动政变推翻与新中国进行接触的披汶政府，且于次年10月再度政变并出任总理，泰国进入军事独裁时期。军人集团更加奉行亲美反华的政策，在国内严厉打击、迫害华人华侨，破坏他们的权益，在国际上帮助美国入侵印度支那，并且派兵入侵老挝和柬埔寨，中泰关系也由此进入长达11年的对抗时期。

20世纪60年代末70年代初，随着"尼克松主义"的出台，中美、中日关系的改善，以及美、英等国在东南亚军事力量的收缩，中国重返联合国，东南亚国家对西方的依赖逐步减少，这些都为中国与东南亚国家关系的缓和创造了条件。但中苏、中越关系的变化又使一些东南亚国家认为存在新的威胁。1971年11月，东盟外长会议发表《东南亚中立化宣言》，传统东盟外交政策由此出现较大的转折。为抵御苏联倡议的"亚洲集体安全体系"的威胁，中共也有意改善与东南亚国家的关系，并提出"一条线""一大片"的外交新战略。

1970年9月，马来西亚拉扎克政府上台后，中立化成为拉扎克政府对外政策的中心。中立化的最大成就是推动了中马关系的发展。1971年10月，在第二十六届联合国大会上，拉扎克亲至联合国投票赞成恢复中国在联合国的合法席位。1974年5月，拉扎克率团访华，率先打破东南亚国家与中国之间关系的僵局，两国正式建交。虽然菲律宾在联合国大会上对中国恢复在联合国合法席位投了反对票，但中国采取了一系列积极措施，努力促进两国关系的发展，贸易成为双方互动的润滑剂，并成为两国建交的动力。菲律宾总统马科斯的代表罗

---

① 中共中央文献研究室编：《周恩来年谱(1949—1976)》（上卷），北京：中央文献出版社，1997年版，第546页。

慕尔德斯、夫人伊梅尔达相继访华。中菲建交时,毛泽东向到访的马科斯总统强调,中国不会干涉菲律宾的内政,也无意将自己的信仰和制度强加于人。①在会见马科斯总统时,周恩来表示,中菲两国都是发展中国家,同属第三世界。当马科斯称中国是第三世界国家的"当然领袖"时,周恩来说,第三世界应该是一个民主的大家庭,毛主席说过,我们不当这个头头。②1975年泰国社会行动党③党首克立·巴莫组阁后,公开放弃了政治上敌视中国的方针。在中共与泰国共产党关系的问题上,双方看法也趋于一致。

新加坡曾是英国的殖民地,1959年获得自治,1963年与马来亚联合邦等合并组成马来西亚,1965年取得独立。新加坡人民行动党于1954年成立,自1959年起一直在新加坡执政。中新两国外交关系在毛泽东时代一直未能建立,其原因是多方面的。独立后的人民行动党作为执政党,面临国内各种族关系、与周边大国关系、人民的国家认同和国防等诸多问题,因此其对外政策尽可能地少树敌,多交友。不管意识形态如何,为了互利目的与所有国家做生意,努力维持大国势力的均衡。此外,以穆斯林为主体的周边国家如印尼和马来西亚,曾长期对新加坡这样一个华人占多数的国家怀有戒心。④为此,人民行动党实行政治与经济分离,采取实用主义政策,坚持发展对华贸易,并承认新中国,1965年和1971年,新加坡政府两次投票赞成恢复中国在联合国的合法席位,但不同中国进行政治接触,不与中国建立正式

---

① 汪新生:《现代东南亚政治与外交》,南宁:广西人民出版社,1998年版,第218—219页。
② 中共中央文献研究室编:《周恩来年谱(1949—1976)》(下卷),北京:中央文献出版社,1997年版,第710页。
③ 泰国社会行动党由原民主党克立·巴莫于1974年7月4日组建。1975年3月,该党与泰国民族党、民众党等组成联合政府,克立·巴莫出任总理。同年,泰国与中国正式建交。1985年,克立·巴莫辞去党主席职务,由外交部长西提·沙卫西拉担任党主席。在外交方面,该党认为,泰国不能迷误于中立,中立将导致失败,变成孤家寡人,最后为某种势力所统治;主张泰国与日本、中国建立友好关系,并维护与加强亚洲国家之间的良好关系。
④ 陈乔之等:《冷战后东盟国家对华政策研究》,北京:中国社会科学出版社,2001年版,第244页。

第三章　意识形态主导下的中国对东南亚国家政党交往（1949—1978）

外交关系。对于新方这一做法，中方表示了充分的理解。① 1976 年 5 月，李光耀首次访华，在与毛泽东等多位中共领导人会晤时，李光耀强调了一个中国即中华人民共和国的原则立场，表达了发展新中双边关系的愿望。

总之，在毛泽东时代，中共在与东南亚国家民族民主政党的交往中超越了彼此的意识形态。一是同这些国家执政党领导人共同协商国际事务，就共同关心的国际问题交换看法。为了消除东南亚国家对中国的恐惧心理，中共领导人反复强调，中国与东南亚国家之间建立睦邻友好关系的共同基础，即双方都曾遭受殖民主义的侵略和奴役，有共同的历史遭遇；国家独立后又都面临着反对殖民主义和帝国主义侵略、巩固国家独立、发展民族经济以及维护地区和世界和平的共同任务。中国不会侵略邻国，邻国也不必害怕中国。中国绝不会以任何理由通过任何方式侵略其他国家，也不会干涉别国内政，或向邻国进行武力威胁。在政党外交中注重寻求双方在国际问题中的共同利益，并以此为纽带，加强双方的联系和交往，以良好的党际关系促进中国同东南亚民族民主国家外交关系的发展。二是探讨国家关系正常化以及两国外交关系的建立和发展，内容涉及政治、经贸、文化、教育等多个方面，为国家关系的全面发展营造了良好的政治环境。到毛泽东时代晚期，中国已与东盟十国中的八个国家正式建立了外交关系。中共领导人邓小平和李先念也于 1978 年分别访问缅甸、泰国、马来西亚、新加坡、菲律宾等国，政党对外交往有力地推动了国家外交的建立和发展。

---

① 中共中央文献研究室编：《周恩来年谱（1949—1976）》（下卷），北京：中央文献出版社，1997 年版，第 714 页。

第四节　意识形态主导下中国与东南亚国家政党交往的成效及不足

一、增进了解，推动了政府外交的发展

纵观整个冷战时期，具有重要战略地位的东南亚地区一直是美苏竞相争夺的对象，两大阵营的斗争与这些国家的民族独立问题相互交织，情况尤为复杂。在毛泽东时代，中共积极开展与东南亚社会主义国家执政党、东南亚国家民族民主政党的交往，通过政党交往增进了与这些国家政党、政府和人民的了解和友谊，促进了政府外交的建立和发展。

在毛泽东时代，中共对外交往的重点是社会主义阵营，特别是社会主义国家共产党。在东南亚地区，越南、老挝都是由共产党执政的社会主义国家，但是由于老挝1975年才废除君主制，成立老挝人民民主共和国，因此，毛泽东时代中共与东南亚社会主义国家共产党的交往，主要是中共与越共的交往。中越政党交往首先体现了党际关系先行，并促进了国家关系发展和政府外交关系建立的特点。中越两党早期领导人早在20世纪20年代就建立了密切的关系和友谊，在长期的中国革命和越南革命进程中，中越两党的友谊经过近30年的发展，至新中国成立时升华为两国关系的建立和发展。其次，政党交往在推动中越两国政治、经济、文化等领域友好关系发展方面发挥了主导和引领作用。由于中越同为执政党，建交后中越党际关系和国家关系相互交织，两党交往在其中发挥了主导和引领作用。1956年年初，中共中央致电越共中央，提出拟在越南设立中国外贸部驻越经济代表处，作为驻越使馆的一部分，统一管理中国在越专家、技术人员和其他经济事务。越共中央复电表示同意。由此可见，即使是经济事务，也已纳

第三章 意识形态主导下的中国对东南亚国家政党交往（1949—1978）

入两党交往的框架内，是由两党中央协商确定的。①

新中国成立初期，中越政党交往在战略和全局上决定着两国关系的走向，并推动了两国在政治、经济、文化、军事各个领域的合作与发展。中国人民把支援越南社会主义建设视为自己神圣的国际主义义务，中国人民在社会主义建设中也得到了越南人民的积极支持，如在铁路运输上，越南民主共和国多方设法帮助转运物资，对我国需要的建设物资，越南政府都设法增加供应。②越南不仅是亚洲最早承认中华人民共和国的国家之一，而且在许多问题上与中共站在一起，支持和援助中国，这同样对提高中国的国际地位作出了贡献。1958年9月10日，范文同发表声明，"台湾和澎湖列岛自古以来就是中国的领土"，谴责美国侵占中国台湾，制造"两个中国"或"一中一台"的阴谋。1959年10月26日，范文同就联合国大会通过所谓"西藏问题"的决议对越南通讯社记者发表谈话。越南《人民报》发表社论和评论，支持中国在西藏平息暴乱、实行民主改革，谴责联合国大会通过所谓"西藏问题"的决议。1962年，印度当局武力侵占中国领土后，中国边防部队被迫进行反击，中国政府为谋求停止冲突提出和平解决中印边界问题的三项建议。对此，胡志明就中印边界问题致函中印两国领导人，范文同致函周恩来，一致支持中国政府在中印边界问题上的正义立场。越共还多次谴责美国阻挠恢复中国在联合国的合法席位。第二十六届联合国大会通过决议，恢复中国在联合国的一切合法席位后，范文同和越南南方共和临时革命政府主席黄晋发致电周恩来表示热烈祝贺。对于中共的和平外交政策和睦邻友好政策，以及中国为保卫世界和平作出的贡献，越共也多次给予支持和肯定。正是在政党交往的推动下，中越两国形成了"同志加兄弟"的亲密关系。

---

① 蔡武主编：《中国共产党对外工作大事记（1949.10—1999.12）》，北京：当代世界出版社，2001年版，第56页。

② 朱越仁：《越南民主共和国》，北京：世界知识出版社，1960年版，第107页。

党际关系与国家关系的互动在中共与东南亚国家民族民主政党的交往中也有生动的体现。在整个冷战时期,社会主义阵营与资本主义阵营泾渭分明,但中共并没有因此而断绝与民族民主政党的交往。新中国成立后,中共充分发挥政党外交"亦官亦民"的优势,同未建交的东南亚国家民族民主政党积极往来、建立相互之间的联系,形成特殊的友好合作关系。通过政党交往,中共"接触和联系了许多资本主义国家的各种各样的代表,通过这些桥梁,也就间接地联系和接触了这些国家的广大人民,使得这些国家的人民,不受帝国主义的欺骗和蒙蔽,能够正确地了解新中国的各种真实情况,可以增进这些国家的人民与我国人民的友好关系"。①

在毛泽东时代,中共与东南亚民族民主政党的交往主要是与民族民主国家执政党的交往,特别是与那些身为执政党领袖的国家元首或政府首脑的交往。这一时期的政党交往与首脑外交(或称元首外交)高度重叠。政党交往的对象是各国政党,并不处理国家间的具体外交事务,但通过与不同性质的政党进行交流和沟通,可以为建立、巩固和发展国家间关系做好深层次的基础性工作,有助于促进政府外交的发展。②通过领袖之间的交往,可以使民族民主政党的领导人更好地了解中共的路线、方针和政策,了解新中国,可以密切政党领袖之间的私人感情,可以更有利于以政党交往影响国家外交的决策与执行,也可以为中共与民族民主政党建立正式的联系奠定基础,从而推动中国与有关国家外交关系的建立和发展。例如,苏加诺总统等领导人就曾多次在国际场合表示,支持中国和平解放台湾,支持中国恢复在联合国合法席位。中印发生边界冲突后,苏加诺总统积极寻求解决办法。虽然新加坡长期奉行"政冷经热"的对华政策,在毛泽东时代也没有与中国建交,但1965年和1971年,新加坡仍两次投赞成票,支持恢

---

① 王稼祥:《王稼祥选集》,北京:人民出版社,1989年版,第417页。
② 杨扬:《毛泽东执政时期的中共政党外交》,中国人民大学博士论文,2010年,第156页。

复中国在联合国的合法席位。这一时期，中共与东南亚民族民主政党加强了睦邻友好关系，在反对霸权主义、维护地区和平方面发挥了重要作用，同时与许多民族民主政党结下了深厚的友谊，通过政党交往打开了与这些国家建立外交关系的大门，促进了国家间经贸关系的发展。

二、促进人民民主运动，提高了中共在社会主义阵营中的地位

在毛泽东时代，中共格外重视并强调世界革命的思想，认为"中国人民革命的胜利，是一个惊天动地的大事情，这个事实本身，就是一篇伟大的宣言书，它告诉世界：被压迫民族在工人阶级领导下，是能够战胜外国帝国主义和本国反动势力，是能够破坏旧制度和建设新制度的。只要做到使各国人民都能够清楚地了解这一事实，这就起到了间接地影响和促进各国人民的民主运动和进步的社会运动的作用"。[①]基于这样的认识，无产阶级国际主义的意识形态在这一时期中共政党外交中发挥着重要作用。中共在政治、外交、道义等多方面支持东南亚国家的共产党，促进了这些国家人民民主运动的发展。20世纪60年代，在革命外交思潮的影响下，中共以反对帝国主义、现代修正主义和各国反动派为目标，积极开展与印度支那地区共产党的交往，大力支持越南、老挝、柬埔寨人民的抗美救国斗争。通过国际主义援助，号召他们联合起来，反对帝国主义和殖民主义，共同促进民族解放运动的发展。

中共与越共及东南亚国家共产党的交往，不仅促进了人民民主运动的开展，而且巩固了社会主义阵营的团结和友谊，提升了中共在社会主义阵营中的地位。在与东南亚共产主义政党的交往中，中共坚持履行无产阶级的国际主义义务，共同开展对以美国为首的帝国主义斗争的革命事业，为它们提供理论指导和经济援助，在亚洲社会主义革

---

① 王稼祥:《王稼祥选集》，北京：人民出版社，1989年版，第417—418页。

命和建设事业中发挥领导者作用。中共通过与东南亚共产主义政党的交往,提升了在社会主义阵营的地位和影响力,其主要原因包括以下三个方面:

一是中共与东南亚国家共产主义政党的交往,本质上是一种国际主义的援助外交。这种援助外交既是基于国际主义的义务,也旨在获得政治上的支持。尤其是在中苏论战发生后,中共迫切希望联合包括越共在内的其他社会主义国家共产党,以形成制约苏共的力量,同时希望在批判修正主义与反苏的过程中获得越共的支持。1963年6月,越共中央总书记黎笋率团访华,明确赞同中共发表《关于国际共产主义运动总路线的建议》一文,并对苏联压制南越斗争的做法表示了强烈的不满。① 1964年春天,在中苏论战进入高潮的时候,越共开始公开讨论修正主义给共产主义阵营带来的危险。年内,越共还派出由总理范文同率领的高规格党政代表团来华参加中华人民共和国建国15周年的庆祝活动。

二是中共在国际共产主义运动中的出色表现赢得了东南亚国家共产党的支持。在毛泽东时代,中共与东南亚国家共产主义政党的交往主要围绕国际共产主义运动的重大事务,就国际共产主义运动的团结与共同反帝问题开展交往活动。1956年,中共在波匈事件中的出色表现得到社会主义阵营中各国共产党的认可与赞扬。1957年,莫斯科会议又成为中共与社会主义阵营各国共产党政党交往的大舞台。中共利用这一契机开展与社会主义国家共产党的交往,增强社会主义国家之间的团结,扩大自身影响力,提高自身在社会主义阵营中的威望。20世纪60年代,中共在与苏共的交往中,与包括东南亚国家共产党在内的各国共产党充分交换意见,沟通情况,论证有关国际共产主义运动总路线的正确性与合理性,维护马克思列宁主义的正统地位,坚决反

---

① 参见《毛泽东接见越南党政代表团谈话记录》,1963年6月4日;《毛泽东接见崔庸健谈话记录》,1963年6月16日。转引自杨奎松:《毛泽东与莫斯科的恩恩怨怨》,南昌:江西人民出版社,2012年版,第498页。

第三章 意识形态主导下的中国对东南亚国家政党交往（1949—1978）

对帝国主义与修正主义。中共敢于在国际共产主义运动中挑战苏共权威，挑战苏共在国际共产主义运动中的领导地位，与苏共进行针锋相对的斗争。①这些都奠定了中共在社会主义阵营中的重要地位，中共成为亚洲社会主义阵营中名副其实的领导者，获得了在社会主义阵营中的重要威望和国际影响力。

三是毛泽东特别提倡兄弟党之间应该平等、独立自主、互不干涉内部事务，这些也为中共赢得了社会主义阵营的支持。这一时期，中共广泛开展对东南亚共产主义政党的交往，加强合作与交流，维护国际共产主义运动的团结。1957年，在莫斯科社会主义国家共产党和工人党代表会议上，毛泽东特别提出党际关系的平等原则。中共认为，每个党的事情应由每个党自己负责，共产党内部应采取彼此交换意见、互相妥协、互相让步、求同存异的方法。在处理共产党之间关系中，要采用平等协商的方法，既坚持原则性，又要有灵活性，是原则性和灵活性的统一。中共在共产主义运动的事务中总是以平等的姿态与各国共产党协商，积极参与共产主义事务，这些都确立了中共在社会主义阵营中的主导地位，获得了社会主义国家共产党的高度赞扬，提升了中共在国际社会的影响力。

在国际共产主义运动中，即使是在中苏友好时期，由于东南亚国家共产党大多处于艰苦的革命斗争之中，他们也不赞成苏联对美国实行的缓和政策以及减少对各国革命的支持的做法。因此，这些党在反对赫鲁晓夫的国际政策方面与中共有较多的共同语言，基本上能互相配合。20世纪50年代末中共与资本主义世界共产主义政党发生分裂以后，某些资本主义国家的共产党在20世纪60年代中期掀起了反华浪潮，但是多数东南亚国家共产党则继续保持了与中共的友好合作关系。1960年11月，在81国共产党和工人党代表会议期间，在11月24日邓小平发言后，有十多个党的代表上台发言，态度非常恶劣，引起许

---

① 杨扬：《毛泽东执政时期的中共政党外交》，中国人民大学博士论文，2010年，第63—64页。

多人的不满。印尼共产党等代表上台发言,反对他们对中共的攻击。①会议期间,中共与越共及时沟通通报情况,胡志明也组织请愿团,包括北欧几个党的代表、拉丁美洲一个党的代表、亚洲几个党的代表向中苏两党请愿,要中苏两个党无论如何也得达成妥协。②以胡志明为首,黎笋、黄文欢参加的越共代表团,在莫斯科参加会议后回国路经北京,毛泽东在宴会上特别称赞胡志明起了和事佬的作用。他对胡志明说,这次莫斯科会议所以开起来是因为你做了说客。你当说客在先,后来又发起请愿,你当请愿团的团长。你是两重身份,既是说客,又是请愿团团长。③1965年4月2日,《人民日报》发表马来亚共产党中央1965年1月31日关于国际共产主义运动的声明,揭露苏共领导人在赫鲁晓夫垮台后,仍坚持赫鲁晓夫的修正主义路线,严厉谴责现代修正主义者在团结的伪装下进行的宗派和分裂活动,指出公开论战能够帮助分清是非,有助于促进国际共产主义运动内部的真正团结。④印尼共产党则把毛泽东思想作为其革命的指导思想。

总之,在毛泽东时代,中共通过与东南亚国家共产主义政党的交往,加强了与社会主义阵营中各国共产党的联合,巩固了社会主义阵营的团结和稳定,提升了中共在社会主义阵营中的地位和影响力。然而,这一时期中共对外交往的重要特点是"以我划线",反对帝国主义和"现代修正主义",意识形态的亲疏好恶一度直接左右着中共党际关系的发展,在一定程度上影响了中国与东南亚民族民主国家关系的建立和发展,这是当时以意识形态为主导的时代背景在中共对外工作中的反映,也是中共政党外交思想值得深刻总结和反思的地方。

---

① 吴冷西:《十年论战:1956—1966中苏关系回忆录》(上册),北京:中央文献出版社,1999年版,第396页。
② 同①,第398—400页。
③ 同①,第439页。
④ 《马来亚共产党揭露苏共领导坚持赫鲁晓夫修正主义路线 严厉谴责现代修正主义者假团结真分裂 指出公开论战能分清是非有助于促进国际共产主义运动的团结》,载《人民日报》,1965年4月2日,第4版。

第三章　意识形态主导下的中国对东南亚国家政党交往（1949—1978）

三、丰富了中共对外交往的经验

在毛泽东时代，中共与东南亚国家的政党交往为后来改革开放新时期特别是21世纪以来中共政党外交走向成熟奠定了良好的基础，积累了经验。这些经验主要包括以下两个方面：

第一，坚持独立、平等和团结的原则。没有独立自主就不可能实现党际关系平等。党际关系平等也必然要以独立自主为前提。但是在国际共产主义运动中，由于历史原因，各兄弟党不能也不敢对苏共提出批评甚至不同意见，而中共则始终追求独立自主的立场和原则，敢于挑战苏共的权威，坚持在兄弟党多边会议上表达与苏共不同的意见，反对苏共的压制，坚定地维护本党和本国的利益。中苏两党分歧公开化之后，中共不屈服于苏共压力，敢于进行坚决斗争，直至公开论战。这些都在很大程度上推动了包括东南亚国家共产党在内的世界各国共产党对独立自主的追求。在与苏共的交往中，中共饱受领导党、"老子党"的压制，也深刻感受到独立自主的珍贵。因此在与东南亚国家的政党交往中，中共始终坚持平等原则，对于国际事务采取协商一致的原则，坚决反对大国主义和大党主义。在与越共的交往中，中共经常强调，中越历史和国情不同，因此革命和建设也不可能有统一的道路和模式。中共特别强调坚持协调为主，不强加于人。在会见缅甸共产党、印尼共产党、柬埔寨共产党代表团时，中共也多次强调各国政党都要依据独立自主的原则，按照马克思主义的普遍原理，根据本国具体国情制定本国的政策。①在1957年莫斯科社会主义国家共产党和工人党代表会议上，毛泽东曾专门谈到兄弟党的团结问题，强调国际共产主义运动和社会主义阵营各国党团结起来，逐步地改进社会主义阵营之间的相互关系。②中共在与东南亚国家共产党的交往中，既坚定地维

---

① 蔡武主编：《中国共产党对外工作大事记(1949.10—1999.12)》，北京：当代世界出版社，2001年版，第65—66、289页。
② 中共中央文献研究室编：《毛泽东文集》（第七卷），北京：人民出版社，1999年版，第332页。

护本党和本国的利益,又实施国际主义援助,既坚持坚定的原则性,又注意策略的灵活性,这种团结至上的价值追求,成为中国对东南亚国家政党外交取得成效的主要因素。

第二,坚持政党交往的全方位原则。主要包括以下两点:一是以社会主义阵营交往为重点,同时启动与民族民主政党的交往,即包括与社会主义国家执政党、未执政的共产党和民族民主政党的全方位的交往。在毛泽东时代,中共作为执政党开展政党外交,首先必须在思想上摆脱意识形态的束缚,超越意识形态的羁绊,加强同各国不同性质政党的交往,这是促进国家关系发展的一个重要基础。因此在与东南亚国家的政党交往中,中共不仅重视开展与社会主义国家执政党,如越共的交往,加强与未执政的共产党的交往,而且启动了与民族民主政党的交往。中共积极利用与它们的共同点,寻求共同利益,发展党际关系。虽然这一时期、这一类型的交往仅限于与执政党领袖的首脑外交,尚不属于严格意义上的政党外交,中共与民族民主政党的正式联系也尚未建立起来,但不可否认,这种首脑外交已经部分地具备了政党外交的属性,为改革开放新时期中共与民族民主政党建立正式关系奠定了基础。超越意识形态、关注现实的国家利益,成为中共最重要的政党交往经验。

二是在政党交往中开展包括政治、经济、社会文化等各个层面在内的交往。在毛泽东时代,中共政党外交的全方位要求中共在开展政党外交的过程中,同各国政党加强政治的交流与合作,共同探讨与解决重大国际问题;需要同他国政党加强对外经济交流,促进经贸合作;需要加强对他国政党在社会文化教育等方面的交流,促进社会发展、文化教育的合作。①

中共与东南亚社会主义国家共产党(主要是越共)的交往主要是援助外交,即对越南革命和社会主义建设的支持,以及中越两党对国

---

① 杨扬:《毛泽东执政时期的中共政党外交》,中国人民大学博士论文,2010年,第139页。

际共产主义运动的探讨。中共与东南亚国家未执政共产党的交往,主要围绕国际共产主义运动的团结与共同反帝等重大事务展开。在与民族民主政党的交往中,主要探讨国家关系正常化与两国外交关系的建立、国际事务、经济贸易、文化教育等问题。总之,中国与东南亚国家政党交往的对象包含各种不同性质的政党,政党交往的内容涉及不同领域的不同事务,这为此后的中共政党外交打下了坚实的基础。改革开放后,中共开展的全方位的政党外交,正是在这一基础上发展起来的。

四、意识形态主导下中国与东南亚国家政党交往的不足与教训

在毛泽东时代,中国对东南亚国家政党交往提升了中共在地区乃至世界,在社会主义阵营和国际共产主义运动中的地位,丰富了政党外交的内容和形式,为改革开放新时期中共全方位的政党外交积累了宝贵的经验。但是这一时期的中国与东南亚国家政党交往,受制于时代的局限,也存在一些不足,需要深入总结并汲取其中的教训。

第一,关于援助外交。新中国成立后,按照中共与苏共的分工,中共事实上承担了领导亚洲社会主义阵营的任务,具体到援助越南抗法战争问题上也有明确的分工,即苏联援助中国的建设,越南抗法战争则由中国援助。中共对越共开展援助外交,既是发扬无产阶级国际主义精神、推动世界革命的需要,也是为了争取越共对中共在社会主义阵营和国际共产主义运动中的支持,树立在亚洲社会主义国家中的领导权,此外也有国家安全的考虑。为此,中共把国际主义援助作为自身的责任与义务,在政治、经济和军事上大力支持越共领导的抗法、抗美战争。中国是越南抗法战争期间唯一向越南提供援助的国家,不仅向越南派出军事顾问团,帮助其加强军队建设,而且几乎提供了全部的武器、弹药和其他军需用品。美国学者翟强在其《中国与1950—1975年越南战争》一书中写道,"中国不仅给越南提供武器和策略建议,中国的顾问还帮助越南人训练、组织和培训军队,当时越南不仅

缺乏指挥大规模战役的指挥官，连基层的战斗单位也要求派遣中国顾问"；"中国顾问们把他们在抗日战争、与国民党军队作斗争以及在朝鲜战争中获取的经验与越南人分享"；"他们（中国顾问）还教越南人如何对待俘虏、如何鼓舞士气"；"中国的军事援助对越盟1954年日内瓦协议之前的抗法斗争是不可缺少的"；"考虑到中国同时卷入朝鲜战争，这种大规模援助是让人吃惊的"。①应该说，这样的描述是符合历史实际的。

自1950年10月至1953年7月，抗法援越时期的中国已经与以美国为首的"联合国军"在朝鲜进行了将近三年的战斗，并付出巨大的人员牺牲和物力消耗。三年间，中国消耗各种作战物资560余万吨，战费开支达62亿元人民币。②如果考虑到这一背景，我们就不难看出，中共的抗法援越对当时已经开始的社会主义改造和大规模的经济建设带来的严重影响。20世纪60年代初，中国经济正在经历严重困难时期，但中共的援外金额仍超过其偿还苏联债务十几亿美元的总额。仅中国援助越南的金额就超过抗美援朝战争费用两倍以上。③抗美援越期间，中共对越援助"面面俱到、不附条件、不惜代价、大张旗鼓"。④

中共与越共的关系是"同志加兄弟"关系。意识形态的同一性使中共把国际主义精神看得至关重要，甚至超越了国家利益。对此，王稼祥曾提出要实事求是、量力而行的建议。⑤但是在意识形态挂帅和"左"的错误指导下，王稼祥提出的对外援助建议没有得到重视。

毛泽东时代的中共援助外交既有意识形态的原因，也有国家安全定位的原因。新中国成立不久，美国政府一改此前针对中国的拉拢兼试探政策，转而加强对东南亚地区的干预，以防止共产主义多米诺骨

---

① 转引自古小松：《越南国情与中越关系》，北京：世界知识出版社，2007年版，第265页。
② 谭旌樵主编：《抗美援朝战争》，北京：中国社会科学出版社，1990年版，第333页。
③ 杨扬：《毛泽东执政时期的中共政党外交》，中国人民大学博士论文，2010年，第25页。
④ 郭明主编：《中越关系演变四十年》，南宁：广西人民出版社，1992年版，第76—79页。
⑤ 王稼祥：《王稼祥选集》，北京：人民出版社，1989年，第445页。

第三章　意识形态主导下的中国对东南亚国家政党交往（1949—1978）

牌效应的发生。据美国前国防部长麦克纳马拉回忆，1954年4月艾森豪威尔总统就曾指出，如果印度支那落入共产党的手中，其他东亚国家也将会"紧随其后"，就像多米诺骨牌一样。而随后的"肯尼迪政府也毫无异议地接受了这些并不牢靠的判断，事后，我们也未对这些假设作批判性的分析。显然在我们决策的基础中，就存在着致命的失误"。①出于担心共产主义的南下，美国一度不惜一切代价要保住南越。而中共对越援助外交，就是要防范美国入侵，巩固新生的人民政权。

第二，关于独立自主和党际关系平等。坚持独立、平等和团结原则，是毛泽东时代中国对东南亚国家政党外交的宝贵经验，但在具体实践中也有教训可鉴。例如，在与越共的交往中，由于中越两党这种基于国际主义原则建立起来的党际关系，中国对大量的越南事务进行了指导。新中国成立初期，在与东南亚其他国家共产党的交往中，中共对外交往的一项主要工作就是帮助亚洲各国共产党制订有关民族解放斗争的纲领、政策和策略方针。②这些工作的效果有的较好，有的并不理想。特别是1954年以后，随着朝鲜半岛和印度支那地区相继实现停战，以及和平共处五项原则的提出，复杂的现实情况把一个重要问题摆到中国共产党人面前，即从外部帮助甚至指导他国共产党制定纲领和政策、开展斗争与活动，是否正确和有效。在继续支持亚洲国家共产党的同时，中共领导人对此进行了深入思考。1956年春，中共决定停止帮助其他国家共产党制定纲领和政策，并多次向外国共产党领导人作出解释和说明。③

既要坚持革命理想和国际主义，又要发展国家外交关系，势必产生矛盾。虽然中共明确了党和国家的关系，提出党是党的关系，国家是国家的关系，但东南亚国家对"两个关系"原则的反应和接受程度

---

① 罗伯特·S.麦克纳马拉著，陈丕西译：《回顾越战的悲剧与教训》，北京：作家出版社，1996年版，第2、34页。
② 朱良：《试析指导党的对外工作战略思想的变化》，载《当代世界》，2010年第9期。
③ 宋涛主编：《中国共产党对外工作100年》，北京：当代世界出版社，2021年版，第21—22页。

并不一样。有的公开表示理解（如泰国），有的勉强表示接受（如缅甸），有的则明确表示难以接受，有的则公开反对。①由于中共支持一些当时被所在国政府视为"不合法"状态的东南亚国家共产党的活动，中国与东南亚各国在建立和发展国家关系的问题上遇到阻力。例如，泰国、马来西亚和菲律宾迟至1974—1975年才与中国建交。缅甸和印尼虽然在50年代即与中国建交，但也因为党的关系问题而与中国的关系恶化。

---

① 王家瑞主编：《中国共产党对外交往90年》，北京：当代世界出版社，2013年版，第132—133页。

第四章 党际关系调整中的中国对东南亚国家政党外交（1978—1991）

1978年中共十一届三中全会后，和平与发展逐渐取代战争与革命，成为新的时代主题。以邓小平为核心的中共第二代中央领导集体纠正了"文革"时期政党交往工作中一系列"左"的错误，彻底摒弃过去实行的"支持世界革命""支左反修"等方针，突破"以我划线""以苏划线"的思路和做法，逐步形成以党际关系四项原则为核心的新时期中共对外交往的指导思想和工作方针。这一时期，中老、中越党际关系在20世纪80年代末先后得以恢复和发展，中共大幅度地调整了自身与东南亚国家共产党的关系，并开始与民族民主政党接触。中共政党外交开始进入探索新型党际关系的历史新时期。

第一节 中国对东南亚国家政党外交的时代背景及战略定位

一、和平与发展时代观指导下的中共党际关系的调整

中共十一届三中全会以后，邓小平领导中国外交，创造性地继承和发展了毛泽东外交思想，紧紧把握时代发展特征和历史发展的契机，根据国际形势的新变化，提出了和平与发展是当今世界两大主题的论

断,对中国新时期的外交工作起着重要的指导作用。①

中国共产党党际关系的调整是在深刻的国际和国内背景下进行的。从国际背景来看,经过俄国十月革命和二战后一段时间的社会主义革命高潮后,世界进入一个新的革命"沉寂"时期。进入20世纪80年代后,美苏争霸转入相持阶段,各国经济的相互依存明显加深。而美国对苏联推行全球性的进攻战略,中美关系稳定发展,中苏关系在勃列日涅夫的塔什干讲话后也出现积极的变化,中、美、苏战略三角关系发生了有利于中国的变化。20世纪80年代中期,缓和与合作已成为国际社会的主流,和平与发展成为各国人民的共同要求,世界格局多极化趋势更加明朗,经济利益在国家对外交往中扮演着越来越重要的角色,那种以意识形态来划分阵营的做法已不合时代潮流。中共十一届三中全会放弃了"以阶级斗争为纲",党的工作重心开始转移到经济建设上来,改革开放成为基本国策。新时期中国外交政策的调整必须服从国内的形势和需要,服务现代化建设的大局,为中国的现代化建设争取一个有利的、和平的环境,特别是良好的周边环境。

在这样的背景下,中共从国家现代化建设的大局出发,把党际关系置于中国对外关系的全局中来考虑,逐步提出了"党与党之间要建立新型的关系"等一系列处理党际关系的新思想。1980年5月,邓小平系统阐述了新时期处理兄弟党关系的一些重要原则,即"各国的事情,一定要尊重各国的党、各国的人民,由他们自己去寻找道路,去探索、去解决问题,不能由别的党充当老子党,去发号施令"。②1980年11月,邓小平在会见西班牙共产党代表团时说:"党与党之间的关系是兄弟党关系,不是父子关系";"父子党关系,要控制人家,我们是深有感受的。后来我们就强调,国家无论大小,党无论大小,应该

---

① 当代中国研究所:《中华人民共和国史稿》(第四卷),北京:人民出版社、当代中国出版社,2012年版,第325页。

② 邓小平:《邓小平文选》(第二卷),北京:人民出版社,1994年版,第319页。

第四章 党际关系调整中的中国对东南亚国家政党外交（1978—1991）

一律平等"。①1980年，胡耀邦在中联部代拟的有关中共与意大利共产党两党恢复关系的通报稿上批示：要求各党在当代共产主义运动和国际国内政策等问题上都必须保持一致见解是不现实和不可能的。这些不应当也不必要成为恢复两党关系的障碍。②1982年6月，胡耀邦在会见荷兰共产党主席亨克·胡克斯特拉时，阐述了独立自主、完全平等、互相尊重、互不干涉内部事务的政党交往原则。③在此基础上，同年9月召开的中共十二大正式形成了"坚持在马克思主义的基础上，按照独立自主、完全平等、互相尊重、互不干涉内部事务的原则，发展同各国共产党和其他工人阶级政党的关系"④的党际关系四项原则，并且第一次写入党章。到1987年中共十三大，删除了"在马克思主义基础上"这一意识形态前提，调整为"按照独立自主、完全平等、互相尊重、互不干涉内部事务的原则，发展同外国共产党和其他政党的关系"⑤，将发展关系对象扩大到除共产党外的其他政党，将党际关系四项原则的适用范围扩展到所有愿与中共交往的外国政党，党际关系四项原则成为中共与所有愿意与中共进行交往的外国政党发展关系的基本准则。

以1977年8月南斯拉夫总统铁托访华为标志，中共政党外交在指导思想和工作方针上进入全面调整的新时期，这一调整坚持以"不纠缠历史旧账，一切向前看，谋求合作"为原则，到20世纪80年代末顺利完成，初步形成了全方位、多领域的中共政党外交格局。

---

① 中共中央文献研究室编：《邓小平年谱(1975—1997)》（上），北京：中央文献出版社，1997年版，第692页。

② 杜艳华等：《中国共产党对外党际交流史鉴》，上海：上海人民出版社，2011年版，第239页。

③ 蔡武主编：《中国共产党对外工作大事记(1949.10—1999.12)》，北京：当代世界出版社，2001年版，第465页。

④ 《胡耀邦在中国共产党第十二次全国代表大会上的报告》，https://fuwu.12371.cn/2012/09/27/ARTI1348712095996447.shtml。

⑤ 王家瑞主编：《中国共产党对外交往90年》，北京：当代世界出版社，2013年版，第123页。

二、中国对东南亚国家政党外交的战略定位

随着中共对 20 世纪 80 年代时代主题由"战争与革命"向"和平与发展"认知的转变，以及中国改革开放政策的实施，中共政党外交的首要任务逐渐从服务国内政治需要转向服务国内经济建设需要。这样，中国周边外交的指导思想就逐渐从先前相对保守地追求与周边国家的和平共处，发展为更为积极地追求与周边国家和平发展和互利共赢。①保持良好的国际环境尤其是良好的周边环境，成为中国这一时期的核心利益。这一时期确立的周边外交战略方针，连同中共十二大确立的党际关系四项原则，决定了邓小平时代中共与东南亚国家政党外交的基本走向。

首先，在中共与东盟关系的问题上，20 世纪 70 年代初期至 80 年代末中美、中日关系的改善，中国重返联合国，为中国与东盟关系的改善和发展创造了现实条件。这一时期，美国实行在亚太地区进行战略收缩，从越南撤军，越南战争结束。而苏联为遏制中国，抛出"亚洲集体安全体系"的倡议，支持越南入侵柬埔寨，推行地区霸权主义，对这一地区的和平与安全构成新的威胁。针对苏越两国在东南亚的势力扩张，中国实施"联美"方针，促使长期以来深受美国影响的东盟国家根据国际形势的变化和本国的战略利益调整对华关系。1978 年 11 月，邓小平访问东南亚三国，此行被称为"揭开中国承认东盟独立的新篇章"。②在访问中，邓小平多次表示，支持东盟建设东南亚和平、自由和中立区的主张以及加强东盟组织自身团结的立场，提出愿意在和平共处五项原则的基础上，共同努力发展与东盟各国的友好合作关系。③到 20 世纪 80 年代中期，中共又适时强调独立自主和不结盟。④

---

① 杨洁勉等：《中国共产党和中国特色外交理论与实践》，上海：东方出版中心，2011 年版，第 187 页。
② 新加坡《星洲日报》，1978 年 11 月 14 日社论。
③ 中共中央文献研究室：《邓小平年谱(1975—1997)》(上)，北京：中央文献出版社，2004 年版，第 420—427 页。
④ 邓小平：《邓小平文选》(第三卷)，北京：人民出版社，1993 年版，第 162 页。

第四章 党际关系调整中的中国对东南亚国家政党外交（1978—1991）

1988年李鹏访问泰国期间，提出中国处理与东盟国家关系的四条原则。①

其次，在与东南亚非社会主义国家关系的问题上，这一时期中共睦邻外交的主要任务就是努力寻求和维护周边国际环境的和平与稳定，并通过日益扩大的国际合作支持国内的经济建设。这也是同期中共对东南亚非社会主义国家政党外交的主要任务。但在此过程中，一个绕不开的问题就是如何处理与东南亚国家共产党的关系。对此，中共提出"党是党的关系，国家是国家的关系"，希望不要让历史问题影响国家关系的建立和发展。中共认为，一个国家的政党与其他国家的政党建立一定的关系是一种普遍的国际现象，中国共产党同一些东南亚国家的共产党的关系可追溯到第二次世界大战，中国共产党与一些东南亚国家共产党的关系同中国共产党与其他国家共产党的关系一样，是一种道义上的关系；中国共产党一再重申决不干涉外国党的内部事务，也不利用与外国党的关系去干涉这个国家的内政。②事实上，自20世纪70年代中期中国与马来西亚、菲律宾、泰国等国建交后，这些国家均对中共提出应妥善处理其与该国共产党的关系问题。根据新的国际和国内形势，邓小平开始调整毛泽东时代中共对东南亚国家共产党的政策。1982年，中共十二大报告明确提出，中国在和平共处五项原则基础上同各国发展关系，坚持反对革命输出。在实践中，中共逐渐撤销了对亚洲和其他地方革命运动的援助，这样就"避免了以革命手段打碎现有国际秩序的理想冲动"，③也大大缓解了中共与东南亚国家的紧张关系。到20世纪80年代中后期，这一大幅度的调整基本完成。这

---

① 一是在国家关系中严格遵循和平共处五项原则；二是在任何情况下，都坚持反对霸权主义的原则；三是在经济关系中坚持平等互利和共同发展的原则；四是在国际事务中，遵行独立自主、互相尊重、密切合作、相互支持的原则。参见谢益显主编：《中国外交史：中华人民共和国时期（1979—1994）》，郑州：河南人民出版社，1995年版，第186页。

② 《中共中央对外联络部新闻发言人吴兴唐在新闻发布会上答记者问》，载《羊城晚报》，1985年10月6日。

③ 杨洁勉等：《中国共产党和中国特色外交理论与实践》，上海：东方出版中心，2011年版，第189页。

种调整既是和平与发展的时代主题使然，也回应了东南亚非社会主义国家与中国发展国家关系的现实诉求。这些国家的民族民主政党愿意与中共就国际形势、维护和平与捍卫发展中国家的权益等重大问题交换意见，愿意增进相互了解，在党的建设、干部培养、群众工作和领导经济建设的经验方面加强交流。中共积极回应它们的诉求，本着增进友谊和求同存异的原则，同这些政党和组织建立并发展关系，既拓宽了中共对外交往的外延，又深化了政党交往的内涵。①中共与民族民主政党的接触，标志着中国对东南亚国家的政党外交终于摆脱了意识形态的羁绊，对冷战结束后中共对东南亚国家各类政党开展全方位政党外交具有奠基意义。这一时期，鉴于印尼在东盟国家中的地位，中国加快推进与印尼的复交进程，由此带动了新加坡和文莱与中国的建交，这对于遏制台湾的"弹性外交"、促进国际社会对一个中国的认同产生了积极的作用。

再次，在与东南亚社会主义国家，如越南、老挝关系的问题上，由于20世纪70年代末期越南侵略柬埔寨、推行地区霸权主义、在中越边境地区制造流血事件、驱逐越南华侨等，中越关系恶化。针对苏联支持越南出兵柬埔寨并扶植成立韩桑林政权，中共多次予以谴责和反对，对柬埔寨人民的抗越救国斗争则给予了坚定的、无条件的、无限期的支持。为捍卫领土主权，中共于1979年年初不得不进行有限的自卫反击，以保卫国家安全、稳定东南亚地区局势。中越两党两国关系中断达十余年之久。到20世纪80年代末，随着国际国内形势的发展变化，中共在政党外交中逐步改变了"以苏划线"或"以美划线"等做法，开始排除政党外交中的意识形态因素的干扰。随着中苏关系的缓和，中共先后实现了同老、越两党党际关系的正常化，并促进了国家关系的发展。

---

① 王家瑞主编：《中国共产党对外交往90年》，北京：当代世界出版社，2013年版，第147页。

第二节　中国共产党对东南亚社会主义国家共产党的政党外交

一、中越交恶导致中越党际关系恶化

在毛泽东时代后期，中越关系中的一些原则性分歧和涉及国家根本利益的冲突即已出现，两国间的潜在矛盾日益表面化。20世纪70年代末，中越关系进一步恶化，一度兵戎相见，直至20世纪90年代初才实现两党两国关系正常化。20世纪70年代后期，中越两党关系恶化，主要集中在华侨问题、边界领土归属问题以及越南入侵柬埔寨问题三个方面。

关于华侨问题。在中国与东南亚国家关系中，华侨问题是一个敏感而复杂的问题，但在中越关系中，本不应是一个棘手的问题。因为越共自建党后的各个历史时期，均制定明确的华侨政策，越共及其领导人对越南华侨为越南革命和建设作出的贡献均曾作过实事求是的评价，中越两党还曾于1955年就有关华侨的国籍、权利、义务等问题达成专门协议。①1956年以后，对南越当局强迫华侨加入越南国籍的无理做法，中越两党均进行了强烈谴责。但是20世纪70年代后，越南当局为了通过排华达到其反华的目的，逐步调整华侨政策，采取了一系列限制和歧视华侨的举措。以越南南方解放为开端，至1978年年底，越方以"净化边境""人口调查"为名大规模驱赶北方华侨，残酷迫害南方华侨，大批华侨多年辛勤劳动所得被非法没收，逃亡途中遭受折磨和凌辱。

关于中越陆地边界问题。在中越两党革命胜利后，以及1957年和1958年的中越两党换文都明确表示对此予以尊重。②关于北部湾海域，

---

① 《关于越南驱赶华侨问题》，北京：人民出版社，1978年版，第5页。
② 齐鹏飞：《中越陆地边界谈判的历史及其基本经验再认识》，载《当代中国史研究》，2013年第3期。

中越两国在历史上从来没有划分过界线。越南共和政府也一直承认西沙群岛和南沙群岛是中国的领土,在其官方出版的地图中也有明确体现。但此后越方并未严格遵守两党换文的精神。在1974年以前,由于越南尚未统一,需要中国的支持,没有把领土边界问题放入议事日程,所以两国之间领土等方面的争议并未激化和扩大。越南停战后,越南当局的立场发生了根本性变化。一方面,越南在中越边界不断挑起领土纠纷。1974年,在中越划分北部湾海域谈判中,越南妄图把北部湾的三分之二划归己有。1975年4月,越南甚至借解放西贡之际侵占中国南沙群岛中的六个岛屿,并将其纳入本国的版图,向中国正式提出对南沙群岛和西沙群岛的主权要求。另一方面,越南还在国内和国际上大造舆论,使这一问题日益复杂化。

关于柬埔寨问题。柬埔寨问题本不属于中越两国之间的问题,但是在20世纪70年代后期,由于越南入侵、占领柬埔寨,成为国际社会十分关注的国际性问题,成为关系到能否维护东南亚地区和平以及伸张国际正义的重大原则问题。1975年,印支三国人民取得抗美救国战争的胜利,并先后赢得国家独立。但与此同时,在苏联的支持下,越南开始实施向外扩张,谋求地区霸权,提出建立"印度支那联邦"的计划。1975年10月,黎笋访苏并发表"越苏宣言",确定两国、两党要进行全面合作。勃列日涅夫宣称,越南是"社会主义国家在东南亚的可靠前哨"。1976年12月,越共四大提出,要"努力维护和发展越南人民和老挝及柬埔寨人民之间的特殊关系","以便在争取民族解放战争中本来是互相支持的三个国家将在建设国家和保卫国家以及维护各国的独立和繁荣的事业中永远结合在一起"。①在此"特殊关系"的招牌下,越南对老挝特别是柬埔寨展开了控制、颠覆、侵略和吞并活动,并将矛头指向曾协助三国殖民地独立的中国。越共不仅要求中共对柬埔寨施加"影响",以帮助其实现拼凑"印度支那联邦"的计

---

① 谢益显主编:《中国外交史:中华人民共和国时期(1949—1979)》,郑州:河南人民出版社,1988年版,第476页。

第四章　党际关系调整中的中国对东南亚国家政党外交（1978—1991）

划，而且拒不接受联合国大会和"柬埔寨问题国际会议"作出的决议，一心侵占柬埔寨领土，欲使扶植韩桑林政权的行为合法化。

对于越方在上述三个问题上的所作所为，中共进行了针锋相对的斗争。在华侨问题上，中共揭露越南否认存在华侨这一事实，恣意歪曲两国曾经通过党际关系达成的有关协议，要求立即停止排斥、迫害和驱赶华侨的行为。随着越方反华排华行为的升级，中方不得不进行公开斗争，就越南驱赶华侨问题发表声明，并关闭其在中国的三个总领事馆。为了解决日益严重的华侨问题，1978年6月至9月，中越双方先后举行了两轮谈判、27次会议。但由于越南当局利用华侨问题作为其推行反华政策的政治筹码，与中方立场存在根本分歧，两轮谈判均不欢而散、无果而终。

关于边界和领土问题，邓小平、李先念受中共中央委托，于1975年9月24日和1977年6月10日在北京分别同黎笋、范文同举行会谈，严正指出西沙群岛和南沙群岛历来是中国领土不可分割的一部分，希望越南方面在这个问题上回到原来的立场上来。①黎笋在此次访华中提出了更多的援助要求，但对两国领土争议问题却闪烁其词、轻描淡写。李先念在与范文同会谈中再次提出边界谈判的建议，越方勉强同意。②此后，双方进行了十个多月的谈判，由于越方的蓄意破坏，双方连商谈边界问题的程序都没有达成协议，于1978年8月被迫中断。

越南入侵柬埔寨问题实质上是其实施"印度支那联邦"计划的一部分，中方予以理所当然的反对。在柬埔寨问题上，越南和中国之间存着侵略与反侵略的尖锐对立，因而柬埔寨问题影响着两国关系的变化与发展。③印支三国是中国的近邻，印支地区和平与稳定，直接关系到中国与东南亚各国的安全。中国一直坚持国际主义原则，不附带任

---

① 谢益显主编：《中国当代外交史(1949—2009)》，北京：中国青年出版社，2009年版，第261页。
② 《一九七七年六月十日李先念副总理同范文同总理谈话备忘录》，载《人民日报》，1979年3月23日，第1版。
③ 郭明主编：《中越关系演变四十年》，南宁：广西人民出版社，1992年版，第159页。

何政治条件地对印支三国人民争取国家独立和民族自由的斗争给予了大力支持和声援。越南入侵柬埔寨后即遭到中国的坚决反对。时任中共领导人华国锋、邓小平明确表示,越南入侵柬埔寨不仅是边界冲突,实际上是要搞"印支联盟",背后有苏联的支持,中国支持柬埔寨人民的正义斗争。

20世纪70年代初的中国还处于"文革"时期。而同一时期的越共在经过漫长的抗法、抗美斗争后,终于赢得了民族独立和国家统一。战胜号称世界上最强大的美国,极大地激发了越共和越南人民的自信心和民族自豪感,增强了越共的凝聚力和战斗力,使其对民族的前途和未来充满信心和希望。手中缴获大量的美式装备、物资以及越战期间得到的大量来自中国、苏联的援助,使越南实力空前增强,并自诩为世界"第三军事强国",自恃兵强马壮,积极谋求建立"印度支那联邦",反华排华,推进地区霸权主义,频频制造事端。在越共四大之前,中越两党的分歧不断扩大,但尚未发展到对抗的地步。中共对越南当局的反华活动虽早有察觉,但还是从友好团结的大局出发,以保持中越友好关系为重,耐心等待并进行说服,多次试图通过内部协商予以解决。中共反复向越共申明,应在联合国宪章及和平共处五项原则基础上,通过外交途径和平解决两国争端。1975年越南统一后,虽然中国经济严重困难,仍尽最大努力继续给予越南援助。中共领导人曾不止一次地对越南领导人指出,大力支援越南的建设,是中国党的一贯方针,现在是怎样处理好越南的需要和中国的可能的关系的问题,何况越南在战争结束时有大量缴获的战利品和物资,战后又从很多方面获得了援助,而中国经济则面临着巨大的困难,在这种形势下,越南方面应该让中国喘一口气。越南领导人当时在口头上也表示谅解。①但在越共四届四中全会之后,形势急转直下。

1978年夏召开的越共四届四中全会决定把中国视为"直接的敌

---

① 郭明主编:《中越关系演变四十年》,南宁:广西人民出版社,1992年版,第114页。

人"。在此前后，越南还正式加入由苏联控制的"经济互助委员会"，并与苏方签订《苏越友好合作条约》。这一年，中越边境冲突事件比1977年增加三分之一。1978年4月以后，越南大规模驱赶华侨。7月，中国被迫停止对越南的经济技术援助。12月下旬，越南入侵柬埔寨，中越关系陷入尖锐对立的局面。① 越南占领金边后，中国在联合国对越南进行了谴责，中越关系迅速恶化。越南在中越边界挑衅频发，驱赶、逮捕甚至杀害华人事件时有发生。到1979年2月至3月，中国不得不进行自卫反击。从1976年越共四大到1986年年底越共六大，以中国对越自卫反击战为标志，中越两党两国关系对抗达到顶点，中越关系事实上处于尖锐的军事对抗状态，军事冲突时断时续。中越两党关系也由此经历了十余年的对峙和僵持，直至1990年成都会晤后重启。

二、中越党际关系从对抗走向缓和

中越两党两国关系恶化的症结在于苏越结盟和越南侵柬。在中苏关系正常化过程中，中国把敦促越南从柬埔寨撤军作为苏联必须消除的三大障碍②之首，向苏联施压，同时也向越南施压。戈尔巴乔夫上台后，对华政策开始松动，越南成为其对外交往的包袱，越南与苏东国家关系也日渐疏远。特别是东欧剧变给越南社会带来了巨大的冲击，越共党内出现思想混乱和不安定因素。从1980年到1984年，联合国大会年复一年地以压倒性多数通过要求越南从柬埔寨撤军的决议，其他国际组织和会议（特别是东盟）也对越南施加压力，使越南在政治和外交上逐渐陷入孤立的境地。在经济上，越南经济基础落后，又长期遭受战争的破坏和影响，是世界上最贫穷的国家之一，人民生活水平较低。东欧剧变、苏联解体之后，其获得的苏东国家的援助大幅度

---

① 郭明主编：《中越关系演变四十年》，南宁：广西人民出版社，1992年版，第164页。
② 三大障碍是指苏联支持越南入侵柬埔寨、在中苏边境和蒙古国驻扎重兵以及武装占领阿富汗。

减少，而西方国家的贸易禁运依然如故。中越边境长期军事对峙，越南举国长期备战已经使全国人民疲惫不堪。面对内外交困的局面，越共首要的任务是缓和越中关系。

在不结盟政策指导下，中国对苏外交政策进行了相应的调整。尽管20世纪80年代初，中苏两国仍处于严重的对立状态，但改善关系的苗头已经出现。1982年3月，勃列日涅夫发表塔什干讲话，在老调重弹继续攻击中国政府的同时，强调了与中方改善关系的愿望，与以往苏联领导人关于中国的谈话有很大不同。鉴于中共十二大已经确立不同任何大国结盟的外交政策，中共开始放弃在20世纪70年代奉行的"一条线"政策，为中苏关系的改善创造了条件。至1986年，中苏特使磋商已进行了九轮。中方认为，消除三大障碍是实现中苏关系正常化的关键。随着两国关系出现改善的气氛，中苏接触逐渐增多，三大障碍的解决也有了明显进展。1989年5月，戈尔巴乔夫对中国进行正式访问，两党和两国关系实现正常化。这对推动中越关系的改善，进而和平解决柬埔寨问题，以及调整中国与东南亚国家关系，都产生了重要影响。

20世纪80年代末到90年代初，东欧剧变、苏联解体，世界社会主义事业处于低潮。面对"社会主义向何处去"这一历史性课题，中越两党都做出了坚持走社会主义道路的历史选择。中越两党和两国关系长期对峙既不利于对社会主义道路的探索，更不利于各自国内的建设与发展。越南失去苏联在政治、经济多方面的支持后，迫切需要改善中越关系。越南领导人也多次通过内部途径向中国传话，希望与中国加强联系，并采取许多主动措施，向中国示好。中共也认为，中越两党两国团结一致，尽快排除两国关系中的障碍，实现关系正常化，共同探索建设社会主义的道路，共同交流治国理政的经验，以免重蹈东欧"和平演变"的覆辙，符合中越两党两国的根本利益。

这一时期，越共党内的权力更迭为中越关系的改善提供了契机。1986年黎笋病逝，越共元老长征接任总书记。以黎笋和黎德寿为首的

第四章　党际关系调整中的中国对东南亚国家政党外交（1978—1991）

"二黎"集团成员仍顽固坚持亲苏、反华、侵柬的强硬立场，与以阮文灵为代表的改革派展开激烈的思想路线斗争和权力斗争，最终，改革派占了上风。阮文灵在越共六大上当选为越共中央总书记，并作了实行经济改革的政治报告，而黎德寿则宣布退出政治局，强硬派实力受到进一步削弱。1990年，黎德寿病逝，被称为"越南的叶利钦"的越共中央政治局委员、中央书记处书记陈春柏被撤职。在1991年召开的越共七大上，以阮基石、阮德心、梅志寿等为代表的强硬派人物被迫辞职，强硬派在与改革派的斗争中彻底失败。

因此，从1986年越共六大到1991年越共七大之间，中越虽然仍处于对立状态，但两党关系已趋于松动与缓和。1986年年底召开的越共六大是中越关系正常化过程中的重要契机。这次会议以"革新"为基调，力图把工作重心转到经济建设上来。在对华政策上，越共六大政治报告提出，"越南人民与中国人民向来有着悠久的友好关系，在反对帝国主义，争取独立、自由和建设国家的斗争中保持团结，互相支持。越南政府和人民一如既往，珍惜两国人民之间的友谊，并将竭力恢复这一友谊"。[①] 1988年，越南将其宪法中攻击中国的内容全部删去。尽管1988年3月，中越在南沙群岛发生武装冲突，但越南当局攻击中共和中国政府的做法已有所收敛。1989年，越南宣布从柬埔寨撤军后，两党两国的对立情绪明显缓和。1990年，越南撤出了在柬埔寨的最后一批军队。

越共领导人多次通过内部途径捎话，试图同中共和中国政府加强联系。1989年10月，老挝党总书记兼部长会议主席凯山访华时，即向邓小平转达了时任越共中央总书记阮文灵对邓小平的亲切问候，还说阮文灵希望中国能邀请他访华。[②] 1989年，越南副外长丁儒廉两次访

---

① 越南共产党:《革新时期党代会文件（第六、七、八、九次大会）》，河内:越南国家政治出版社，2005年版，第104—114页。
② 李家忠:《中越领导人成都秘密会晤内幕——中越关系实现正常化的前奏曲》，载《党史纵横》，2006年第1期。

华。1990年5月18日,阮文灵在河内召开的纪念胡志明主席诞辰100周年集会上发表讲话时,破例地赞扬中国的援助和同中国的团结。①此前的5月初,阮文灵还首次公开表示要求访问中国,讨论中越关系正常化问题。1990年9月1日,越南部长会议主席杜梅在国庆集会上说:"为了两国人民的利益,为了地区和世界和平,我们希望同中国关系正常化。"②与此同时,越方还采取了一系列改善两党两国关系的措施,中越边境气氛也得到缓和。

中共认为,由于国际政治格局的演变和中苏关系恢复正常,恢复中越关系正常化的条件日臻成熟。越南宣布从柬埔寨撤军,消除了中越关系的主要障碍。关于中越双边关系中存在的华侨问题、边界问题、南海诸岛领土争端等问题,中国从未放弃通过谈判和平解决分歧的主张。双方都需要一个和平的环境和安宁的边境,集中力量于国内建设。因此,中国对于越南改善关系的要求采取了积极的态度。③1989年10月邓小平会见凯山时指出:"(阮文灵)思维灵活,很有理智,工作很能干,胡志明主席很器重他。希望他当机立断,把柬埔寨问题一刀斩断。"④邓小平特别强调,越南必须从柬埔寨干干净净、彻彻底底地撤出军队。凯山在回国途中专赴越南,向阮文灵转达了邓小平的传话,阮文灵听后十分重视,决定绕开仍在执行黎笋对华路线的外交部,同中共领导人直接会面。1990年9月3日至4日,时任越共中央总书记阮文灵、部长会议主席杜梅和越共中央顾问范文同秘密访华,同中共领导人江泽民、李鹏举行成都会晤,并签署中越会谈纪要。这是中越两国对立13年后的一次历史性会晤,也成为中越政党外交的一个范

---

① 共同社河内5月18日电(1990年)。转引自郭明主编:《中越关系演变四十年》,南宁:广西人民出版社,1992年版,第212页。
② 郭明主编:《中越关系演变四十年》,南宁:广西人民出版社,1992年版,第213页。
③ 杜艳华等:《中国共产党对外党际交流史鉴》,上海:上海人民出版社,2011年版,第266页。
④ 李家忠:《中越领导人成都秘密会晤内幕——中越关系实现正常化的前奏曲》,载《党史纵横》,2006年第1期。

第四章　党际关系调整中的中国对东南亚国家政党外交（1978—1991）

例。关于中越关系，两国领导人都同意本着"结束过去，开辟未来"的精神，谱写中越关系的新篇章。①成都会晤一年后，1991年6月，越共七大对其对外政策作了进一步调整，强调推动与中国关系正常化进程。1991年11月，越共中央新任总书记杜梅和新任部长会议主席武文杰访华，两国关系实现正常化。

三、中共对老挝党政党外交的发展

1975年，老挝人民民主共和国成立后，老挝党公开执政，东南亚出现第二个由共产党执政的社会主义国家。由于中国、苏联和越南是援助老挝最多的国家，也是老挝最大的合作伙伴，因此老挝在建国初期确立了向社会主义一边倒，与中、苏、越保持等距离的外交政策，此时的中老关系受到同期中苏和中越关系的影响。1976年3月和1977年6月，已经执政的老挝党总书记兼政府总理凯山两次来华进行国事访问，曾一度谋求在中国与苏联之间保持平衡，希望中国与苏联两国关系正常化。但是随着中越关系出现分歧乃至恶化，老挝也进入反华的轨道，并最终确立亲越靠苏反华的政策。②1978年，中共与老挝党关系中断。

进入20世纪80年代以后，中共对时代主题的认知实现了从战争与革命向和平与发展的转变，老挝的对华政策也开始逐步摆脱越南因素的影响。1983年，老挝一方面公开抨击中国对柬埔寨乃至印支三国革命的政策，另一方面努力重新建立中老边境贸易等跨境联系。中国也不再批评老挝党，中老边境贸易重开。③80年代中期，中国改革开放取得初步成功，也对老挝党和政府产生影响。

---

① 李家忠：《中越领导人成都秘密会晤内幕——中越关系实现正常化的前奏曲》，载《党史纵横》，2006年第1期。
② 陈乔之等：《冷战后东盟国家对华政策研究》，北京：中国社会科学出版社，2001年版，第359页。
③ 张蕴岭主编：《中国与周边国家：构建新型伙伴关系》，北京：社会科学文献出版社，2008年版，第228页。

1985年以后，随着中越两党关系的缓和，老挝党通过各种方式表达同中共关系正常化的愿望。1985年12月2日，老挝党和政府领导人在国庆10周年大会上表示，"诚挚地感谢"中国对老挝抗美救国斗争的支持和援助，"希望在和平共处五项原则的基础上恢复老挝和中国的正常关系"。①此后，中老双方关系正常化会谈开始举行。1986年，老挝党的四大提出"对外开放，广交朋友"的对外交往原则和"希望老中关系正常化"的主张。1988年，两国恢复互派大使，标志着中老关系实现正常化。

　　1989年8月，中联部部长朱良与老挝党中联部第一副部长、外交部第一副部长通沙瓦·凯坎皮吞在北京就恢复党的关系问题取得一致意见。10月，老挝党总书记兼部长会议主席凯山访华。李鹏总理表示，这次凯山主席的访问标志着两党两国关系的转折。江泽民在与凯山的会谈中强调，中共十一届三中全会以来的方针政策不会改变。针对凯山提出的"模式"问题，江泽民指出，中共一向主张马列主义基本理论同本国具体实际相结合，采取符合中国国情的模式，走有中国特色的社会主义道路。中共的领导地位是中国人民经过多年斗争选择的，中共实行共产党领导的多党合作和政治协商制度是符合中国国情的。中国有八个民主党派，但必须在中国共产党领导下，不能平起平坐、轮流坐庄。应真正依靠工人阶级。②凯山还与邓小平进行了长达40分钟的会谈。凯山诚恳承认，过去十多年来，老挝同中国的关系处于不正常状态，是受了"外部的影响"，此次访华将标志着两党两国关系的完全正常化。③自1989年至1991年的三年内，老挝党总书记、最高人民议会主席、政府总理和中国政府总理的互访就达到四次，中老两

---

　　① 张蕴岭主编：《中国与周边国家：构建新型伙伴关系》，北京：社会科学文献出版社，2008年版，第228页。
　　② 蔡武主编：《中国共产党对外工作大事记（1949.10—1999.12）》，北京：当代世界出版社，2001年版，第668—669页。
　　③ 李家忠：《中越领导人成都秘密会晤内幕——中越关系实现正常化的前奏曲》，载《党史纵横》，2006年第1期。

国在政治、经济等多个领域的合作得到迅速恢复，中老关系呈全面发展态势，两党关系也由此进入恢复和全面发展的新时期。

第三节　中国与东南亚非社会主义国家的政党交往

一、中共与东南亚非社会主义国家共产党的交往

在邓小平时代，中共调整与东南亚国家共产党关系的背景，一是受多种因素的影响，20世纪70年代在东南亚非社会主义国家活跃一时的东南亚国家共产党的活动，在80年代特别是80年代后期陷入低谷。[1] 二是随着中国改革开放的起步，中共开始奉行更为灵活和务实的外交政策。这些因素无疑都影响到中共与东南亚国家共产党的交往。

1978年3月，邓小平会见来访的泰国总理江萨·差玛南时强调，"历史形成的问题，不可能在一夜之间就找到一种灵丹妙药来处理"；"国家是国家关系，党是党关系"；"我们希望共产党的问题不影响我们之间的关系。至于你们如何解决与你们共产党的关系，这是你们的事情，我们不干涉你们内政"。[2] 对此泰方没有提出新问题，双方在此问题上达成谅解。这一时期，邓小平在会见缅甸总统奈温、马来西亚总理马哈蒂尔、新加坡总理李光耀时，也反复强调"党的关系不要影响国家关系"。邓小平在同他们谈话时反复强调，中国不会输出革命，也不会在任何地方谋求势力范围。东南亚国家的共产党问题是这些国家的内政，应由这些国家自己处理。

20世纪80年代开始，中共着眼于整个对外工作的战略全局，开始全面调整与东南亚国家共产党的关系。1978年至1985年间，在菲律

---

[1] 究其原因，一是许多东南亚非执政共产党多受到东南亚华人社会的影响。二是许多国家照搬照抄中国文件，照搬中国经验。三是党内缺乏民主，引起群众不满和内部分裂，革命力量不断削弱。参见《东南亚共产党活动剧陷低谷》，载《党政论坛》，1993年第10期。

[2] 王家瑞主编：《中国共产党对外交往90年》，北京：当代世界出版社，2013年版，第133页。

宾共产党重建10周年和15周年、缅甸共产党成立40周年和45周年、马来亚共产党成立50周年和55周年、泰国共产党成立40周年、柬埔寨共产党成立20周年、印尼共产党成立60周年的时候，中共中央均发电祝贺。1982年泰国共产党四大召开时，中共致信祝贺。但这种在兄弟党成立逢五周年致电祝贺的方式在1985年后基本消失。1984年，缅甸共产党、马来亚共产党致电祝贺中华人民共和国成立35周年。1987年，缅甸共产党中央委员会电贺中共十三大召开，此后中共与东南亚共产党的贺电往来基本中断。

为调整中共与东南亚国家共产党的关系，1980年9月，中联部副部长李一氓以邓小平特使身份专程访问缅甸，向奈温转达邓小平希望缅甸各政党团结建国的愿望。在20世纪80年代，邓小平、华国锋、胡耀邦、李先念、邓颖超、乔石等领导人多次会见缅甸共产党中央主席德钦巴登顶，民主柬埔寨领导人波尔布特、农谢、宋成，马来亚共产党中央总书记陈平、中央政治局委员李凡，泰国共产党中央政治局常委张远，印尼共产党代表团团长阿吉托罗普及菲律宾共产党主席西逊等东南亚国家共产党领导人，就建立新型党际关系问题开展工作，说明各国革命必须依靠人民独立自主、自力更生地进行。在与东南亚各国共产党商谈政策调整问题时，中联部区别不同情况，采取单独的、一对一的方式分别与各党领导人接触交谈，开展了大量耐心细致的说服和解释工作，并给予对方足够的适应和过渡时间。经过几年细致的工作，东南亚各国共产党最终接受了现实，陆续与中共达成有关协议，为发展国家关系扫除了障碍。①

解决历史遗留问题、调整与东南亚国家共产党的关系，是中共对外交往在指导思想上实现由"支持世界革命"到为国内创造一个和平有利的国际环境转变的一项重要举措，是中共在同外国政党建立新型

---

① 王家瑞主编：《中国共产党对外交往90年》，北京：当代世界出版社，2013年版，第134页。

党际关系的进程中迈出的最艰难的一步。①当时苏联虽尚未解体，但已经出现变化，因此中共与东南亚国家共产党关系的妥善解决，没有在国际共产主义运动中引起重大震荡，同时逐步实现了对东南亚国家的增信释疑，还推动了中国与新加坡建交，与印尼复交，也为中共开展与东南亚国家各类政党外交工作奠定了基础。

二、中共与东南亚国家民族民主政党的交往

自20世纪70年代中国同马来西亚、菲律宾和泰国建交后，中国与东南亚非社会主义国家的关系有了明显的松动和好转。但是这些国家国内共产党的问题、小国对大国"恐惧"的历史惯性等因素，仍然阻碍着中国与东南亚国家关系的发展。20世纪80年代，这些方面都有了实质性的突破。

在对东南亚非社会主义国家执政党的首脑外交中，中共主要遵循以下几个原则：一是强调支持东南亚国家维护民族独立和国家主权、反对外国干涉的正义斗争，支持建立东南亚和平、自由和中立区。二是坚持正义，反对侵略，不以社会制度相同或不同来确定自己在国际事务中的立场。当越南军事占领柬埔寨并不断向紧邻的泰国发出军事挑衅时，中国除公开支持柬埔寨抗击侵略者外，坚决支持泰国反对越南的战争威胁。三是在处理与东南亚国家有关南沙群岛领土主权争议的问题时，尽可能积极地提出主张，采取"搁置争议，共同开发"的政策，协商解决。四是耐心、负责地向有关国家说明中共对东南亚国家共产党的政策，强调中国不搞"革命输出"，不利用华侨干涉他国内政，不承认双重国籍，这些都为中国与东南亚国家建立友好关系奠定了基础。到邓小平时代后期，中国已与东盟十国全部建立了正式的外交关系，中共对民族民主政党严格意义上的政党外交也在这一时期实

---

① 王家瑞主编：《中国共产党对外交往90年》，北京：当代世界出版社，2013年版，第134页。

现了突破。

第一，中共与东南亚国家共产党的关系是中国与东南亚国家政党外交的重中之重，不仅决定着中国与东南亚国家的关系，也决定着中共与东南亚国家民族民主政党的关系。在毛泽东时代后期，中共无论是在理论上还是在实践上，都坚守"党是党的关系，国家是国家的关系"的理念。1974年中国和马来西亚建交时，毛泽东就对拉扎克表示，我们也是共产党，各国共产党我们不能拒绝他们到我们这个国家来，至于你们各国的内政，我们不能干涉。我们跟你们是国家关系，我们跟各国共产党很多都有关系，我们是党派之间的关系，我们不隐瞒这一点。毛泽东这一谈话记录很快传达到省、市、自治区党委常委，军级以上单位的党委常委和负责外事工作的同志。使馆传达到党委委员。因为这一谈话"对认识革命与外交的关系这一问题，极为重要"。① 20世纪80年代初，中共对外表示，中国将会把对外国共产党的支持只限制在给予道义上的支持。与"文革"时期的"革命外交"相比，这一理念已体现了时代的进步。

20世纪80年代后，中共在探索新型党际关系的过程中，开始调整与东南亚国家共产党的关系。这一时期，中共虽然仍然在政治上和道义上与东南亚国家共产党保持着联系，但事实上，中共领导人在20世纪70年代就主张把党的关系同政府关系分离开来，使得这种政治上和道义上的联系成为一种客观自在的现象。这就像任何同一政治信仰或宗教信仰的两个集团或两个个人之间，不论地理上相隔的远近和是否有实际接触，却客观自在地有着精神上的联系一样。这种情形使得关于中国利用共产党之间的联系搞颠覆的任何说法失去了可信性，由此还可进一步指出，任何关于中国可能利用在东南亚国家的华人搞颠覆

---

① 中共中央文献研究室编：《毛泽东年谱（1949—1976）》（第六卷），北京：中央文献出版社，2013年版，第535—536页。

第四章 党际关系调整中的中国对东南亚国家政党外交（1978—1991）

的担心，实际也成了一种多余。①

以泰国为例，1975年6月，克立·巴莫总理来华途经香港时曾说，国家是国家的关系，党是党的关系。②对中共态度公开表示理解。毛泽东在会见克立·巴莫时对此予以肯定，③并建议克立·巴莫同泰国共产党接触。70年代末，中国报刊已不再报道泰国共产党的活动。1978年11月，邓小平访问泰国期间再次指出，中共与东南亚国家共产党的关系"是历史形成的，既然是历史形成的，就不可能在一夜之间解决。我们同东盟各国首先是相互谅解，认为这样的问题不妨碍我们建立相互关系、发展相互关系。在这样的谅解下，我们实现了关系正常化，建立了外交关系"。④随着1979年7月"泰国人民之声"电台停播，以及泰国共产党活动减少、力量削弱，泰方对中国信任逐渐加强，在以后的领导人互访过程中几乎没有再提到这个问题。⑤

第二，与缅甸、泰国民族民主政党的交往——中共对东南亚民族民主政党交往实现新突破。受意识形态因素的影响，中共在很长一段时间里只与各国共产党或其他工人阶级政党交往，与发展中国家的民族民主政党很少往来。在毛泽东时代，中共与东南亚民族民主政党的交往仅限于与民族民主国家执政党特别是担任政府首脑的执政党领袖的交往，这种模式下的政党外交与政府外交高度重叠。这种情况延续了整个20世纪80年代。在邓小平时代，在与新加坡、马来西亚、菲律宾、印尼的政党交往中，这种执政党首脑外交在一定程度上使中共保持了与这些国家民族民主政党的接触。

中共与东南亚国家民族民主政党正式建立党际关系，则相对起步

---

① 谢益显主编：《中国外交史：中华人民共和国时期（1979—1994）》，郑州：河南人民出版社，1995年版，第185页。
② 同①，第488页。
③ 中共中央文献研究室编：《毛泽东年谱（1949—1976）》（第六卷），北京：中央文献出版社，2013年版，第594页。
④ 中共中央文献研究室编：《邓小平年谱（1975—1997）》（上），北京：中央文献出版社，2004年版，第422—423页。
⑤ 张锡镇：《中泰关系四十年》，载《东南亚研究》，1990年第2期。

较晚。究其原因，主要在于中国与东南亚国家复杂的关系。中联部部长朱良在《试析指导党的对外工作（1951—1993）战略思想的变化》一文中回忆："我们调整同东南亚国家共产党的关系经历了很长的复杂、细致的工作。我们采取的每一个步骤都受到有关国家的关注。""同东南亚民族主义政党的来往，按请示精神放在稍后进行。"①到了 20 世纪 80 年代中期，中共先后开始与缅甸、泰国的民族民主政党接触并建立联系，由此实现了对东南亚国家民族民主政党交往的突破。

中共与缅甸社会主义纲领党②的交往被视为中共对东南亚民族民主政党交往的突破口，但这一突破经历了复杂的过程。虽然缅甸在 20 世纪 50 年代初期即与中国建交，但因中共与缅甸共产党的关系问题，两国关系在"文革"期间严重恶化，缅甸断绝与中国的往来。到 20 世纪 70 年代中后期，缅甸从本国利益出发，坚持奉行和平、中立、独立与不结盟的外交政策。中国也排除"左"的思想对外交政策的干扰，主张在和平共处五项原则的基础上恢复与缅甸的睦邻友好关系。1978 年 1 月 26 日，邓小平应邀访问缅甸，这是中国在新的历史时期为修补与缅甸的关系作出的第一次重大努力。邓小平重申，要把政府与政府之间的关系同党与党之间的关系区别开来，奈温对此表示了关切。这次访问取得很大成功。

此外，奈温还曾向中国表示，希望缅甸社会主义纲领党同中共建立关系。他认为，并非一定要共产党才能搞社会主义。由于当时存在意识形态方面的争论，并且受到冷战思维的影响，奈温的要求未能如愿。截至 1980 年 10 月，奈温访华 11 次，都是以缅甸联邦革命委员会主席或总统的身份进行的。1981 年，奈温辞去总统职务，专任社会主

---

① 朱良：《对外工作回忆与思考》，北京：当代世界出版社，2012 年版，第 9—11 页。
② 缅甸社会主义纲领党创建于 1962 年 7 月 4 日。1963 年 9 月，该党发表《缅甸社会主义纲领党的特征》一文，阐明其既不同于社会民族党，又区别于共产党。1964 年 3 月，缅甸联邦委员会宣布取缔社会主义纲领党以外的一切政党，社会主义纲领党成为缅甸唯一合法政党。1988 年 9 月，社会主义纲领党紧急党代会通过举行多党制大选的决定，同年 9 月 24 日，社会主义纲领党改名为民族团结党。

第四章　党际关系调整中的中国对东南亚国家政党外交（1978—1991）

义纲领党主席。当时奈温感叹道，以后再也没有机会访问中国了。① 1985年5月，应中共中央顾问委员会主任邓小平的邀请，奈温以缅甸社会主义纲领党主席身份访华，并与邓小平、胡耀邦、彭真、邓颖超等会见。这是奈温第12次访华，标志着中共与缅甸社会主义纲领党正式建立了党际交流关系。其间，邓小平三次会见奈温。② 在邓小平时代，中缅关系一直平稳发展。缅甸副总理吴吞丁、总统兼国务委员会主席吴山友相继访华，邓小平、李先念相继访缅，两国高层互访频繁。1987年年底，缅甸国内发生持续动乱，并于1988年达到顶峰。9月18日，缅甸国家恢复法律和秩序委员会发动军事政变，夺取政权，缅甸受到以美国为首的西方国家的制裁。中国在处理缅甸问题上非常注意策略，并保持低调。1989年和1991年，缅甸国家恢复法律和秩序委员会副主席兼陆军总司令丹瑞和主席苏貌分别访华。苏貌访华是其首次出国访问，苏貌提出要共同抵御西方意识形态的侵蚀，考虑到当时缅甸国家恢复法律和秩序委员会的国际声誉正处于最为低迷的时候，这次访问的意义尤为特殊。

中泰两国于1975年建交，但在建交后的最初几年里，两国关系并未取得实质性进展。其中的原因，一是由于长期的相互隔绝致使双方还未建立起应有的互信。二是1976年10月，时任国防部长沙鄂·差罗如发动军事政变，由于政变集团宣布重新实行亲美政策，中泰两国关系再度停滞。直至1978年泰国新任总理江萨访华和邓小平副总理访泰后，两国关系重续合作与友好。越南侵略和占领柬埔寨后，在泰柬边界对泰国造成直接威胁，也为中泰团结和合作增添了新的动力，中泰关系由此进入两国友好关系史上的"最光辉的一页"。③ 从中泰建交到整个邓小平时代，江萨、炳、差猜、阿南作为政府总理分别于1978

---

① 陈乔之等：《冷战后东盟国家对华政策研究》，北京：中国社会科学出版社，2001年版，第328页。
② 蔡武主编：《中国共产党对外工作大事记（1949.10—1999.12）》，北京：当代世界出版社，2001年版，第527页。
③ 张锡镇：《中泰关系四十年》，载《东南亚研究》，1990年第2期。

年3月、1980年10月和1982年11月、1990年11月、1991年9月访华，中国领导人邓小平、李先念、李鹏、杨尚昆等在1978年至1991年间先后到泰国访问。这些双边、高层次、多领域的互访进一步增进了中泰两国的友谊，密切了中泰关系，两国经济和技术合作增长迅速，成为"不同社会制度国家之间友好合作的典范"。①

在中泰友好交往中，尤其引人注目的是中泰两国的政党交往。1986年11月4日至9日，应中国国际交流协会的邀请，泰国社会行动党副主席猜西里·伦干乍那锡率代表团访华。②中国国际交流协会于1981年成立，隶属中联部，主要目标之一是拓展中共对外交往空间和政党外交渠道，通过民间组织交往为党的对外交往铺路搭桥。1987年6月25日至7月10日，中国国际交流协会再次邀请泰国党③顾问委员会主席巴曼·阿滴列训率代表团访华。④1989年3月7日，中联部部长朱良出访印度途经曼谷时，分别会见泰国社会行动党主席西提和泰国党顾问委员会主席巴曼。⑤短短两年内，泰国政坛两大主要政党均应邀访华，中共与泰国民族民主政党的交往也由此实现了新的突破。

第四节 党际关系调整时期中国对东南亚国家政党外交的成效及不足

一、促进了国家关系的建立和发展

中共在十一届三中全会后明确提出，党的对外工作目标是促进国

---

① 《邓小平亲切会见差猜 宾主盛赞中泰情谊 对柬问题看法一致》，载《人民日报》，1989年10月27日，第1版。
② 蔡武主编：《中国共产党对外工作大事记（1949.10—1999.12）》，北京：当代世界出版社，2001年版，第575页。
③ 泰国党原称泰国民族党，成立于1974年，其创始人为巴曼·阿滴列训警察上将，80年代后期改称泰国党。为行文方便，下文统称"泰国党"。
④ 同②，第596页。
⑤ 同②，第652页。

第四章　党际关系调整中的中国对东南亚国家政党外交（1978—1991）

家关系发展，为中国的改革开放和社会主义现代化建设服务，为中国经济建设争取有利的外部环境，为反对霸权主义、维护世界和平作出贡献。但直至冷战结束、新中国成立40周年左右的时候，中国才与同为近邻的东盟十国全部建立了正式的外交关系，这既体现了这一时期中国外交的突出成就，也显示出中国发展与东南亚国家关系的艰辛与不易。其中，政党外交充分发挥了它的优势和作用。

首先，从中越、中老关系来看，20世纪70年代中期，随着中、美、苏三角战略关系的变动，中越关系迅速恶化，两国冲突波及政治、经济、外交、文化等多个层面，甚至一度兵戎相见。中越"同志加兄弟"关系一落千丈，中越两党关系也几乎完全中断，并且经历了长达十余年的绝缘期。到20世纪80年代后期，先是中老关系松动，此后中越党际关系也得到恢复。这其中既有中共与越共、老挝党过去数十年党际关系、国家关系的基础和友谊使然，更有发展国家关系的现实因素考量。越南面对内外交困的局面，采取积极主动的姿态，在对华政策上进行了重大调整。中越两党高层敏锐地捕捉信号并抓住机会，促成了1990年两党领袖的成都会晤及1991年两党两国关系的正常化，为此后20多年中越关系总体上的平稳发展打下基础。中共政党外交走在了政府外交的前列，促进了国家关系的恢复与发展。

其次，从中国与东南亚非社会主义国家关系来看，国与国关系的调整首先源于党际关系的调整，即中共在20世纪80年代大幅度地调整与东南亚国家共产党的关系，消除了中国与东南亚非社会主义国家关系中的最大障碍。虽然从历史上来看，包括领土边界问题、华人华侨问题、台湾问题等在内的多重因素影响和制约着中国与东南亚国家关系，但历史发展到20世纪80年代，中共与东南亚国家共产党的关系问题无疑成为最重要的因素。中共与东南亚国家共产党关系的调整过程是从不正常走向正常化的过程，这种调整是以改变以往的不正常状态的方式进行的，从而缓和了中共与民族民主政党的关系，加快了中共与民族民主政党发展关系的步伐，为双方的互信与谅解奠定了基础。在此基础上，才能发展制度化和规范化的合作，才有 20 世纪 90 年代及此后中国与东南亚国家关系的蓬勃与兴盛。①中国与印尼复交，与新加坡、文莱建交，无一不是这一因素推动的结果。中共对与东南亚国家共产党关系的调整，推动了中国与东南亚非社会主义国家外交关系的建立与发展。

最后，从中共与东南亚民族民主政党关系的发展来看，中国与东南亚多数国家虽然在毛泽东时代即已建交，但国家关系特别是政治关系发展缓慢，严格意义上的政党外交十分有限，更多的是与东南亚非社会主义国家执政党的接触与交往。这种接触与交往在一定程度上促进了与相关国家经贸关系的发展。

二、实现了中共政党外交着眼点的转变

自 1921 年成立后，中共即以领导中国新民主主义革命、实现中华民族伟大复兴为己任，因此至 1949 年新中国成立时，其身份一直是一个革命性政党。新中国成立后，中共成为执政党。但是，在与其他国家政党的党际关系方面，中共还是以革命党的思维方式去处理问题的。新中国成立前夕，斯大林对中国革命的建议也使中共在取得国家政权后长期延续了自身革命党的身份。这一建议以及中共在亚洲国际共产主义运动中所取得的实际地位，使中国迅速成为东南亚各国共产党集中活动和联络的中心，战争与革命的时代观以及意识形态在对外关系上占据主导地位。可以说，在整个毛泽东时代，中共一直以革命党的身份主导中国的内政外交工作。这种在对外关系上的革命党思维主要表现为党际关系高于国家关系。但是，作为执政党，不仅要关注党际关系，更要考虑现实的国家间关系。如果既要发展正常的国家间关系，又要坚持推进世界革命，那么难免陷入两难境地。

在这样的背景下，对中共自身而言，邓小平时代中共对东南亚国

---

① 李亚男：《中国与东南亚共产党关系的正常化及其影响》，载《攀登》，2014 年第 3 期。

家政党外交的最大成就是在国际共产主义运动转向低潮的情况下，完成了对与东南亚国家共产党的关系调整。这不仅是中共自身思维方式转变的关键一步，也是中国摆脱冷战意识形态斗争、致力于国家发展、为后冷战时代中国对外关系奠定基础的关键一步，客观上也为中国在20世纪80年代末90年代初东欧剧变、苏联解体的时代动荡和冲击中稳住阵脚创造了有利的条件。[1]中共调整与东南亚国家共产党的关系，实现了从兄弟党到新型党际关系的转变，表明中共自觉放弃了过去极"左"的思想和做法，这是中共自身建设迈出的重要一步。

三、明确了政党外交要以合法政党为交往对象

一般认为，政党外交主要指主权国家合法政党（包括政党国际组织）之间为促进国家关系、提高政党执政参政能力、树立政党形象而开展的国际交往活动，即政党外交的主客体应是主权国家的合法政党。这一定义实际上内含了中共党际关系四项原则中互不干涉内部事务的原则。因为处于被所在国政府视为"不合法"状态的政党不被其本国法律承认，事实上也不能公开参加政党政治活动。一个政党与被其所在国政府视为"不合法"状态的政党进行交往，往往被视为对他国主权和内政的干涉，这不仅违反国际法原则和中共党际关系四项原则，还可能损害本党本国的声誉以及与他国的关系。中共在意识形态主导下，很长一段时期视东南亚国家共产党为亚洲的革命力量，对其支持持续到20世纪80年代中期，之后在与东南亚国家发展国家关系的情况下，调整与东南亚国家共产党的关系。

但中共与东南亚国家共产党关系的调整是缓慢而复杂的。直至1981年8月，中共领导人在出访亚洲国家时仍表示，中共与这一地区共产党的关系属于政治上和道义上的。随着中国与马来西亚、菲律宾、泰国等国关系的正常化，中共逐步终止了与一些被所在国政府视为

---

[1] 李亚男：《中国与东南亚共产党关系的正常化及其影响》，载《攀登》，2014年第3期。

"不合法"状态的共产党的交往。中共对与东南亚国家共产党关系的调整跨越了整个20世纪80年代。这一调整消除了东南亚国家对中共的误解和疑虑,改善了中共自身的形象,也加快了与东南亚民族国家关系的巩固与发展,至20世纪90年代初,中国与东盟十国全部建立了正式外交关系,就是这一调整最为突出的成果。

中共与东南亚国家共产党关系的调整,解决了该地区国家长期以来敌视和怀疑中国在这一地区外交动机的根源性问题,极大地促进了中国与东南亚国家政府间关系和经贸合作的进一步扩大。[①]自20世纪80年代以来,中国与泰国、缅甸、菲律宾保持了良好的国家关系。1990年,印尼与中国复交,新加坡与中国建交。所有这些都与中国共产党的政策调整分不开。

中共与东南亚国家共产党关系的调整过程,也是中共深化对政党外交内涵的认识的过程。政党外交的执行者是一国的合法政党,不论是执政党、反对党还是在野党。任何政党的活动都是立足于国内政治舞台的,其本身只有合乎本国的法律要求,才能顺利地开展该党的各种活动。因此在政党外交中,必须坚持与合法政党展开交往,必须坚持互不干涉内部事务的原则。当然,对待被所在国政府视为"不合法"状态的政党,也需要慎重和灵活。[②]

四、党际关系调整时期中国对东南亚国家政党外交的不足

以党际关系四项原则为核心的中共政党外交思想的形成与发展,是邓小平时代中共政党外交理论建树最大的成就之一。在这一思想的指导下,中国对东南亚国家的政党外交,包括中越、中老以及中共与

[①] 李亚男:《中国与东南亚共产党关系的正常化及其影响》,载《攀登》,2014年第3期。
[②] 例如,在非洲,中共长期与南非的阿扎尼亚泛非主义者大会、纳米比亚的西南非洲人民组织、萨尔瓦多的革命民主阵线等被所在国政府视为"不合法"状态的民族民主政党或组织保持交往,支持其反种族歧视和专制独裁的正义斗争,这为中国在南非解除殖民统治后与其发展国家关系奠定了基础。参见余科杰:《关于政党外交的几点认识和思考》,载《当代世界与社会主义》,2011年第6期。

第四章　党际关系调整中的中国对东南亚国家政党外交（1978—1991）

其他东南亚国家共产党的党际关系都逐步实现正常化，这一大范围、大幅度的调整贯穿 20 世纪 80 年代。但是由于中国与东南亚国家关系的历史复杂性，这种调整的实践与理论之间存在一定的脱节，主要表现在：一是这一时期中共已经进入改革开放和现代化建设的历史新时期，既要加快发展与东南亚非社会主义国家之间的关系，又要平稳处理与这些国家的共产党的关系，不能在国际共产主义运动中引起大的波动（当时处于冷战后期），这就造成中共与东南亚国家共产党的关系的调整周期比较长。与之相关联，中共与东南亚国家民族民主政党关系的建立与发展也比较缓慢。二是由于中越、中老党际关系的中断，国家关系也长期处于隔阂状态。中越和中老党际关系的正常化直到 20 世纪 80 年代末 90 年代初才得以实现。这就促使我们思考：政党外交与政府外交到底是什么关系？当政府外交顺利开展的时候，政党外交很容易起到补充作用，做到"锦上添花"；当政府外交渠道不畅甚至完全断绝的时候，政党外交是否只能同时中断，还是可以另辟蹊径，以其他形式对政府外交渠道产生辅助作用，有特殊作为？

第五章 基于国家利益的中国对东南亚国家政党外交（1991—2012）

20世纪80年代末90年代初，东欧剧变、苏联解体和冷战结束，对国际局势和世界政党格局产生了深刻的影响。中共政党外交也和国家的总体外交一样，在经历了短暂的挫折和挑战之后，进入了一个从稳步发展到奋发作为的历史新时期。1997年，中共十五大明确了以促进国家关系的发展为中共发展新型的党际交流和合作关系的基本目标和任务取向。21世纪以来，中共进一步丰富了以和平与发展为主题的时代内涵，提出了建设和谐世界的新理念。这一时期，中国在对东南亚国家政党外交中坚持睦邻、安邻、富邻的周边外交基本方针，与东南亚国家所有执政党、多数参政党和主要在野党都建立和发展了良好的党际关系，促进了与各国国家关系的发展，维护了国家利益，促进了执政能力建设，也树立了良好的政党国际形象，使中国与东南亚国家的政党关系和政党外交机制化水平都达到了历史新高度。

第一节 中国对东南亚国家政党外交的时代背景及战略定位

一、立足于和平与发展时代观的中共政党外交思想新发展

和平与发展是20世纪80年代以邓小平为核心的党的第二代中央

第五章　基于国家利益的中国对东南亚国家政党外交（1991—2012）

领导集体对时代主题的新判断，是改革开放以来中共探索建设中国特色社会主义的新成果。在邓小平科学判断的基础上，1987年中共十三大进一步概括出"和平与发展是当代世界的主题"。然而，这一判断在20世纪80年代末90年代初遇到了短暂而严峻的挑战。这一时期发生的东欧剧变和苏联解体，对国际形势和世界政党格局产生了重大的影响。一方面，苏联和东欧社会主义国家的共产党纷纷失去执政地位，非洲、拉美地区出现多党制浪潮，苏东地区在短短几年内成立了上千个政党。在西欧和其他地区，非执政的共产党也受到前所未有的冲击，有的解散消亡，有的改旗易帜，国际共产主义运动遭受巨大挫折。另一方面，1989年北京政治风波引起西方敌对势力的仇视和部分民众的误解，西方国家一些中右翼政党出于意识形态上的偏见或以压促变的目的，推动西方国家联合制裁中国，利用中国的国内问题向中共施压，一些与中共保持良好关系的左翼政党也停止了与中共的交往，中共政党外交面临空前的压力。

1989年9月，邓小平提出，对于国际局势，要"冷静观察""稳住阵脚""沉着应付"，"朋友还要交，但心中要有数"。① 1990年3月，他在与中央负责同志谈话时指出："不管苏联怎么变化，我们都要同它在和平共处五项原则的基础上从容地发展关系，包括政治关系，不搞意识形态的争论。"②邓小平还及时提醒全党："千万不要当头，这是一个根本国策。"③他说："我们党在国际方面能否尽到自己应尽的责任，归根到底，首先决定于能否把我们国内的工作搞好。"④正是在邓小平"韬光养晦，有所作为"的战略方针指导下，中国共产党抓建设、谋发展，逐步打破了西方国家的封锁，中共关于和平与发展时代主题的判断也经受住了冷战结束后的考验。1993年1月，江泽民在中央军

---

① 邓小平：《邓小平文选》（第三卷），北京：人民出版社，1993年版，第320—321页。
② 同①，第353页。
③ 同①，第363页。
④ 邓小平：《邓小平文选》（第一卷），北京：人民出版社，1994年版，第297页。

委扩大会议上指出:"在今后一个较长的时间内,争取和平的国际环境,避免新的世界大战,是有可能的。""当前国际形势对我们有利的一面还是主要的。"①

进入21世纪,随着全球化的加速发展,多极化趋势日益明显,国际体系正进入关键的转型时期。这种转型与中国的发展同步进行,给中国外交带来两个方面的影响。一是随着国际体系转型向纵深发展,转型过程中特有的反复性、复杂性、脆弱性使导致体系动荡的不确定因素增多,尤其是可能与中国国内问题联动而产生叠加效应。二是改革开放以来,中国与外部世界和国际体系的互动不断深化,双向的影响日趋明显。②面对国际形势的新发展和中国外交面临的新挑战,中共坚持解放思想、实事求是,在用和平与发展的时代观指导中国外交实践的同时,不断丰富和发展其内涵和外延,不断实现认识上的飞跃。2005年4月,胡锦涛在雅加达亚非峰会上首次提出了"和谐世界"的构想。③和谐世界的提出坚持了邓小平关于和平与发展是时代主题的基本判断,标志着中共对时代主题内涵的认识有了新的飞跃,标志着中共对时代观的认识又向前迈进了一大步,对21世纪以来的中共政党外交思想产生了深远的影响。

以党际关系四项原则为核心的中共政党外交思想形成于20世纪80年代初,中共十二大首次对党际关系四项原则作出了完整的表述。但由于当时对于时代主题的认识正处于从战争与革命向和平与发展的转变当中,不可避免地留下了时代的烙印。这主要表现在党际关系四项原则的适用范围还相对有限,仅用来处理中共与各国共产党的关系。

---

① 江泽民:《江泽民文选》(第一卷),北京:人民出版社,2006年版,第278、281页。
② 杨洁勉等:《中国共产党和中国特色外交理论与实践》,上海:东方出版中心,2011年版,第49页。
③ 《与时俱进,继往开来,构筑亚非新型战略伙伴关系(胡锦涛主席在亚非峰会上的讲话)》,载《人民日报》,2005年4月23日。构建和谐世界的提法最早见诸2004年10月发表的《中俄联合声明》,文件指出,中俄"双方表示,愿同各国一道,为建立一个和平、发展、和谐的世界,实现公正合理的国际政治经济新秩序而不懈努力"。

此后，随着国内外形势的变化及认识的深入，到中共十三大时，党际关系四项原则已被视为处理同外国共产党和其他政党关系的准则。1992年召开的中共十四大报告指出："我们将继续按照独立自主、完全平等、互相尊重、互不干涉内部事务的原则，同各国政党建立和发展友好关系，本着求同存异的精神，增进相互了解和合作。"①这样，原来为党际关系四项原则设置的前提（在马克思主义基础上）被取消，代之以"求同存异的精神"。这说明，中共已经突破冷战思维，不再以意识形态定亲疏。求同存异的提出体现了中共尊重世界多样性发展的新思想，说明中共对政党外交的认识有了质的飞跃。2002年，中共十六大将政治组织列入中共政党外交对象，在重申坚持党际关系四项原则的同时，提出要"同各国各地区政党和政治组织发展交流和合作"，②这一表述及时反映了中共对外交往的新内容，进一步丰富和发展了新型党际关系理论。在邓小平、江泽民、胡锦涛以党际关系四项原则为核心的一系列政党外交思想指导下，中共紧紧把握后冷战时代国际国内形势的新特点，在政党外交中坚持统筹国际国内两个大局，推动构建和谐世界，主张尊重不同文明、不同社会制度、不同价值观念的多样性，坚持做好高层次交往、战略性沟通、预防性外交、前瞻性调研和基础性工作，基本形成了具有中国特色的全方位、多渠道、宽领域、深层次的政党外交格局。

二、中国对东南亚国家政党外交的战略定位

冷战结束后，世界格局由两极体制向多极化转化，国际关系发生重大分化与组合。面对1989年北京政治风波后西方经济封锁和外交孤

---

① 《加快改革开放和现代化建设步伐，夺取有中国特色社会主义事业的更大胜利》，载江泽民：《江泽民文选》（第一卷），北京：人民出版社，2006年版，第244页。
② 《全面建设小康社会，开创中国特色社会主义事业新局面》，载江泽民：《江泽民文选》（第三卷），北京：人民出版社，2006年版，第568页。

立，中共明确把开展睦邻外交作为当时外交工作的两大重点之一。①同时，借助国际秩序的转换时机，为中国发展创造更为有利的条件，也成为后冷战时代中共政党外交的重要目标。在此背景下，中国的周边外交向着更为积极的方向发展。1991年，江泽民在庆祝中国共产党成立70周年大会讲话中强调，要"继续坚持独立自主的和平外交政策，积极发展同一切国家的友好关系，特别是保持和发展同周边国家的睦邻关系"。②2002年，中共十六大确定中国总体外交布局为"大国是关键，周边是首要，发展中国家是基础，多边是重要舞台"，提出"加强睦邻友好，坚持与邻为善、以邻为伴，加强区域合作，把同周边国家的交流和合作推向新水平"的周边外交方针。2003年10月，温家宝在出席首届东盟商业与投资峰会时提出睦邻、安邻、富邻的外交理念。③2006年6月，胡锦涛在上合组织上海峰会上第一次提出和谐地区的理念。在和谐地区思想的指导下，中国同周边国家合作的机制化水平不断提高，一个和谐周边的多边机制网络正在形成。

后冷战时代以来，中国对东南亚国家政党外交的战略定位既源于对和平与发展时代观的新认识和对政党外交思想的新探索，也源于上述中共周边外交方针和政策。如果说1989年北京政治风波后，以美国为首的七国集团对中国实行制裁，迫使中国积极发展同周边国家的友好关系，以期打开突破口的话，那么后冷战时代以来，特别是21世纪以来，中共对东南亚国家各类型政党的全方位外交则是中共自主而积极的选择。中国对东南亚国家政党外交的战略定位可以表述为以下三个方面：

---

① 20世纪80年代末90年代初，为打破西方制裁、扭转不利局面，中共明确提出，当时的外交工作要加强两个重点：一是开展睦邻外交，稳定和积极发展同周边国家的关系，加强同第三世界国家的团结与合作；二是打破西方国家的制裁，恢复和稳定同西方发达国家的关系。参见王家瑞主编：《中国共产党对外交往90年》，北京：当代世界出版社，2013年版，第162页。

② 《在庆祝中国共产党成立七十周年大会上的讲话》，载中共中央文献研究室编：《十三大以来重要文献选编》（下），北京：人民出版社，1993年版，第1650—1651页。

③ 温家宝：《中国的发展与亚洲的振兴》，载《光明日报》，2003年10月8日。

第五章　基于国家利益的中国对东南亚国家政党外交（1991—2012）

第一，在对东南亚国家政党外交中坚持睦邻、安邻、富邻的周边外交基本方针。睦邻就是继承和发扬中华民族亲仁善邻、以和为贵的哲学思想，在与周边国家和睦相处的原则下，共筑本地区稳定、和谐的国家关系结构。东盟十国在社会制度、意识形态、经济发展水平和内外政策方面各不相同，历史上又与中国在边界问题、华人华侨问题等多个方面存在着恩恩怨怨，与这些国家建立政治互信、长期和睦相处是中共与之开展政党外交的首要任务。因此，中国在对东南亚国家政党外交中坚持超越意识形态，尊重各个国家在社会制度和发展道路方面的自主选择，同时坚持与东南亚国家的所有合法政党，不分大小、执政在野，一律一视同仁、平等往来。安邻就是积极维护本地区的和平与稳定，坚持通过对话合作增进互信，通过和平谈判解决分歧，为亚洲的发展营造和平安定的地区环境。这一时期，中国与东南亚国家存在的领土边界问题主要有与越南的陆地边界问题，中国、越南、菲律宾等国的南海海域划界以及海洋能源争端等问题。在政党外交中，中共坚持求同存异，在尊重历史和现实的基础上，着眼长远和大局，通过协商和谈判，妥善处理分歧和争端。在南海问题上，中共坚持"搁置争议，共同开发"，主要是为了不让分歧和争端影响党际、国家间关系。富邻就是加强与邻国的互利合作，深化区域和次区域合作，积极推进地区经济一体化，与亚洲各国实现共同发展。①自冷战结束以来，中共政党外交最显著的特点之一，就是在政党交往中注入经济的内容，通过经贸往来、互利互惠，实现政治互信，创建和平稳定的周边环境。为此，中共在政党外交中积极推动泛北部湾经济合作和大湄公河次区域经济合作，加快中国和东南亚地区的经济发展，以及整个东南亚地区的经济一体化进程，使双方形成一个利益共同体，从而深化中国与东盟全面合作的伙伴关系。

第二，在对东南亚国家政党外交中既重视传统的双边交往方式，

---

① 温家宝：《中国的发展与亚洲的振兴》，载《光明日报》，2003年10月8日。

又充分发挥多边交流平台的作用。其中特别注重开辟多边政党外交的新平台，开展与东盟国家政党的多边交流合作。东南亚地区多是中小国家，力量分散，东盟就是为取得对地区事务的主导作用、实施大国平衡战略而成立的。20世纪90年代末，东盟成员国范围已经从最初的五个国家扩大到整个东南亚，形成一个人口超过五亿、面积达450万平方公里的大东盟十国集团。冷战结束后，东南亚地区出现一系列国际关系的重大调整，使东盟国家处于前所未有的有利环境中，东盟迅速崛起，成为亚太地区一支引人注目的力量。东盟既是区域经济组织，也是一个有影响的区域政治组织。在地区主义高涨、区域合作增强、地区一体化加快的全球化背景下，中共积极推进与东南亚国家的多边政党外交。自中国与东盟1996年建立面向21世纪的全面对话伙伴关系、1997年建立面向21世纪的相互信任的睦邻伙伴关系以来，中共领导人积极参加历次中国-东盟领导人会议，通过多边对话增进政治互信，产生示范效应，深化中国与东盟在经济、政治、安全、非传统安全等领域的全方位合作。此外，中共还积极参与并支持亚洲政党国际会议等政党多边交流平台的发展，并通过举办多边对话会、邀请多党干部考察团访华等灵活方式，推动中国与东南亚国家合作关系进一步发展。

第三，在对东南亚国家政党外交中处理好国家利益和政党自身利益的关系，既要促进国家关系发展，又要加强政党建设、树立新形象、提升影响力。自冷战结束以来，中共对国家关系与党际关系，以及与之相伴的国家利益与政党利益的认知更为成熟和理性。从根本上讲，政党利益要服从和服务于一定时代的国家利益，政党利益本质上就是国家利益的一部分。在具体的政党外交实践中，追求国家利益和政党利益是一致的，两者并不矛盾。后冷战时代以来的政党政治发展也要求政党更加关注自身的建设和发展。因此，在政党外交中，中共特别注重与东南亚国家不同政党在治党治国方面的交流。其中，与东南亚社会主义国家执政党（越共和老挝党）交流时，中共立足社会制度和意识形态的共同点,在一般的治党治国经验交流基础上,强调加强对共产党执政规律、社会主义建设规律、人类社会发展规律的认识。对社会主义国家而言,这些交流与探讨自然属于国家核心利益的范畴。

第二节　中国共产党对东南亚社会主义国家共产党的政党外交

一、中越关系正常化及中越政党外交的恢复与重建

20世纪80年代末90年代初,中越关系在经过两国兵戎相见、两党相互敌视十余年后,于1991年11月实现正常化。但是从长期的紧张对峙到宽松缓和、消减压力,从联系交往中断已久到恢复传统的友好和信任,需要一个过程。在整个20世纪90年代,中越政党外交也经历了这样一个恢复与重建的过程。

(一) 1991年中越关系正常化

1991年6月召开的越共七大完成了越共党内最高权力的调整,越共长期坚持的亲苏、反华、侵柬的霸权主义对外政策实现了根本性的转变。越共七大政治报告主张,在和平共处五项原则基础上与所有国家进行平等互利的合作,宣布越南希望成为国际社会所有国家的朋友。在越苏关系问题上,越南放弃了过去"同苏联的团结和全面合作始终是我们党和国家对外政策的基石"的提法,在始终如一地加强同苏联的团结与合作的同时,强调要促进同中国关系正常化进程,逐步扩大越中合作,通过谈判解决两国间存在的问题。在与老挝和柬埔寨关系问题上,淡化了印支三国特殊关系的色彩,提出要发展越老、越柬之间"特别的团结友好关系"。[①]为推动越共高层的年轻化,阮文灵主动辞去总书记职务,转任越共中央顾问,以杜梅为总书记的改革力量进

---

① 郭明主编:《中越关系演变四十年》,南宁:广西人民出版社,1992年版,第217页。

入中央决策层,保障了越共革新政策和对外政策的延续性。越共七大之后,越南副外长、外长相继访华,就越南领导人访华问题进行磋商,并取得一致。此后,越南与国际社会一道,促使柬四方加快了政治解决柬埔寨问题的进程。1991年10月23日,18个国家的政府代表和柬埔寨全国最高委员会成员在巴黎签署《柬埔寨冲突全面政治解决协定》等四个文件,标志着柬埔寨长达13年的战争结束。柬埔寨问题的全面解决为中越关系正常化扫清了最大的也是最后的障碍。

为促进和加快实现中越关系正常化,继1990年成都会晤之后,中越两党又开启了一系列政党外交进程。1991年3月26日至4月4日,中共中央委员、云南省委书记普朝柱在应邀出席老挝党五大期间,与越共代表进行了接触。[①]1991年6月,杜梅当选越共中央总书记,中共中央总书记江泽民即致电祝贺。在中共成立70周年之际,越共中央发来贺电,"祝我们两党、两国的关系早日实现正常化,以利于越、中两国人民的根本和长远的利益"。[②]7月28日至8月2日,越共中央政治局委员黎德英、中央书记处书记兼中央对外部部长红河作为越共特别代表访华,转交杜梅致江泽民、李鹏和中共中央的信。中共、越共双方通报了各自国内情况,就改善和发展中越两党两国关系的具体事项交换意见。1991年10月,中联部副部长朱善卿率中联部代表团应邀访越,拜会越共中央顾问、前总书记阮文灵,与黎德英、红河会见。这是中越两党关系中断十余年后中方首个党的代表团访越,也是自1990年成都会晤以来的又一次政党外交互动,为两党和两国关系正常化进行了铺垫。

1991年11月5日至10日,新任越共中央总书记杜梅、部长会议主席武文杰率团应邀对中国进行正式友好访问,并与江泽民、李鹏、

[①] 蔡武主编:《中国共产党对外工作大事记(1949.10—1999.12)》,北京:当代世界出版社,2001年版,第715页。
[②] 《中国共产党对外工作概况》编委会编:《中国共产党对外工作概况(1992—1993)》,北京:当代世界出版社,1993年版,第215页。

第五章　基于国家利益的中国对东南亚国家政党外交（1991—2012）

杨尚昆举行会谈。越南两位党和国家领导人同时访问一个国家的情况是少有的，可见此次访问非同一般。江泽民在会谈中指出，两国人民有悠久的传统友谊，在长期的革命斗争中互相同情、互相支持，结下了深厚的友谊。在过去十几年里，两国关系出现了困难和曲折，这是我们不愿看到的。现在，阻碍中越两国关系正常化的关键问题已经解决，中越之间结束过去、实现关系正常化的条件已经成熟。关于今后中越关系的指导原则，江泽民指出，中越两国处于对抗状态是不正常的，但回到过去五六十年代的那种状况也不现实。今后，两国应在和平共处五项原则基础上发展睦邻友好关系。杜梅说，越中两国是近邻，两国人民有着悠久的传统友谊，两国关系正常化是历史的必然。[1]11月10日，中越发表联合公报，标志着两党和两国关系实现正常化。在处理两党关系原则问题上，联合公报强调，中越两党"将根据独立自主、完全平等、互相尊重、互不干涉内部事务的原则恢复正常关系"。[2]此次中越两党最高领导人的会晤是一次确定中越新型睦邻友好关系的历史性会晤，它既标志着中越两国关系的正常化，也标志着两党关系的恢复与重建。

（二）中越党际关系的恢复与重建

1991年至1998年，中越政党外交的重点是恢复中断已久的联系与交往，恢复友好与信任关系，化解矛盾纠纷，实现由两党传统友谊到新型关系、由重点接触到普遍发展、由相互了解到建立互信的历史转变。中越党际关系的恢复与发展，顺应了两国上千年友好交往的历史趋势，顺应了世界和平与发展的潮流，反映了两国人民和睦相处、发展友谊的迫切愿望，也顺应了中越两党近70年交往的友谊与感情，为中越建立新型党际关系和国家关系注入新的内涵。

---

[1]《中国共产党对外工作概况》编委会编：《中国共产党对外工作概况（1992—1993）》，北京：当代世界出版社，1993年版，第108页。

[2]《中越发表联合公报》，载《人民日报》，1991年11月11日，第1版。

1. 通过党际高层互访，恢复友好与信任关系

在整个20世纪90年代，中越两党几乎所有的高层领导都曾应邀到对方国家访问，中越领导人每年都要进行互访，推动双方政治、经济和其他方面关系的不断发展，见表5.1。

表5.1 1990—1999年中越高层互访情况

访问时间	访越的中方领导人	访华的越方领导人	访问成果
1990年9月3日—1990年9月4日	—	阮文灵（越共中央总书记），杜梅（部长会议主席），范文同（顾问）	签署会谈纪要，扫清了两党两国关系正常化的障碍
1991年11月5日—1991年11月10日	—	杜梅（越共中央总书记），武文杰（部长会议主席）	发表联合公报，两党两国关系实现正常化
1992年11月30日—1992年12月4日	李鹏（总理）	—	自1971年以来中国总理首次访越。发表联合公报
1993年11月9日—1993年11月15日	—	黎德英（国家主席）	自1955年以来越南国家主席首次访华
1994年11月19日—1994年11月22日	江泽民（中共中央总书记、国家主席）	—	中共最高领导人首次访越。自1963年以来中国国家主席首次访越。首次提出解决两国关系问题的"十六字方针"，即"明确方向、逐步推进、大局为重、友好协商"，并发表联合公报

第五章 基于国家利益的中国对东南亚国家政党外交（1991—2012）

续表

访问时间	访越的中方领导人	访华的越方领导人	访问成果
1995年11月26日—1995年12月2日	—	杜梅（越共中央总书记）	发表联合公报
1996年6月27日—1996年6月28日	李鹏（总理）	—	出席越共八大会议
1997年7月14日—1997年7月18日	—	杜梅（越共中央总书记）	—
1998年10月19日—1998年10月23日	—	潘文凯（总理）	—
1999年2月25日—1999年3月2日	—	黎可漂（越共中央总书记）	发表联合声明，提出"长期稳定、面向未来、睦邻友好、全面合作"的"十六字方针"
1999年12月1日—1999年12月4日	朱镕基（总理）	—	确认中越陆地边界问题全部解决

资料来源：作者根据新闻媒体报道整理。

中越两党高层密切互动，党际关系成为中越关系的"推进剂"与"压舱石"。其中尤为值得重视的是1994年江泽民访越和1999年黎可漂访华。中越关系实现正常化后，越南迫切需要打开外交局面、抵御西方压力，因此力邀江泽民总书记正式访越。从巩固和发展长期睦邻友好的周边环境大局出发，为全面恢复中越关系，江泽民于1994年11月访问越南。这是中共最高领导人首次访越，也是自1963年以来中国国家主席首次访越，是中越关系正常化以来两党最高领导人的第二次会晤。在访问中，中越双方着重就在世界社会主义运动处于低潮的形势下如何发展壮大社会主义问题交换了意见。此次访问，江泽民提出了以"明确方向、逐步推进、大局为重、友好协商"作为发展两国关系、解决历史遗留问题的"十六字方针"。1999年2月,黎可漂访华,中越两党总书记共同确立了"长期稳定、面向未来、睦邻友好、全面合作"的21世纪发展两国关系的"十六字方针"。两个"十六字方针"立足于增进两党政治互信,为21世纪的两党关系指明了方向,推动了中越两国关系的发展和深化,为21世纪中越睦邻友好、互利共赢和全面合作奠定了坚实的基础。

2. 通过党际高层互访,解决历史遗留问题和现实问题

中越关系正常化初期,两党和两国既有许多共同点,也存在一些遗留问题和分歧点。共同点是主要的,友好是大局,是主流,是中越友好关系得以迅速发展的基础。①但是由于两党和两国长达十多年的对立和对峙,因为遗留问题而产生一些摩擦也是难以避免的。对此,江泽民指出:"成熟一项做一项。"②"只要双方在和平共处五项原则基础上站得高、看得远,以大局为重,公平合理,互谅互让,友好协商,坦诚谈判,我们两党两国领导人又积极推动和引导,问题是可以得到妥善解决的。"③在妥善处理分歧、化解潜在矛盾,并使之向解决问题方向发展的过程中,中越两党高层互访发挥了特殊的、不可替代的作用,主要表现在以下三个方面:

一是关于1992年的南沙群岛主权之争。边界领土问题是历次两党会晤特别是高层会晤的重要议题。1992年2月,中国颁布《中华人民共和国领海及毗连区法》,重申在南沙群岛的主权地位,对此,越南部分官员和媒体重弹反华老调,越方还在相关区域组织军事演习,给中越关系蒙上阴影。在此背景下,李鹏总理于1992年11月底至12月初访越,在会谈中,两国领导人均认为中越友好是主流,是大局,两国间的共同点大于分歧,分歧不应妨碍两国在其他领域关系的正常发展。

---

① 郭明主编:《中越关系新时期》,北京:时事出版社,2007年版,第77页。
② 《中国共产党对外工作概况》编委会编:《中国共产党对外工作概况(1992—1993)》,北京:当代世界出版社,1993年版,第43页。
③ 《中国共产党对外工作概况》编委会编:《中国共产党对外工作概况(1996)》,北京:当代世界出版社,1996年版,第225页。

李鹏还在河内对所谓中国要填补美俄从东南亚撤退后的"真空"的谬论进行了反驳。1994年11月,江泽民总书记访越期间强调,中越两国完全应该和可以互相尊重、真诚相待、求同存异,共同发展老一代领导人缔造的友好关系。① 高层领导人的访问消除了越方疑虑、缩小了双方分歧,使两党和两国关系走出了可能倒退的阴影。

二是中国对1995年越南加入东盟的态度。1992年,越南在第二十五届东盟外长会议上正式签署《东南亚友好合作条约》,成为东盟观察员。1995年,在第二十八届东盟外长会上,越南正式成为东盟第七个成员国。由于冷战时期的东盟与越南分属意识形态、政治制度截然不同的区域集团,因此,在越南加入东盟问题上,国际舆论对中越之间存在的遗留问题的解决难度估计过高,而对中越两国真诚谋求睦邻友好和加强合作的愿望估计过低。对于越南发展同东盟的关系,中国一直持充分理解和欢迎的态度。就在越南正式加入东盟前,江泽民访问越南。此次访问发表的联合公报明确表达了中国对越南与东盟关系的态度,即"中方欢迎越南与东盟关系的新发展。双方表示愿为本地区的和平、安全、稳定与经济合作作出各自的努力"。②

三是中国在1997年亚洲金融危机中对越南的援助。1997年亚洲金融危机爆发后,中国以负责任的态度承诺人民币不贬值,并对包括越南在内的受金融危机影响严重的东盟国家进行援助,帮助它们渡过难关。中国除向越南提供一定数额的援助款项外,还给予越南无息或低息借款,帮助其改造、扩建和新建企业项目。1995年,也就是越南加入东盟后的第一年,中越两国贸易总额为6.91亿美元,到2000年,则增长至29.57亿美元,③超额完成两国总理于1998年提出的"2000年两国贸易额达到20亿美元"的目标。中国对越投资项目数量和投资

---

① 蔡武主编:《中国共产党对外工作大事记(1949.10—1999.12)》,北京:当代世界出版社,2001年,第822页。
② 《中越联合公报》,载《人民日报》,1994年11月22日,第1版。
③ 越南《中国研究》,2001年第6期,第38页。转引自郭明主编:《中越关系新时期》,北京:时事出版社,2007年版,第140页。

总额从1995年的33个项目、0.6亿美元增加到2001年的150个项目、2.126亿美元。①1999年2月黎可漂访华时指出,在亚洲金融危机的冲击下,中国仍然保持了经济的快速增长和人民币不贬值,为缓解这场危机作出了积极贡献,受到国际社会一致好评。在发表的中越联合声明中,越方对中国为缓解亚洲金融危机和稳定本地区经济作出的贡献给予高度评价。

总之,20世纪90年代中越政党外交的恢复与重建过程,也是中共探索全方位、多层次、宽领域政党外交的过程。毛泽东时代的中越政党外交基本可以概括为革命外交和援助外交,这一时期的中共政党外交与政府外交时有交织。邓小平时代中越政党外交与国家外交中断十余年。冷战结束后,真正意义上的中越政党外交才开始启动,全方位、多层次、宽领域的政党外交特色得到彰显。

二、睦邻友好合作新时期中越政党外交的新发展

从20世纪末21世纪初,和平与发展的国际形势,国际政治格局多极化发展,世界经济全球化、区域化趋势,中国与东盟各国友好关系的发展,为中越关系提供了良好的外部环境。中越两党和两国关系经过20世纪90年代的恢复和重建后,以越共中央总书记黎可漂1999年首次访华为标志,在世纪之交迎来了睦邻友好合作的新时期。中越两党总书记于1999年共同确立的、被越南人民称为"黄金般的16个字"的方针("长期稳定、面向未来、睦邻友好、全面合作")为21世纪以来的中越关系提供了明确的方向、内容和任务,成为21世纪发展两党两国关系的指导思想和总体框架。2002年2月,江泽民访问越南,对"十六字方针"的内涵作了阐释,认为"归结成一句话,发展中越关系,互相信任是基础,长期稳定是前提,睦邻友好是保障,全

---

① 阮明恒:《进入新世纪前的中越经济关系》,2002年8月。转引自郭明主编:《中越关系新时期》,北京:时事出版社,2007年版,第147页。

第五章 基于国家利益的中国对东南亚国家政党外交（1991—2012）

面合作是纽带，共同发展繁荣是目标"。①在"十六字方针"的指导下，中越政党外交在21世纪更富成熟和理性，更加制度化，内容和方式不断创新，一个全方位、多层次、宽领域的政党外交格局正在形成，两党和两国关系进入睦邻友好与全面合作新时期。

（一）中越政党外交的多层次性

中越政党外交的多层次性主要表现在两党高层往来、两党党务部门的对口交流以及基层党建交流等方面。其中，高层往来是巩固两党两国政治关系、把握中越关系基本走向与大局的关键。进入21世纪以来，中越两党两国领导人互访基本成为常态，见表5.2。

表5.2 2000—2012年中越高层互访情况

访问时间	访越中方领导人	访华越方领导人	访问成果
2000年9月25日—2000年9月28日	—	潘文凯（总理）	—
2000年12月25日—2000年12月29日	—	陈德良（国家主席）	发表中越关于新世纪全面合作的联合声明
2001年9月7日—2001年9月10日	李鹏（总理）	—	—
2001年11月30日—2001年12月4日	—	农德孟（越共中央总书记）	2001年4月当选后首次访华，发表联合声明
2002年2月27日—2002年3月1日	江泽民（中共中央总书记、国家主席）		

---

① 《好邻居好朋友好同志好伙伴——热烈祝贺江泽民总书记访越取得圆满成功》，载《人民日报》，2002年3月2日，第1版。

续表

访问时间	访越中方领导人	访华越方领导人	访问成果
2003年4月7日—2003年4月11日	—	农德孟（越共中央总书记）	工作访问
2004年5月20日—2004年5月24日	—	潘文凯（总理）	—
2004年10月6日—2004年10月9日	温家宝（总理）	—	发表联合公报
2005年7月18日—2005年7月22日	—	陈德良（国家主席）	发表联合公报
2005年10月31日—2005年11月2日	胡锦涛（中共中央总书记、国家主席）	—	中越建交55周年，发表联合声明
2006年8月22日—2006年8月26日	—	农德孟（越共中央总书记）	发表联合新闻公报
2006年11月15日—2006年11月17日	胡锦涛（中共中央总书记、国家主席）	—	发表联合声明
2007年5月15日—2007年5月18日	—	阮明哲（国家主席）	发表联合新闻公报
2008年5月30日—2008年6月2日	—	农德孟（越共中央总书记）	发表联合声明，确定建立全面战略合作伙伴关系
2008年8月7日—2008年8月9日	—	阮明哲（国家主席）	出席北京奥运会开幕式
2008年10月20日—2008年10月25日	—	阮晋勇（总理）	出席第七届亚欧首脑会议，发表联合声明
2009年4月17日—2009年4月21日	—	阮晋勇（总理）	出席博鳌亚洲论坛年会，访问广东省和香港、澳门特别行政区

续表

访问时间	访越中方领导人	访华越方领导人	访问成果
2009年10月15日—2009年10月17日	—	阮晋勇（总理）	出席第十届中国西部国际博览会，并顺访四川、重庆
2010年10月28日—2010年10月30日	温家宝（总理）	—	出席东亚领导人系列会议
2011年10月11日—2011年10月15日	—	阮富仲（越共中央总书记）	发表中越联合声明
2012年9月20日—2012年9月23日	—	阮晋勇（总理）	出席第九届中国-东盟博览会

资料来源：作者根据新闻媒体报道整理。

中共十六大、十七大和越共九大、十一大实现两党主要领导人新老交替后，中越两党仍保持了高层经常性互访。2001年11月底至12月初，越共中央新任总书记农德孟首次访华，中越双方重申坚持"十六字方针"，全面贯彻2000年12月中越联合声明提出的目标和任务。2002年2月，中共中央总书记江泽民再次访问越南，重申21世纪发展中越关系必须坚持"十六字方针"的指导思想，并对这一指导思想作了进一步阐述。2003年4月，在中共十六大召开、胡锦涛当选中共中央总书记后不久，越共中央总书记农德孟来华访问。2011年，阮富仲当选总书记不久即来华访问。两党总书记之间的互访对进一步增进了解、凝聚共识、增强政治互信产生了积极影响。21世纪初到2012年中共十八大召开之前，越共中央总书记五次访华，中共中央总书记三次访问越南。特别是在2005年，在越共建党75周年、中越建交55周年、越南建国60周年、越南国家统一30周年、胡志明诞辰115周年之际，在越南积极筹备召开越共十大的关键时候，胡锦涛以中国党和国家领导人的双重身份访问越南，并在越南国会发表题为《增进友好互信，促进共同发展》的演讲。越方打破礼宾惯例，给予胡锦涛超规格的接待。农德孟指出,胡锦涛总书记在越南国会的演讲和两党总书记共同接见中越青年代表,是越南接待外国元首历史上绝无仅有的。①

除两党主要领导人互访以外,中越两党政治局常委、政治局委员一级的交往也十分活跃。中越两党政党外交的多层次性还表现在两党党务部门和基层党建交流方面。这一层次的党际交流主要是落实两党高层达成的共识,交流对口工作。中越关系正常化以来,两党中央党务部门和基层省市代表团的交流活动非常活跃,成为中越政党外交中的重要组成部分。

(二) 全方位的中越政党外交

21世纪以来,越共中央各部门,如中央办公厅、中央组织部、中央思想文化部、中央内政部、中央宣教部、中央科教部、中央对外部、中央经济部、中央民运部、中央企业口党委、中央检查委员会、党的机关信息技术指导委员会、越南国家监察总署、胡志明国家政治学院、越南《人民报》、中央文艺理论批评委员会、胡志明故居博物馆、中央保健委员会、越南西北地区指导委员会等,先后多次派出代表团来华访问考察,中央各部门组织的其他团组还包括越共中央机关干部考察团、中央政法干部考察团、纪检监察干部考察团、越南社会科学代表团、越共文艺工作考察团,以及各类干部考察团等。中越政党交流还扩大到两党省市级地方党委。据不完全统计,越南河内市、胡志明市、巴地-头顿省、河江省、永福省、义安省、平阳省、清化省等省(市)委书记均曾率团来华考察交流。中共也组织各类代表团和考察团到越南访问,访问团组的数量达到中越建交以来的最高水平。

从中越两党互访团组的类别来看,中越政党外交的内容几乎覆盖了政治、经济、文化和社会建设的各个领域,交流内容具体涵盖两党的执政党理论建设、组织、宣传、思想文化工作、纪检监察和反腐败

---

① 杜艳华等:《中国共产党对外党际交流史鉴》,上海:上海人民出版社,2011年版,第288—290页。

斗争、外事、干部队伍，以及地方省市对口交流、省际经贸合作和实地考察活动等。中央各部门的交往主要是落实两党高层达成的共识，地方省（市）委书记代表团则主要是交流基层党的工作经验，侧重经济交往，以及在经济建设和改革开放中如何加强党的建设。中越两党之间全方位的党际交流与合作是进一步发展两国友好合作关系的基础和保证。这些交流与合作同高层互访结合在一起，加深了双方的理解，增强了双方的友谊和信任，为两国进一步发展睦邻友好及全面合作关系奠定了坚实的基础。

在中越两党全方位的政党外交中，理论交流与研讨独树一帜，成为21世纪以来两党政党外交的一大亮点。自2000年到2012年中共十八大召开之前，中越两党已连续举办八次中越两党理论研讨会、两届中越理论学术研讨会（2000年）、两届中越两党对外部内部理论研讨会（2004年）。越共代表还应邀出席中联部当代世界研究中心举办的"社会主义：现实与发展"国际研讨会（2001年）。越共专家学者出席了马克思主义理论研究和建设工程研讨会（2004年）。特别是中越两党理论研讨会，历次会议两党都安排中央政治局委员及以上领导人出席并作主旨报告，两党理论界围绕两国社会主义建设理论与实践的特定主题进行深入探讨，交流理论研究成果和实践经验，如"社会主义与市场经济""执政党的建设""在社会主义经济社会建设中科学、和谐发展的理论与实践""关于农业、农村和农民问题的理论与实践——中国的经验、越南的经验""应对国际金融危机的理论与实践""在对外开放和市场经济条件下推进文化建设""新形势下做好群众工作的经验"等，见表5.3。两党理论交流机制的建立不仅深化了各自对国家经济建设规律、社会主义建设规律以及执政党建设规律的认识，也促进了两党和两国人民之间的了解、友谊与合作，促进了双边关系健康稳定发展。

表 5.3 2003—2012 年中越两党历次理论研讨会一览表

次数	时间地点	主题	出席领导
1	2003 年 10 月 8 日 中国北京	社会主义与市场经济	中共中央政治局委员、中央书记处书记、中宣部部长刘云山和越共中央政治局委员、中央理论委员会主席阮富仲出席开幕式,并作主旨报告
2	2004 年 2 月 16 日 越南河内	执政党的建设	中共中央政治局委员、中央书记处书记、中组部部长贺国强和越共中央政治局委员、中央理论委员会主席阮富仲出席开幕式,并作主旨报告
3	2007 年 7 月 28 日 中国贵阳	在社会主义经济社会建设中科学、和谐发展的理论与实践	中共中央政治局委员、中央书记处书记、中宣部部长刘云山和越共中央书记处书记、中央宣教部部长、中央理论委员会主席苏辉若出席开幕式,并作主旨报告
4	2008 年 10 月 31 日 越南芽庄	关于农业、农村和农民问题的理论与实践——中国的经验、越南的经验	时任中共中央政治局常委、中央政法委书记,越共中央政治局委员、中央书记处常务书记张晋创出席开幕式并致辞。中共中央宣传部副部长翟卫华,越共中央书记处书记、中央宣教部部长、中央理论委员会主席苏辉若作主旨报告
5	2009 年 12 月 12 日 中国厦门	应对国际金融危机的理论与实践	中共中央政治局委员、中央书记处书记、中宣部部长刘云山和越共中央政治局委员、中央书记处书记、中央宣教部部长、中央理论委员会主席苏辉若出席开幕式,并作主旨报告

续表

次数	时间地点	主题	出席领导
6	2010年9月8日 越南岘港	在对外开放和市场经济条件下推进文化建设	中共中央政治局委员、中央书记处书记、中宣部部长刘云山和越共中央政治局委员、中央书记处书记、中央宣教部部长、中央理论委员会主席苏辉若出席开幕式,并作主旨报告
7	2011年11月28日 中国常州	新形势下做好群众工作的经验	中共中央政治局委员、中央书记处书记、中宣部部长刘云山和越共中央政治局委员、中央书记处书记、中央宣教部部长、中央理论委员会主席丁世兄出席开幕式,并作主旨报告
8	2012年6月7日 越南下龙	中国经济发展方式的转变和越南经济增长模式的革新	中共中央政治局委员、中央书记处书记、中宣部部长刘云山和越共中央政治局委员、中央书记处书记、中央宣教部部长、中央理论委员会主席丁世兄出席开幕式,并作主旨报告

资料来源:作者根据新闻媒体报道整理。

三、中共对老挝政党外交的新发展

自1975年老挝建国以来,苏联一直是其主要援助国。因此,在冷战时期,老挝在政治、经济、军事上对苏联具有较强的依赖性。从1990年开始,苏联对老挝的援助大量减少。1991年苏联解体,打破了老挝的"东方战略"①,促使老挝对与苏联的全面合作和依附关系进行

---

① 20世纪80年代初,老挝制定了"东方战略",希望以"社会主义的东方前哨"的地位加入以苏联为首的"社会主义大家庭",把发展同苏联的"全面合作"和同越南的"特殊关系"作为"战略原则"和"外交基石",最终确立了亲越靠苏反华的政策。参见张蕴岭主编:《中国与周边国家:构建新型伙伴关系》,北京:社会科学文献出版社,2008年版,第226页。

重新审视。

由于老挝与越南在反殖反帝的共同战斗中建立了特殊的关系，这种关系影响了老挝对中国的外交政策。1989年，凯山向邓小平表示，过去十多年来老挝同中国的关系处于不正常状态，是受了"外部的影响"。① 20世纪80年代中期，由于越南入侵柬埔寨，在内政外交上陷入困境，加上中国对老挝过去偏激的对华政策一贯采取的谅解和克制态度，为老挝发展与中国的关系提供了契机。

东欧剧变、苏联解体后，中国不仅没有像西方社会所希望的那样发生"和平演变"，反而以前所未有的速度蓬勃发展。而同一时期，同为社会主义国家的老挝，无论是在政治上还是在经济上，都面临巨大的发展困境和压力。因此，中国的改革开放成就使处在迷茫和困惑中的老挝看到了希望。老挝领导人认为，"共产主义运动的中心已经转移到亚洲"，"希望中国成为国际共运的带头人"。②这些促进了中共与老挝党以及中老两国关系的发展。

1989年，中老两党关系正常化后，两党两国高层互访频繁，双方在多个领域的合作不断深化。1992年，老挝党总书记、国家主席凯山访华，老挝媒体评价这次访问是"老中两党、两国和两国人民合作关系进入全面深化发展新时期的历史性标志"。③ 此后，老挝党中央主席坎代·西潘敦、总书记朱马里曾多次公开或内部访华，中共中央总书记、国家主席江泽民、胡锦涛也分别于2000年11月和2006年11月访问老挝。江泽民对老挝的国事访问是中国国家元首首次访问老挝。在访问中，中老两党主要领导人多次强调，要坚持经常性的会晤机制，并就共同关心的问题交换意见，加强对双边关系发展的指导，从而加深彼此的了解和信任。在两党高层推动下，中老两党加强政党交流、

---

① 李家忠:《中越领导人成都秘密会晤内幕——中越关系实现正常化的前奏曲》,载《党史纵横》,2006年第1期。

② 陈乔之等:《冷战后东盟国家对华政策研究》,北京:中国社会科学出版社,2001年版,第362页。

③ 北京外国语大学亚非语系编:《亚非动态与研究》,2006年7月刊,第29页。

扩大党政干部培训合作、相互学习借鉴治党治国经验,两党中央部门、省市之间的定期友好交往日益密切,多层次交流成效突出。

老挝党十分重视学习、研究邓小平理论、"三个代表"重要思想和科学发展观等中共理论成果,愿意借鉴中国改革开放、治党治国和防范西方"和平演变"的经验。为此,老挝党主动向中共提出派干部赴华考察培训,并邀请中方专家赴老讲学。中共充分发挥政党外交优势,按照两党高层达成的共识,以治党治国经验交流和干部考察学习为重点,先后应邀派出由中央文献研究室、中央政策研究室、中央党史研究室等部门领导人任团长的中共专家组赴老挝讲学。中共中央有关部门多次组团赴老挝交流考察,中共多个省市党委书记率团赴老,推动了地方党委的工作交流与合作。老挝党中央党务部门以及地方省市党委也多次派出代表团来华进行理论和实践的对口交流和考察。比如,1998年8月,以老挝党中央委员、万象省委书记门高·奥拉木为团长的老挝省委书记代表团访华,并到贵州参观考察经济技术开发区和贵州农村,出席昆明商品交易会开幕式,与云南省公安厅就打击社会丑恶现象等问题进行座谈。①老挝党还与中共中央党校(国家行政学院)合作,选送老挝中高级党政干部分期分批到中共中央党校(国家行政学院)学习。老挝党机关报《人民报》与中国《云南日报》开展新闻宣传合作,向老挝人民宣传中国改革开放以来取得的巨大成就以及中国改革开放中奉行的方针政策。《人民报》和《云南日报》还达成定期互访计划,以及为老挝《人民报》定期培训专业人才的协议。2010年10月,中老两党在万象首次举办了题为"社会主义现代化建设中的重大理论和实践问题"的理论研讨会,进一步丰富了两党治党治国经验交流的内容和形式,加深了双方的了解、信任和友谊。老挝党称,治党治国经验交流"是中国党对老挝党最大的支持和帮助","是两党

---

① 《中国共产党对外工作概况》编委会编:《中国共产党对外工作概况(1999)》,北京:当代世界出版社,2000年版,第93—94页。

关系中最重要、最富有成效和最具战略性的合作"。① 随着两党交流的深入和扩大，老挝对中国的信任不断增加，视中国为"战略朋友和依托"，中老关系提升到历史的最好水平。

第三节　中共对东南亚国家民族民主政党外交

一、中共对东南亚国家民族民主政党外交的全面建立与发展

据 2006 年统计，中国共产党已与东南亚国家所有执政党、多数参政党和主要在野党建立了党际关系。②虽然中共与东南亚国家民族民主政党建立党际关系晚于其他地区，但基础扎实，发展顺利，并取得丰硕成果。

（一）1994—2004 年：党际关系发展的"历史性十年"

马来西亚国民阵线（由以巫统为主的 14 个政党组成）是东南亚国家中第一个与中共建立和发展党际关系的执政党。自 1994 年中共与马来西亚国民阵线正式建立党际关系至 2004 年第三届亚洲政党国际会议在北京召开，中共与东南亚国家主要民族民主政党均建立了正式的党际交流关系，在中共政党外交史上，如此全方位、高频率的政党交往，堪称中共与东南亚各国政党党际关系发展的"历史性十年"。中共与东南亚国家主要民族民主政党的党际关系如表 5.4 所示。

---

① 王家瑞主编：《中国共产党对外交往 90 年》，北京：当代世界出版社，2013 年版，第 214 页。

② 东盟十国的政党以及东帝汶共和国登记注册的政党共有 250 多个，其中执政党和参政党不到 30 个（执政的马来西亚国民阵线由 14 个政党组成）。参见姜述贤：《中国共产党与东南亚各国政党的新型党际关系》，载李慎明主编：《2006 年：世界社会主义跟踪研究报告》，北京：社会科学文献出版社，2007 年版。

表5.4 中共与东南亚国家主要民族民主政党的交往情况

国别	政党名称	建立党际关系的时间	备注
马来西亚	国民阵线	1994年	最早与中共建立党际关系的东南亚国家执政党
马来西亚	华人公会	2003年	首次单独组团访华
马来西亚	印度人国大党	2004年	首次单独组团访华,并出席第三届亚洲政党国际会议
马来西亚	民政党	2004年	来华出席第三届亚洲政党国际会议
马来西亚	沙捞越人民联合党	2007年	——
马来西亚	巫统	1994年	——
柬埔寨	奉辛比克党	1995年	——
柬埔寨	人民党	1995年	——
新加坡	人民行动党	1997年	——
泰国	泰国党	1997年	首次组团访华
泰国	民主党	1998年	——
泰国	泰爱泰党	2000年	——
泰国	国家发展党	2003年	首次组团访华
泰国	人民力量党	2008年	——
泰国	为泰党	2012年	2007年成立,前身为泰爱泰党和人民力量党
印尼	专业集团①	1996年	中共代表应邀出席党庆活动
印尼	民主斗争党	2000年	——
印尼	建设团结党	2000年	属伊斯兰党派
印尼	国民使命党	2000年	属伊斯兰党派
印尼	新月星党	2000年	属伊斯兰党派
印尼	信徒主权党	2000年	属伊斯兰党派

续表

国别	政党名称	建立党际关系的时间	备注
印尼	正义党	2000 年	属伊斯兰党派
印尼	民族觉醒党	2004 年	来华出席第三届亚洲政党国际会议
印尼	民主党	2005 年	—
菲律宾	菲律宾力量-全国基督教民主联盟	2001 年	由前总统拉莫斯于 1991 年年底创立,由人民力量党、全国基督教民主联盟、菲律宾穆斯林民主联盟、团结党等整合而成。2002 年后,称为基督教穆斯林民主力量党,系菲律宾主要政党
菲律宾	民族主义人民联盟	2003 年	首次组团访华
菲律宾	自由党	2004 年	—
菲律宾	国家力量党	2004 年	来华出席第三届亚洲政党国际会议
菲律宾	国民党	2004 年	首次访华,并出席第三届亚洲政党国际会议
菲律宾	民主战斗党	2004 年	来华出席第三届亚洲政党国际会议
缅甸	联邦巩固与发展协会	2004 年	来华出席第三届亚洲政党国际会议,2010 年注册成为正式政党,执政后于 2011 年首次组团访华

资料来源:作者根据《中国共产党对外工作概况(1992—2013)》和《中国共产党对外工作大事记(1949.10—1999.12)》整理。

①1999 年 3 月前,称"专业集团",此后称"专业集团党"。

中共与东南亚国家政党党际关系建立的基础,首先缘于后冷战时代以来中国与东南亚各国国家关系的发展。自 1991 年 9 月中国与文莱

第五章 基于国家利益的中国对东南亚国家政党外交（1991—2012）

正式建交，中国与东南亚所有国家都建立了正式的外交关系。东南亚国家中，有的与中国存在意识形态上的差异，有的存在领土或领海纠纷，有的长期受困于历史遗留问题，有的对中国长期存有"疑华""恐华"甚至"反华"情绪。随着国内和国际形势的发展变化，随着改革开放的深入发展和中国综合国力的不断增强，中国和东南亚国家之间的共同利益日渐增多。中国与东南亚各国根据和平共处五项原则，坚持从友好合作的大局出发，互相尊重，互相谅解，互相信任，国家之间的分歧逐步缩小，关系得到缓和，各领域合作迅速发展，为中共与东南亚国家政党党际关系的建立和发展创造了良好条件。在建立正式的党际关系之前，中共先是通过各种方式进行接触，交换看法，消除疑虑，增加了解，为建立党际关系奠定了较为坚实的基础。其次缘于东南亚各国政党政治的发展。除缅甸、文莱外，东南亚国家政党政治的较大发展，为中共开展政党外交创造了条件。最后缘于中共对外工作的指导思想和原则的调整。20世纪80年代以后，中共大幅度调整与东南亚国家共产党的关系，妥善解决了历史遗留问题，与周边国家各类政党建立和发展党际关系成为中共对外工作的重点，这些都加快了中共对东南亚民族民主政党外交的全面开展。

20世纪90年代，中共对东南亚民族民主政党外交主要集中在马来西亚、柬埔寨、印尼、新加坡和泰国等五个国家，特别是与这些国家执政党的交往，对全面打开对东南亚国家政党外交工作局面产生了重要影响。例如，中共与巫统的首次正式接触是在1992年4月。时任中联部副部长蒋光化率中共友好代表团在出访孟加拉国途中顺访马来西亚，并会见巫统领导人。在该党主席马哈蒂尔总理的直接过问下，巫统安排署理主席、副总理，巫统副主席、财政部长、秘书长、新闻部长，巫统副主席、外交部长等主要党政领导人分别会见代表团，并就建立和发展两党关系达成谅解。[①]

[①]《中国共产党对外工作概况》编委会编：《中国共产党对外工作概况(1992—1993)》，北京：当代世界出版社，1993年版，第303—304页。

1994年9月，马来西亚国民阵线秘书长、政府新闻部长拉赫马特率国民阵线代表团访华，其主要成员来自马华公会、民政党、印度人国大党、人民进步党、沙捞越人民联合党、沙捞越土著统一保守党、沙巴人民正义阵线、沙巴自由民主党、沙巴进步党等。马来西亚国民阵线成为东南亚国家第一个与中共建立和发展关系的执政党。1996年3月，中共中央候补委员、中联部部长李淑铮率中共友好代表团访马。这是中共与马来西亚国民阵线建立正式关系后第一次组团访马。马哈蒂尔在会见代表团时说："马来西亚的国民阵线和中国共产党虽然意识形态不同，但具有许多共同的东西。我们都要领导本国人民实现长远的发展目标和规划，完全可以携手合作。两党可以相互交流经验，弥补自己的不足。"①访问期间，李淑铮还会见了马来西亚国民阵线主要成员党马华公会、印度人国大党、民政党等的十余位党的领导人和政府部长。此后，中马政党代表团互访频繁，其中，马华公会、印度人国大党分别于2003年和2004年单独组团访华，两国执政党的交往对促进两国关系的全面发展产生了积极影响。2004年，马来西亚民政党、印度人国大党、巫统、马华公会派出代表团出席了在北京举行的第三届亚洲政党国际会议。2007年，马来西亚沙捞越人民联合党代表团访华。至此，中共与马来西亚国民阵线内的多个政党都建立了联系。

越南从柬埔寨撤军后，中共顺应局势变化，逐步建立和发展了与柬埔寨人民党、奉辛比克党的党际关系。1995年3月25日，中联部部长李淑铮会见途经北京前往朝鲜访问的奉辛比克党秘书长诺罗敦·西里武亲王。4月18日，中共决定与奉辛比克党正式建立关系。② 1995年10月29日至11月6日，中联部考察组对柬埔寨王国进行工作访问期间，与柬埔寨人民党进行了首次接触。1996年2月和6月，柬埔寨

---

① 《中国共产党对外工作概况》编委会编：《中国共产党对外工作概况(1997)》，北京：当代世界出版社，1997年版，第223页。

② 蔡武主编：《中国共产党对外工作大事记(1949.10—1999.12)》，北京：当代世界出版社，2001年版，第828页。

第五章 基于国家利益的中国对东南亚国家政党外交（1991—2012）

人民党和奉辛比克党分别派团访华。

中共与印尼专业集团的接触始于其党庆活动。1996 年 10 月，中共代表、中联部部长李淑铮应邀出席专业集团 32 周年党庆活动，并递交中共中央贺词。此次访问成为两党进行交往的开端。① 1999 年 10 月，中联部考察组访问印尼，分别拜会国家使命党总主席、人民协商会议主席阿敏·赖斯，民主斗争党总主席梅加瓦蒂，专业集团党总主席、国会议长阿克巴尔·丹戎，伊斯兰教师联合会总主席、民族觉醒党精神领袖瓦希德，建设团结党总主席、副议长哈兹，新月星党总主席尤斯里尔，正义团结党总主席、前国防部长埃迪，大同党总主席吴能彬等。考察组向印尼主要政党的领导人介绍了中共的对外工作方针、原则和情况，这些领导人均表示愿与中共开展交往与合作。②

中国与新加坡先建立国家关系，后建立党际关系。两党正式建立联系是在 1997 年新加坡人民行动党的访华之行期间。实际上，自 1990 年 10 月中国与新加坡建立外交关系后，党与党之间就开始接触。1992 年，中联部领导出访途经新加坡时，拜会了人民行动党负责人黄根成。③ 1992 年和 1994 年，新加坡政府有关部门两次邀请中共代表团访问，④进一步增进了相互了解。1997 年 11 月，应中国国际交流协会邀请，新加坡人民行动党第二助理秘书兼内政部长黄根成率新加坡人民行动党代表团访华，成为两党交流的第一个正式代表团。

---

① 《中国共产党对外工作概况》编委会编：《中国共产党对外工作概况（1997）》，北京：当代世界出版社，1997 年版，第 255—256 页。
② 《中国共产党对外工作概况》编委会编：《中国共产党对外工作概况（2000）》，北京：当代世界出版社，2001 年版，第 273—274 页。
③ 蔡武主编：《中国共产党对外工作大事记（1949.10—1999.12）》，北京：当代世界出版社，2001 年版，第 741—742 页。
④ 第一次是应新加坡政府金融管理局邀请，以中共中央候补委员、上海市委书记吴邦国为团长、中联部副部长蒋光化为副团长的中共代表团，于 1992 年 9 月访问新加坡。代表团拜会新人民党秘书长、政府资政李光耀，与该党组织秘书座谈，了解新党组织活动情况，也沟通了中共对外交往发展的情况。参见《中国共产党对外工作概况》编委会编：《中国共产党对外工作概况（1992—1993）》，北京：当代世界出版社，1993 年版，第 326—327 页。第二次是应新加坡政府邀请，中共中央政治局候补委员温家宝率中共代表团，于 1994 年 1 月访问新加坡。参见同③，第 797 页。

泰国的政党政治生态比较复杂。泰国民主党（1946年成立）、泰国党（1974年成立）、新希望党（1990年成立）都曾先后执政。早在1987年6月至7月，泰国党顾问委员会主席巴曼·阿滴列汕就曾率团访华。该党成为后冷战时代第一个与中共交往的泰国政党。中共与泰国民主党建立党际关系是在1998年，中共以中联部名义致函祝贺泰国民主党成立53周年和党代会，中联部副部长马文普在出访途经曼谷时拜会泰国民主党中央执委、外交部长素林·披素旺，就两党关系问题交换意见。通过上述交往，两党建立了正式的关系。

进入21世纪，中共对东南亚国家民族民主政党外交全面展开，与各国重要政党都建立了党际关系。2000年5月，印尼民主斗争党（正式名称为"印尼民主党斗争派"，由原印尼民主党分裂出来的人士于1998年7月成立）前总书记阿勒詹德尔·里戴率团访华，成为印尼与中国复交后第一个访华的政党代表团。同年5月，专业集团党总书记图斯万迪率该党代表团首次访华。年内，五个伊斯兰党派（建设团结党、国民使命党、新月星党、信徒主权党和正义党）分别组团访华，这是五个党派领导人首次应中共邀请组团访华，并与中共正式建立关系。同年，中联部部长戴秉国率中共代表团访问印尼，这是30年来中共代表团首次访问印尼。戴秉国率领的代表团还应执政的泰国民主党邀请正式访问泰国。之后，泰国泰爱泰党代表团访华，与中共建立关系。泰爱泰党执政后，两党关系发展迅速，党际关系一直延续至其后继者人民力量党和为泰党。6月，菲律宾力量-全国基督教民主联盟执行主席德贝内西亚应中共邀请访华，打开了中菲政党交往的局面。此后，中共陆续与泰国国家发展党、印尼民主党、菲律宾民族主义人民联盟、自由党等建立了党际关系，并于2004年在北京主办第三届亚洲政党国际会议，掀起中国对东南亚国家政党外交的新高潮。马来西亚民政党，印尼民族觉醒党，菲律宾国家力量党、国民党、民主战斗党，缅甸联邦巩固与发展协会等六个政党都是在出席此次会议时首次组团访华。

第五章 基于国家利益的中国对东南亚国家政党外交（1991—2012）

(二) 中共对东南亚民族民主政党外交的全面发展

1. 中共与马来西亚、新加坡政党的交往

马来西亚和新加坡基本实行执政党"一党独大"的多党制，巫统和人民行动党分别在马来西亚和新加坡长期执政。因此，加强与两党的交往，对促进中马、中新国家关系的发展具有直接意义。

中马关系建立在相互尊重、相互信任和长期友谊的基础之上。自1974年建交以来，两国领导人多次互访，良好的国家关系促进了两个执政党之间党际关系的发展。特别是自2004年两国确立战略性合作关系、2010年两党签署交流合作备忘录以来，中马两国和两党关系呈现出新的发展势头。巫统是马来西亚历史最悠久的政党，在国家的政治生活中发挥着重要作用。巫统领导人多次表示，十分重视与中共的友好关系，愿意加强两党各层次的交往，不断提高交流合作水平，促进马中战略性合作关系深入发展。1991年以来，中共应巫统、马华公会、民政党的邀请多次派出中共代表团、干部考察团、青年干部代表团等赴马交流考察。巫统、马华公会等也多次组团来华考察。巫统秘书长阿德南表示："巫统与中共的良好党际关系是马中关系的重要组成部分，对增进两国和两国人民友好发挥了积极作用。巫统希望与中共建立机制化交往，有更多机会学习中共在巩固执政地位、维护民族团结和发展经济方面的宝贵经验。"①

新加坡的经济发展水平和国民素质具有一定的竞争优势，新加坡人民行动党在人才选拔培养、构建和谐社会等方面积累了丰富的经验，中新两党也都面临着长期执政过程中产生的新问题、新挑战，因此两党迫切希望建立战略对话机制，加强治国理政经验交流。进入21世纪，新加坡人民行动党代表团多次来华考察。例如，2000年5月新加坡人民行动党的中国之行就是从访问延安开始的。人民行动党中央执

---

① 《中国共产党对外工作概况》编委会编：《中国共产党对外工作概况（2011）》，北京：当代世界出版社，2012年版，第58页。

委林文兴认为，这样可以"使代表团有机会了解到中国共产党当年如何在极其艰苦的条件下为中国人民的解放事业而奋斗"。①2010 年 8 月，人民行动党代表团访问江苏，了解中共组织建设和基层组织建设的基本情况，考察农村、新社会组织和社区基层党建情况，并且观摩了常州市武进区湖塘镇东华村村委会的选举。中共在政党交往中则重点考察了解新加坡在精神文明建设、反腐倡廉等方面，特别是公民道德教育、城市管理、社会秩序、社区建设和文化生活等方面的做法和经验，并专门组团赴新加坡考察人力资源开发、人才培养和干部管理工作，多次观摩人民行动党国会议员在其选区会见、联系普通选民的情况。在政党外交中，中新两党注重探索执政党建设规律，开展治国理政经验交流，其中社会管理交流成为重要内容。2005 年 7 月，中联部组团出席马来西亚巫统党代会并顺访新加坡、泰国时，就把对和谐社会的考察列为代表团的任务之一。2012 年 9 月，中新联合举办"2012 中新社会管理高层论坛"。两党就如何提高社会管理水平、完善社会管理机制进行交流合作，并直接承担或推动完成了多项务实合作项目，充实和扩展了两党合作的内涵。据统计，21 世纪初至 2012 年，中共访新加坡团组达到 15 次。由于中新两国文化相通，更能够相互理解、尊重对方的发展道路、利益关切和民众心理，因此，中新两党的政党外交推动了区域合作发展，对促进亚洲团结和谐、维护东南亚地区的稳定与繁荣具有重要意义。

2. 中共与柬埔寨、印尼、菲律宾政党的交往

柬埔寨、印尼和菲律宾的多党制运行比较平稳。中共在对这些国家的政党外交中尊重其政党制度和发展道路的选择，注重了解这些国家政党政治运行的特点，深化了党际关系的发展。

中国与柬埔寨的关系历史悠久。1955 年，周恩来总理和西哈努克在万隆会议相识后，揭开了中柬友好关系新篇章。虽然柬埔寨自 20 世

---

① 《中国共产党对外工作概况》编委会编：《中国共产党对外工作概况(2001)》，北京：当代世界出版社，2002 年版，第 206 页。

第五章 基于国家利益的中国对东南亚国家政党外交（1991—2012）

纪90年代以来确立了多党民主制，①但长期以来形成了人民党和奉辛比克党联合执政或人民党单独执政的政党格局。柬埔寨人民党的前身是成立于1951年6月28日的高棉人民革命党，1991年改为现名，并确定奉行多党自由民主制和自由市场经济。人民党是柬埔寨拥有丰富执政和参政经历的大党、老党，在国家政治生活中的作用十分突出。奉辛比克党是西哈努克缔造的党，其前身为"争取柬埔寨独立、中立、和平与合作民族团结阵线"，1992年改为现名。该党以民族利益为重，与人民党和其他政党合作，共同维护柬埔寨的稳定、重建与发展事业。1993年，柬埔寨王国政府成立后，中共与柬埔寨人民党、奉辛比克党的关系也进入新的发展阶段。1995年，中共与人民党、奉辛比克党建立正式联系。此后人民党、奉辛比克党多次派团访华。柬埔寨两大执政党均表示，柬中睦邻友好合作关系是由西哈努克与中国老一辈领导人共同缔造和培育起来的，要竭尽全力加以继承、巩固和发展，希望更多的柬埔寨青年了解中国、增进友谊，以便将老一代领导人培育的友好关系继续发展下去。在台湾、西藏等涉及中国核心利益问题上，柬埔寨人民党、奉辛比克党旗帜鲜明、坚持原则，给予中共坚定的支持。中国对中国-东盟、东盟-中日韩三国框架内的互利合作，对湄公河流域共同开发所持的建设性立场也得到柬埔寨的肯定。中共对与柬埔寨政党的交往十分重视。2001年12月，中共中央政治局常委尉健行在访问柬埔寨期间分别会见人民党、奉辛比克党领导人。尉健行表示，中共十分重视与柬埔寨政党的友好合作关系，尊重柬埔寨人民自己选择的社会制度和符合本国国情的发展道路，希望进一步加强中柬政党间的友好交流与合作。②中共在与柬埔寨政党交往中深入交流治党治国经验，积极探索经贸交流合作，与人民党和奉辛比克党都建立了

---

① 1993年柬埔寨大选时共有40多个政党参选，1998年大选有39个政党参选，2003年大选有23个政党参选，2008年大选有11个政党参选。

② 《中国共产党对外工作概况》编委会编：《中国共产党对外工作概况（2002）》，北京：当代世界出版社，2003年版，第162—163页。

友好关系，这对柬埔寨两党团结合作、民族和解、政局稳定起到了重要的促进作用。

1975年，印尼政党法允许三个政党存在，即专业集团、民主党、建设团结党，但专业集团一直是第一大党。专业集团于1964年10月成立，1967年至1999年6月为事实上的执政党，但一直自称为社会政治组织。1999年正式宣布为政党。1999年10月后，专业集团党失去执政地位，印尼出现了多党竞争的局面。自2000年5月专业集团党总书记图斯万迪率代表团首次访华以来，截至2012年，专业集团党已七次访华考察。中共代表团也多次应邀访问印尼。2007年11月，中联部工作组出席了专业集团党三大暨建党43周年党庆活动。

在对印尼的政党外交中，中共既重视与传统大党、老党的政党交往，也重视与新党的交往。印尼民主斗争党、国民使命党、民族觉醒党、民主党均于1998年以后成立。印尼民主党是印尼在进入21世纪后成立的政党。2004年10月，苏希洛作为民主党候选人当选印尼第六任总统。中共与印尼民主党联系始于2005年5月，当时访问印尼的中共友好代表团曾会见民主党总主席哈迪。同年12月，哈迪率印尼民主党代表团访华，与中共正式建立党际关系。2007年5月，印尼民主党秘书长马尔祖基率团访华。应印尼民主党邀请，中共代表团也分别于2006年、2009年和2011年三次访问印尼。2011年，两党签署《交流合作备忘录》。2009年，苏希洛在总统选举中成功连任，中联部曾专门致函祝贺，贺函祝愿民主党"在苏希洛总统和哈迪总主席的领导下，继续为印尼国家发展做出更大的贡献"，表示中共愿与民主党"发展友好交往关系，推动两国战略合作伙伴关系的深入发展"。[①]对于新时期中共与印尼的政党交往，苏希洛表示，"希望两国政党继续加强在

---

① 《中国共产党对外工作概况》编委会编：《中国共产党对外工作概况（2010）》，北京：当代世界出版社，2011年版，第115—116页。

第五章 基于国家利益的中国对东南亚国家政党外交（1991—2012）

国家建设方面的经验交流，深化党际关系，推动两国关系健康平稳发展"。①进入21世纪，印尼民主斗争党、民族觉醒党以及五个伊斯兰党派均派团访华，或来华出席第三届亚洲政党国际会议，并与中共进行党际交流。中共代表团也应邀十余次访问印尼，会见印尼朝野主要政党领导人，与印尼政治家交流治党治国经验，研究探讨共同关心的问题。2007年和2008年，中联部派出工作组访问印尼，拜会印尼主要政党领导人，政党外联、组织发展、政策规划等部门主管以及政党地方领导人，了解地方党组织及其运作特点，政党组织与政府部门在推动地方发展过程中的互动模式以及政党备选情况。

从20世纪90年代开始，菲律宾在平息多次军人政变后，政局趋于稳定。1999年1月，中联部考察组在应菲律宾大学亚洲中心邀请访菲期间，拜会菲律宾民主战斗党执行主席埃德加多·安加拉，这是中共与菲律宾执政党的首次接触。安加拉表示，菲中两国目前就南沙群岛有关问题出现争议在所难免，重要的是不断加深两国人民和两国执政党之间的相互了解。两国执政党交往有利于促进相互了解、推动国家关系正常发展，并表示，希望两国执政党通过多种形式加强来往和交流。②2003年1月，菲律宾民主战斗党主席、参议员埃德加多·安加拉来京参加活动。

在菲律宾政治生活中，菲律宾力量-全国基督教民主联盟（2002年后称基督教穆斯林民主力量党）长期处于执政地位。1992年，该党在大选中获胜，成为执政党。1998年大选败于菲律宾民众奋斗党联盟。2001年，阿罗约就任总统后，该党成为执政联盟的核心，其累计执政时间达15年之久。2000年6月，菲律宾力量-全国基督教民主联盟执行主席德贝内西亚应中共邀请访华。在访问期间，德贝内西亚表

---

① 《中国共产党对外工作概况》编委会编：《中国共产党对外工作概况（2010）》，北京：当代世界出版社，2011年版，第117页。
② 《中国共产党对外工作概况》编委会编：《中国共产党对外工作概况（2000）》，北京：当代世界出版社，2001年版，第202—203页。

示,愿与中共发展关系,并邀请中共派代表参加由该党主办、在菲律宾举行的亚洲政党国际会议。2001年11月,菲律宾力量-全国基督教民主联盟(执政党)代表团访华,两党建立关系。这是第一个来华访问的菲律宾政党代表团,此行拉开了中菲政党交往的序幕。2002年11月26日至12月1日,中共代表团应菲律宾基督教穆斯林民主力量党全国联合主席、众议长德贝内西亚的邀请访问菲律宾,这是中共代表团首次正式访菲。该党全国主席、菲律宾总统阿罗约会见代表团时表示,她不仅是以总统的身份,而且是以党主席的身份热烈欢迎来自中国的、兄弟党的朋友。[①]此后,中共与该党建立了密切的交往关系。

菲律宾自由党于1946年创立,早期成员主要是从菲律宾国民党内分裂出来的自由派人士。20世纪70年代后期,该党在秘书长阿基诺的领导下,反对马科斯的独裁统治,成为推翻马科斯政权的主要力量之一。2001年,阿罗约政府执政后,该党加入执政联盟,后又脱离执政联盟,并推选阿基诺三世参加2010年的总统大选。阿基诺三世最终当选为菲律宾第15任总统。2004年4月,该党主席、参议院议长富兰克林·德里隆率自由党代表团访华,与中共建立了关系。9月,自由党代表团来京出席第三届亚洲政党国际会议。2011年,自由党联合主席、众议长贝尔蒙特访华,中共也派团应自由党的邀请进行了回访。

在中菲政党交往中,中共还实现了与菲律宾民族主义人民联盟(曾为前总统埃斯特拉达的执政党联盟——民主战斗党成员之一,后成为独立党派)、国民党等菲律宾主要政党的交往。

中共与菲律宾政党的交往成为中菲两国之间增进了解、加深互信的重要渠道,对推动国家关系稳定发展发挥了重要作用。在2004年亚洲政党国际会议期间,菲律宾基督教穆斯林民主力量党主席、总统阿罗约,党总裁德贝内西亚,国家力量党主席阿魁诺·皮门特尔,国民党主席曼纽尔·维拉,民主战斗党主席埃德加多·安加拉,以及民族

[①]《中国共产党对外工作概况》编委会编:《中国共产党对外工作概况(2003)》,北京:当代世界出版社,2004年版,第138页。

主义人民联盟、自由党代表团等菲律宾主要政党均来华出席。2011年，在中共成立90周年之际，菲律宾国民党主席维拉，团结力量党名誉主席、前总统阿罗约，自由党联合主席、众议长贝尔蒙特，自由党总裁罗哈斯均致函祝贺。

3. 中共与泰国、缅甸政党的交往

20世纪90年代，在泰国民主党前主席川·立派任总理时，泰国民主党就与中共建立了联系，这一联系在21世纪得到进一步发展。2000年4月，中共代表团应民主党邀请访问泰国，这是第一个应邀访问泰国的中共代表团，民主党主席、泰国总理川·立派会见代表团一行。在此次访问中，民主党副党魁班雅表示，政党外交是民主党的一个工作重点，中共是其重要的工作对象之一。资本主义政党与中国共产党的性质不同，但这不妨碍民主党发展与中共的友好关系。①此后，泰国民主党主席阿披实、秘书长素贴·特素班、民主党顾问团主席、前总理川·立派都曾访华。2010年，已担任政府总理的民主党主席阿披实两次会见来访的中共友好代表团。在政党外交中，泰国民主党和泰国政府始终坚持泰中友好，奉行一个中国的原则。2012年川·立派访华时也曾表示："泰中两国不仅是近邻，更是真挚的朋友和亲密兄弟。中国是泰国患难见真情的伙伴，每当泰国遇到困难时，中国党、政府和人民总是伸出援手相助。泰国人民对中方在泰国遭遇亚洲金融危机和特大洪涝灾害时真诚的支持和帮助铭感于心。泰国民主党愿意继续推动泰中战略合作关系不断向前发展，支持两国各领域务实合作，实现共同发展。"②泰爱泰党于1998年由泰国他信·西那瓦任总理之前成立。2001年至2006年，在他信·西那瓦任总理期间，该党成为执政党。2002年2月，新希望党并入泰爱泰党。2006年9月，泰国发生军

---

① 《中国共产党对外工作概况》编委会编：《中国共产党对外工作概况(2001)》，北京：当代世界出版社，2002年版，第199页。

② 《中国共产党对外工作概况》编委会编：《中国共产党对外工作概况(2013)》，北京：当代世界出版社，2014年版，第92页。

事政变，他信·西那瓦流亡国外，泰爱泰党失去执政地位。2007年9月，泰爱泰党被宪法法院裁决解散，许多党员加入之前由他信·西那瓦盟友沙马·顺达卫领导的人民力量党。虽然泰爱泰党成立时间不长，但发展较快，地位和作用迅速上升。中共于2000年与泰爱泰党建立关系，在泰爱泰党执政期间，中共与其来往频繁。2012年12月，泰国执政党为泰党代表团访华，延续了泰爱泰党、人民力量党与中共的党际关系。

冷战结束以来，虽然泰国政局动荡，政府更替频繁，但泰国的主要政党无论是执政时期还是在野时期，都与中共保持了友好关系。正如泰国党党魁班汉·西巴阿差曾经指出的那样，泰中关系很好，泰国不论哪个党执政，都不会改变对华政策。政府是可以变化的，而政党不会变。发展与政党之间的关系，可以使国家关系更加稳固和持久。①

中缅友好由来已久。自20世纪90年代以来，中国总理李鹏、缅甸总理丹瑞都曾进行互访，中缅两国睦邻友好关系"为邻国之间和平相处树立了典范"。② 2000年6月6日，中缅签署了《中华人民共和国和缅甸联邦关于未来双边关系合作框架文件的联合声明》。但是由于缅甸长期实行军人统治，中缅政党交往相对较晚。1988年，缅甸国内发生大规模反政府运动，以苏貌为首的军人政府接管了国家政权，宣布实行多党民主制。缅甸现有的主要政党包括联邦巩固与发展党、全国民主联盟③、民族团结党④、掸邦民主同盟⑤、若开民族发展党⑥、全国民主力量党⑦等。

---

① 《中国共产党对外工作概况》编委会编：《中国共产党对外工作概况（2001）》，北京：当代世界出版社，2002年版，第199页。
② 《江泽民与丹瑞举行会谈 相信中缅睦邻友好关系将推进到一个新的水平》，载《人民日报》，1996年1月9日，第1版。
③ 该党于1988年9月成立，昂山素季任党主席。
④ 该党由原执政的缅甸社会主义纲领党于1988年9月改组而成。
⑤ 该党于1988年10月成立。
⑥ 该党于2010年5月成立。
⑦ 该党于2010年5月成立。

联邦巩固与发展党从1993年成立的缅甸联邦巩固与发展协会转变而来,并于2010年5月正式注册为政党。据公开资料显示,中共与缅甸联邦巩固与发展协会的联系始于1999年。是年9月,该协会的总书记、政府教育部长吴丹泰率缅甸友好代表团访华,但中共代表团访缅则晚至十年之后。2010年3月,应缅甸联邦巩固与发展协会总书记泰乌的邀请,中共代表团访问缅甸。2011年3月该党主席吴登盛当选为缅甸总统后,中共代表团应已注册为政党的联邦巩固与发展党之邀,四次访问缅甸。自2011年执政并首次组团访华开始到2012年,联邦巩固与发展党多次派出干部考察团和代表团访华。虽然两党建立联系的时间不长,但党际关系发展迅速。2012年,联邦巩固与发展党主席、总统吴登盛致函祝贺习近平当选中共中央总书记。同年,中共还接待了缅甸跨党派议员考察团,并开始与缅甸全国民主力量党、民族团结党、掸族民主同盟接触。上述政党领导人均表示,高度重视发展缅中两国关系,愿与中共加强党际交流,推动两国关系不断向前发展。对于20世纪90年代以来缅甸政局发生的波动以及缅甸国内局势的变化,中共严格奉行和平共处五项原则,不干涉其内部事务,继续发展与缅甸政党的友好关系。

总之,中共与东南亚国家民族民主政党的交往密切了党际关系,交流了执政经验,树立了中共良好的国际形象,推动了中国与东盟各国国家关系的发展。

二、多边政党外交:中共与东南亚国家民族民主政党交往新平台

近年来,国际形势发生了冷战结束以来前所未有的深刻变化,推进多边外交和多边合作,加强文明交流与对话,在竞争比较中取长补短,在求同存异中共同进步,已成为世界各国人民的共同愿望。[①]在这样的背景下,多边政党外交应运而生。随着与东南亚国家双边政党交

---

① 于洪君主编:《当代世界研究报告(2012—2013)》,北京:党建读物出版社,2013年版,第297页。

往逐步走向机制化,中共借助多边活动影响大、领域广、参与者多等特点,积极主动地主办、承办或参与政党会议,参加区域组织论坛,接待政党联合访问团,突破了传统的双边政党外交的方式,拓宽了政党外交的新平台。

(一) 亚洲政党国际会议

各类政党研讨会是新时期中共与东南亚国家开展多边政党外交的新方式,其标志性成果是亚洲政党国际会议的召开。亚洲政党国际会议最早由菲律宾力量-全国基督教民主联盟提议,在东南亚各国政党以及中共的共同推动下建立会议机制。参会政党以各国执政党为主,同时吸收合法在野党。2000—2012 年,亚洲政党国际会议先后举办了七届。各届会议召开情况见表 5.5。

表 5.5　2000—2012 年亚洲政党国际会议召开情况

届次	国家	城市	时间	主办政党	出席会议的中共代表
一届	菲律宾	马尼拉	2000 年 9 月 18 日—2000 年 9 月 19 日	菲律宾力量-全国基督教民主联盟	中联部副部长马文普
二届	泰国	曼谷	2002 年 11 月 22 日—2002 年 11 月 24 日	泰国泰爱泰党	中联部副部长蔡武
三届	中国	北京	2004 年 9 月 3 日—2004 年 9 月 5 日	中国共产党	中央政治局常委、国家副主席曾庆红
四届	韩国	首尔	2006 年 9 月 8 日—2006 年 9 月 10 日	韩国开放国家党、大国家党	中央政治局委员、中央书记处书记、中宣部部长刘云山

续表

届次	国家	城市	时间	主办政党	出席会议的中共代表
五届	哈萨克斯坦	阿斯塔纳	2009年9月25日	哈萨克斯坦"祖国之光"人民民主党	中央政治局委员、上海市委书记俞正声
六届	柬埔寨	金边	2010年12月2日—2010年12月3日	柬埔寨人民党、奉辛比克党	中央政治局委员、中央书记处书记、中组部部长李源潮
七届	阿塞拜疆	巴库	2012年11月21日—2012年11月24日	阿塞拜疆新阿塞拜疆党	中央书记处书记、全国政协副主席杜青林

资料来源：作者根据2001—2013年历年《中国共产党对外工作概况》整理。

亚洲政党国际会议是亚洲各政党寻求共同利益、共商区域合作大计的开放式论坛，也是中共开展与东南亚国家民族民主政党外交的重要场所。中共代表出席了历届亚洲政党国际会议，多次参加有关专题研讨会。以中共主办的第三届亚洲政党国际会议为例，中共提出将"交流、合作、发展"作为会议主题，确定了"亚洲地区安全与多边合作""经济增长与进步""政党建设与国家发展"三大议题。这次会议是中共历史上首次举办大型国际会议，包括中国在内的35个国家的81个政党、政治组织的350位领导人和代表参加了会议。

这次会议有两个特点。一是出席会议的政党较多。其中，东盟九国（文莱除外）共有23个政党出席了会议，见表5.6。除越共和老挝党外，东南亚国家21个民族民主政党出席了会议，其中7个政党系首次派团访华。

表 5.6　出席第三届亚洲政党国际会议的东盟国家政党情况

序号	国家	政党
1	越南	共产党
2	老挝	人民革命党
3	柬埔寨	奉辛比克党、人民党
4	缅甸	联邦巩固与发展协会
5	泰国	泰国党、民主党、泰爱泰党
6	马来西亚	马华公会、巫统、民政党、印度人国大党
7	印尼	建设团结党、民主斗争党、民族觉醒党、专业集团党
8	菲律宾	国家力量党、国民党、基督教穆斯林民主力量党、民主战斗党、民族主义人民联盟、自由党
9	新加坡	人民行动党

资料来源：作者根据《中国共产党对外工作概况（2005）》整理。

二是出席会议的政党领袖较多。其中东南亚国家政党领导人主要有：菲律宾基督教穆斯林民主力量党主席、总统阿罗约，基督教穆斯林民主力量党总裁、众议长德贝内西亚，菲律宾民主战斗党主席埃德加多·安加拉；泰国泰爱泰党主席、总理他信·西那瓦；柬埔寨人民党副主席、首相洪森，奉辛比克党主席、国会主席拉那烈；缅甸联邦巩固与发展协会总书记泰乌；印尼民主斗争党主席诺议·詹尼斯，专业集团党主席德奥·桑布阿伽；越共中央书记处书记、副总理武宽；老挝党中央委员、副总理宋沙瓦·凌沙瓦等。对此，中共高度重视，中共中央总书记胡锦涛为各国来宾和代表举行欢迎宴会，对亚洲政党国际会议给予高度评价。胡锦涛、吴邦国、温家宝、黄菊、吴官正、罗干等中共中央政治局常委分别会见东盟国家政党领导人。这是中共首次举办大型国际性多边政党活动，扩大了中共的国际影响，展示了中共新一届中央领导集体与时俱进、求实开拓的良好形象，营造了求同存异、共谋发展、推动区域合作的政党交流与对话的良好氛围。这次会议也为不同政治制度、不同意识形态的政党加强交流与合作树立了典范。

除出席或主办亚洲政党国际会议（包括同时举办的专题研讨会、政党会常委会会议等）外，2010年7月，中共在昆明和北京两地主办了亚洲政党扶贫专题会议，这是中共继2004年成功主办第三届亚洲政党国际会议后再次主办亚洲政党国际会议框架下的多边政党会议。包括亚洲政党国际会议常委会联合主席德贝内西亚、郑义溶，柬埔寨人民党中央常委、政府副首相索安，泰国民主党秘书长、政府第一副总理素贴在内的亚太地区30个国家57个政党的代表出席了会议。2011年，中共在广西南宁再次主办以"发展与社会共享：让发展成果惠及民众"为主题的亚洲政党专题会议。

此外，中共与东盟国家政党还通过其他多个研讨会模式深化双边或多边政党外交。例如，2001年，中共举办了"新世纪与发展中国家政党"国际研讨会，印尼民族觉醒党和专业集团党、新加坡人民行动党等东南亚国家多个政党参会。2005年，中共代表团出席了印尼专业集团党主办的"东盟国家政党在促进繁荣与民主方面的作用"国际会议，着重介绍了中国经济领域取得的成就和经验，与东南亚多个国家政党领导人进行了广泛接触。2010年6月，在中国和印尼建交60周年之际，中共首次与印尼主要政党在北京联合举办了中国和印尼政党研讨会，印尼民主党、专业集团党、民主斗争党和公正繁荣党四个政党组成印尼政党友好代表团访华，并出席会议。

中共与东南亚国家民族民主政党建立党际关系较晚，但上述多边政党外交的新形式产生了良好的规模效应。通过主办或出席各种类型的政党国际会议，中共与东南亚各国民族民主政党增进了相互理解与信任，深化了交流与合作，也向国际社会展示了中共的良好形象。

(二) 其他形式的多边政党外交

政党联合代表团访问。在中共与东盟国家的政党外交中，既有中共与东南亚一国一党的交流与合作，也有中共与东南亚一国多党或多国多党的交流与合作。2012年11月，应中联部邀请，由印尼民主党、马来西亚巫统、菲律宾自由党、泰国为泰党代表组成的东南亚国家执政党干部考察团访华。四国执政党代表祝贺中共十八大召开，表示，中共拥有丰富的治国理政经验，希望通过党际交流平台加强向中共学习，提高自身党建与执政水平。[①]此次东南亚不同国家执政党联合组团访华，开辟了中共与东南亚国家多边政党外交的又一新模式。

第四节 基于国家利益的新时期中国对东南亚国家政党外交的主要成效

一、配合政府外交，促进国家关系的发展

政党外交是国家总体外交的重要组成部分，发展新型党际关系，增进各国政党之间、人民之间的相互了解，增加交流与合作，从而促进国家间政治、经济、文化关系的全面发展，是中共政党外交的根本目标和宗旨。1997年，中共十五大报告强调，要在坚持党际关系四项原则的基础上，"同一切愿与我党交往的各国政党发展新型的党际交流和合作关系，促进国家关系的发展"。[②]这进一步明确了中共政党外交的目标和任务。后冷战时代以来，在与东南亚国家的政党外交中，中共始终坚持党际关系服务于国家关系，服从于国家利益，从而推动了国家关系的改善与发展。

[①]《中国共产党对外工作概况》编委会编:《中国共产党对外工作概况(2013)》,北京:当代世界出版社,2014年版,第130页。

[②]《高举邓小平理论伟大旗帜,把建设有中国特色社会主义事业全面推向二十一世纪》,载江泽民:《江泽民文选》(第二卷),北京:人民出版社,2006年版,第41页。

第五章　基于国家利益的中国对东南亚国家政党外交（1991—2012）

（一）在政党外交中增进了解，加强互信，促进国家关系的发展

以中越政党外交为例，在冷战结束时，时值西方国家制裁中国、世界社会主义运动处于低潮时期，许多国家和政党中断了与中国和中共的交往，包括政党外交在内的中国外交急需寻找突破口。在此背景下，1992年3月，越共中央政治局委员、中央书记处书记、中央组织部部长黎福寿率越共代表团访华，这是中越关系正常化以后越方第一个党的代表团访华。江泽民在会见代表团时表示，不管国际风云如何变幻，中国都将坚定不移地贯彻执行邓小平同志倡导的"一个中心，两个基本点"的基本路线，坚持改革开放，专心致志地把经济工作搞好，继续沿着具有中国特色的社会主义道路走下去。①越共代表团的这次访问表达了对中共的支持，也进一步增强了两党之间的信任。中越关系正常化以来至2012年中共十八大召开前，中越两党最高领导人多次互访，两党总书记确定了"长期稳定、面向未来、睦邻友好、全面合作"的"十六字方针"，两国先后签署、发表了八个联合公报和八个联合声明，其内容构成了两党和两国关系恢复和发展的基本框架、原则和方针，也奠定了两党相互了解、增进互信的政治基础。

冷战结束后，世界政党政治经历了一个大的分化组合和动荡调整时期。在东南亚地区，一些国家开始实行多党制度，一些长期执政的大党、老党失去了执政地位，近百个新成立的政党轮流出现在东南亚国家的政治舞台上。因此，在20世纪90年代初，虽然中国与东南亚国家已全部正式建交，但中共与东南亚民族民主政党建立联系则要复杂得多。面对部分国家政权交替复杂、政策变化多端、政局长期动荡、政府更迭频繁、政治人物沉浮不定的情况，中共坚持党际关系四项原则，尊重这些国家在社会制度和发展道路方面的选择，不干涉其内部事务。1994年，江泽民在会见马来西亚国民阵线代表团时强调，我们

---

① 《中国共产党对外工作概况》编委会编：《中国共产党对外工作概况（1992—1993）》，北京：当代世界出版社，1993年版，第344页。

历来主张,任何国家都应依据自己的传统、地理条件、经济、文化教育的发展水平,由本国人民选择自己的社会制度,任何强加的东西都是行不通的。①

在与东南亚国家政党交往中,中共首先继续保持和加强与大党、老党的联系。马来西亚是东盟五个创始成员国中第一个同中国建立外交关系的国家,马来西亚国民阵线又是其执政党中第一个同中共建立和发展关系的政党。自1996年中共首次派代表出席巫统全国代表大会以来,中共先后15次派代表出席巫统全国代表大会,以中共中央名义或中联部名义表示祝贺,这在中共与东盟国家政党交往史上是不多见的。1996年,马哈蒂尔在会见首次出席巫统全国代表大会的中共代表团时指出,中共派代表团出席巫统庆典活动和代表大会具有重要意义。巫统和中共建立关系时间不长,但两党关系密切。他表示,希望同中共进一步发展友好关系。马来西亚外交部长巴维也表示,党际关系的发展可以加深国家之间的关系,在发展国家关系的同时,应不断扩大执政党之间的交往。②在国际和地区事务中,中马两国保持密切沟通和协调,在中国-东盟、东盟-中日韩框架内,双方也进行了良好的合作。

其次是重视做一些新党的工作。柬埔寨人民党和奉辛比克党、泰国泰爱泰党和为泰党,马来西亚、印尼、菲律宾的一些政党虽然是后冷战时代以来新成立的政党,但都与中共建立了密切的关系。在政党外交中,中共坚持党际关系四项原则,宣传阐述中共的周边外交方针和政策。中共的发展理念、发展道路、政党外交基本原则,得到越来越多的东南亚国家政党的理解和支持,并体现在各种联合声明和党际交流合作备忘录中。在与东南亚国家政党外交中,中共超越意识形态的新型党际关系理念受到东南亚国家政党的普遍欢迎。中共与东南亚

---

① 《中国共产党对外工作概况》编委会编:《中国共产党对外工作概况(1995)》,北京:当代世界出版社,1996年版,第38—39页。
② 《中国共产党对外工作概况》编委会编:《中国共产党对外工作概况(1997)》,北京:当代世界出版社,1997年版,第223—224页。

国家政党之间的相互了解和政治互信也达到历史最好的水平，从而保持了中国与东南亚各国国家关系的稳定性与连续性。

（二）在政党外交中化解矛盾，解决纠纷，促进国家关系的发展

中国与东南亚国家世代为邻，但在近半个世纪的冷战期间，由于东西方阵营的长期对峙，中国与东南亚多个国家事实上处于长期隔绝状态。中共与东南亚国家政党的意识形态分歧，以及历史上形成的领土边界问题、所谓"中国威胁论"问题等，都横亘在中共与东南亚国家政党面前。经过邓小平时代中共党际关系思想的调整，中共与东南亚国家政党的意识形态之争在冷战结束后已不占主流，但现实的国家利益问题上升为主要问题。特别是近年来，随着中国快速发展，国际影响力迅速提升，中共充分发挥政党外交灵活务实和做人的工作的优势，通过深入对话和思想交流，加强沟通，增进了解，缩小分歧，缓和矛盾，对国家间关系深入发展起到了基础作用。

中共与越共、老挝党在政党外交中都十分重视领土边界问题。这一问题也是中越、中老政党外交中的重要议题。中老两党关系恢复后，老挝党总书记凯山、坎代分别于1989年和1993年访华，中老正式签署了《中老边界条约》和《中老边界制度条约》。1994年，中老两国解决了历史遗留下来的两国长达700公里的边界问题，使中老两国拥有的共同边界成为一条和平、友好与稳定的边界。时任中国外交部副部长田曾佩曾说，中老两国仅用三年时间就解决了历史遗留下来的边界问题，这充分体现出中老两国间的相互信任和友好关系。①

中越边界领海问题包括北部湾边界划分、陆地边界划分和南海问题三个方面。这三个问题自中越关系正常化以来一直是两党政党外交的重要议题。1992年，在中国颁布《中华人民共和国领海及毗连区法》后，越南部分官员和媒体反华老调重弹，中越双方发生争执和摩

---

① 《中国共产党对外工作概况》编委会编：《中国共产党对外工作概况(1995)》，北京：当代世界出版社，1996年版，第150页。

擦。在此背景下，1992年11月和1994年11月，李鹏总理、江泽民总书记分别访越，与越共领导人会谈沟通，从而消除了越方的疑虑，使两党和两国关系走出了可能倒退的阴影。在政党外交的推动下，中越相继签署了陆地边界条约、北部湾划界协定和北部湾渔业合作协定，两国领海边界问题取得突破性进展。在南海问题上，中越双方均同意依据《联合国海洋法公约》和《南海各方行为宣言》精神，采取和平协商方式解决争端，并建立了解决海上问题的磋商机制。2011年10月，在越共中央总书记阮富仲访华期间，两国签署《关于指导解决中越海上问题基本协议》，再次强调加大谈判力度，寻求双方均能接受的基本的和长久的解决办法。但在实践中，两国在渔业和油气勘探方面时常发生冲突。尤其是2011年6月以后，由于海上油气勘探船发生纠纷而导致矛盾激化，越南连续发生多起反华游行示威。越共十一大前后，由于各种利益集团的斗争和国内外反共势力的内外配合，越南出现了强烈的反华情绪。南海问题还涉及菲律宾等东南亚多个国家，加上西方国家的介入，更增加了其中的复杂性。

在对东南亚国家政党外交中，中共还就消除"中国威胁论"、坚持一个中国原则等问题与东南亚各国政党坦率交换意见，增加了共识，促进了国家之间在国际和地区问题上的合作。东南亚国家政党进一步了解了中国在台湾问题上的立场，表示要始终坚持一个中国的原则，中国与东南亚国家的一些历史遗留问题逐步得到解决。

（三）在政党外交中注入经济因素，加强文化、科技、教育等多领域合作，促进国家关系的发展

冷战结束后，特别是进入21世纪以来，经济全球化的快速发展促使各国政党更加关注对外交往的务实性，经济因素日益成为政党外交的中心议题之一。中国在对东南亚国家政党外交中注入经济因素，重视与各国政党在经贸领域的联络与交流，通过政党外交为国内经济建设牵线搭桥，探索经贸合作的渠道和方式，为密切两党两国关系增添了新的活力和内涵。党际关系的发展直接推动了国家之间经贸关系的发展。在1997年的亚洲金融危机中，中国坚持人民币不贬值，并在自身面临困难的情况下，向泰国、印尼等国及国际货币基金组织提供无任何附加条件的援助，促进了东南亚国家的经济发展。近年来，中共代表团特别是各省领导人出访，往往有地方经贸代表团随访。东南亚一些国家党的代表团，也通过政党渠道探讨与中方开展经贸合作的途径。

在世界多极化、和平与发展成为时代主题的形势下，经济议题成为政党外交的重要内容。2005年，中共中央总书记胡锦涛访问越南时，中越双方签署了14项合作协议，中国提供超过10亿美元的政府优惠贷款和出口买方信贷，帮助越南进行铁路、能源、化工等大型项目的建设，这是中共十八大前中越历次高层访问中签署协议数量最多、涉及金额最大的一次，也成为中越经贸合作向着更深、更广、最有效的方向发展的一个新起点。[1] 2011年，越共中央总书记阮富仲在访华期间，与中国签署了《中越经贸合作五年发展规划》。在经济方面，中越两国进出口贸易已经从1991年的3200多万美元上升到2010年的300多亿美元。截至2011年8月，两国进出口总额已超过250亿美元，同比增长35%。截至2011年9月20日，中国大陆在越投资额居当年全球第五位，投资总额为6.064亿美元，占对越投资总额的6.1%（另外，中国香港对越投资额居全球首位，2011年投资总额达29亿美元，占对越投资总额的29.3%）。[2] 在中越政党外交中，两党中央多个部门频繁互访，越共多个省市党委负责人带队访华，并深入中国各地考察中国企业和地方经济发展情况，与中国有关省市探讨建立经贸合作关系。这些考察访问落实了两党和两国领导人达成的共识和各项协议，

---

[1] 杜艳华等：《中国共产党对外党际交流史鉴》，上海：上海人民出版社，2011年版，第289页。

[2] 潘金娥：《越南政治经济与中越关系前沿》，北京：社会科学文献出版社，2011年版，第144页。

增进了相互了解和信任,推动了两国政府和两国人民友好关系的巩固和发展。

关于在政党外交中注入经济因素,中共代表团曾在出访报告中写道,党际交往同经贸合作结合得好,可以起到相辅相成、相得益彰的作用。"通过党际交往推动经贸合作,可增加友好政党的政治资本,巩固执政地位和两党关系;同时,良好的两党关系又可推动和促进两国经贸合作的发展,巩固两国关系。"①

(四)加强对越南、老挝两国的政党外交,促进社会主义国家新型国家关系的发展

自20世纪90年代以来,中越两党淡化了意识形态,突出了国家关系,强调在和平共处五项原则的基础上发展睦邻友好关系。江泽民指出,两党两国关系回到20世纪五六十年代的那种状况是不现实的。②这说明新时期的中越政党外交更加务实和成熟。东欧剧变、苏联解体发生以后,面对社会主义运动遭受严重挫折的国际环境,中共与越共和老挝党先后实现党际关系正常化,这对稳定周边环境、发展睦邻友好关系、维护世界社会主义内部团结、促进社会主义事业发展具有重要意义。因此,中越、中老政党外交更为密切,中共与越共、老挝党在关于社会主义建设和党的建设方面的交流与研讨独树一帜,政党代表团互访频繁。中越、中老在各自党代会召开后都派特使或代表到对方国家表示祝贺,或通报有关情况。越共和老挝党还十分关注中国的改革开放和社会主义建设事业。1992年10月,时任越共中央政治理论刊物《共产主义》总编辑、2011年担任越共中央总书记的阮富仲访华时曾表示:"从北到南,看到你们改革开放所取得的成就、经济

---

① 王家瑞主编:《中国共产党对外交往90年》,北京:当代世界出版社,2013年版,第205—206页。
② 《中国共产党对外工作概况》编委会编:《中国共产党对外工作概况(1992—1993)》,北京:当代世界出版社,1993年版,第108页。

发展的速度及各方面发生的巨大变化是惊人的,值得我们学习和研究。"① 越南《共产主义》杂志副总编辑阮善仁 1994 年在访华观感中写道:"我们代表团此次访华虽然没有条件深入了解中国,但这个正在建设具有中国特色社会主义的国家给我们留下了许多美好而深刻的印象。"②

二、加强政党执政能力建设,树立良好的政党国际形象

政党执政能力既事关一个政党的兴衰成败,更关乎一个国家的前途和命运,因此,中共视党的执政能力建设为党的建设的重中之重。政党执政能力可以通过执政或参政实践来获取,也可以通过与其他政党的交流得到借鉴和启示。世界多极化、经济全球化时代不仅对一个政党应对国际局势和处理国际事务的能力提出了要求,也为这一能力的提升提供了机会。政党外交正是这样的途径和机会。在中国对东南亚国家的政党外交实践中,中共与东南亚国家政党通过高层互访、有关部门组团访问考察,以及中央专司政党外交事务部门的交流,加强与东南亚国家不同类型的政党,特别是在所在国政治生活中影响较大或有较大影响潜力的政党的交流与合作,注重吸取一些国家长期执政的大党、老党兴衰成败的经验和教训,研究不同类型、不同发展阶段的国家执政党的执政理念和执政方式,有效地促进了中共的自身建设。

中国与东南亚国家同属发展中国家,都面临和平与发展的共同任务,在各自发展的进程中,都积累了不少经验。因此,在政党外交中加强治党治国的经验交流,成为中共提高执政能力的重要方面。中共与东南亚社会主义国家执政党交往历来是中共对外交往的重要方面,也是中共作为执政党开展政党外交的传统优势所在。冷战结束后,世

---

① 《中国共产党对外工作概况》编委会编:《中国共产党对外工作概况(1992—1993)》,北京:当代世界出版社,1993 年版,第 350 页。

② 《中国共产党对外工作概况》编委会编:《中国共产党对外工作概况(1995)》,北京:当代世界出版社,1996 年版,第 200 页。

界社会主义运动陷入低潮,坚持社会主义道路的中国、越南和老挝都面临严峻的考验,中共、越共和老挝党都肩负着捍卫社会主义事业的共同使命。因此,中共从战略高度出发,立足社会制度和意识形态上的共同点,不断深化与社会主义国家执政党的交往。中越、中老政党外交尤为关注治党治国经验的交流,特别是在思想理论建设上的交流与探索。这对探索社会主义发展道路,在抵御西方"和平演变"的过程中提高党的执政能力和执政水平,促进社会主义国家间关系的发展,都具有特殊意义。在政党外交中,中共不仅与社会主义国家执政党研究共产主义政党执政规律、社会主义建设规律,也与非社会主义国家执政党共同探讨政党执政理念、执政体制、执政方式、执政规律以及政党理论创新等议题,交流中国改革开放的情况和经验。近年来,生态环境、恐怖主义、能源、人口、贫困等全球性问题,也纳入政党外交的内容,成为政党应对国际事务的重要方面。全球金融危机的爆发使经济成为世界大多数国家外交工作的重心。在政党外交中,中共就如何应对金融危机和加强党际合作与东南亚国家政党进行深入交流和研讨,这种理论交流和研讨开阔了视野,扩大了共识,启迪了思想,促进了合作,推动了政党的理论创新和自身建设。

重视青年干部培养是中国与东南亚国家政党交往的重要内容,也是着眼长远、加强政党执政能力建设的重要举措。中共与东南亚国家政党都十分重视青年培训,多次组织青年干部代表团互访、学习和考察。越共中央总书记黎可漂在1999年访华时强调,要加强两国各部门各组织的交往,加强两国青少年的交往,"使中越两国的友好事业全面发展,后继有人"。① 此后,中越两国共青团组织和教育部门也开展了青年友好会见活动,加强了教育文化交流,增进了相互了解和友谊。马哈蒂尔也十分重视青年干部交流,多次表示,国民阵线青年团负责人是未来的领导人。1997年,国民阵线组织青年和妇女代表团来华访

---

① 《越南共产党总书记黎可漂访问我国》,载《新华月报》,1999年第4期,第23页。

问。2004年，新加坡人民行动党代表团访华，该团团长、新加坡人民行动党中央执委、青年团主席、政府环境发展部部长林瑞生表示，此次来访的都是该党青年团成员，希望通过访问使新加坡年轻一代了解中国过去经历的艰苦岁月，感受中国今天翻天覆地的变化，认识中国美好的未来。①近年来，中共也派出代表团赴马来西亚考察执政党联盟内部各政党的关系以及政党与青年、妇女组织的关系，赴新加坡考察建立高素质公务员队伍和人才培养等方面的经验，多次派出青年代表团访问马来西亚、菲律宾等国，与有关国家高层、政党以及工商界进行广泛接触和交流。重视青年干部培养成为新时期中共与东南亚国家政党交往的重要内容，对提高政党的执政能力具有重要意义。

政党外交既是中共加强执政能力建设的重要平台，也是向国外宣介中共党际关系原则、展示中共国际形象的重要窗口。中共新型党际关系四项原则既与和平共处五项原则及其他普遍公认的国际关系准则相一致，又有鲜明的中国特色，体现了中国共产党对外交往对象的开放性、交往原则的平等性、交往内涵的务实性和交往形式的灵活性。②中共与东南亚民族民主政党交往情况各异，有的历史较长，有的才刚刚起步，但是中共不分亲疏、平等相待，通过深入对话和思想交流，增进了理解，消除了误会，打消了疑虑，化解了矛盾，加深了合作。即使是对意识形态相同的政党，中共也严格按照新型党际关系的要求，超越意识形态，从中越第一份联合声明中就可以看到，中共正在由过去意识形态挂帅向超越意识形态、开辟新型党际关系转变。

在与东南亚国家政党外交中，中共向东南亚国家政党阐述治国理政的方针，阐述中国坚持走和平发展道路、落实科学发展观、对内构建和谐社会、对外推动建设和谐世界的治国理念和战略目标，帮助各

---

① 《中国共产党对外工作概况》编委会编：《中国共产党对外工作概况（2005）》，北京：当代世界出版社，2007年版，第255页。

② 杨洁勉等：《中国共产党和中国特色外交理论与实践》，上海：东方出版中心，2011年版，第300—301页。

国政党和政治家更好地了解中共从事的事业，与不同类型的政党交流对国际形势和地区事务的看法和各自的治党治国经验，这些都充分发挥了中共政党外交的"窗口"作用，展示了中共良好的国际形象和风采，促进了与东南亚国家党际关系、国家关系的稳定发展。

中国对东南亚国家的政党外交还从双边扩展到多边外交领域。在2004年第三届亚洲政党国际会议期间，中共充分展示了独立自主的和平外交政策和睦邻友好的周边外交政策，阐释党际关系四项原则，主动就台湾问题、双边敏感问题以及能源合作、反恐合作等问题，与有关国家的政党和政要进行有针对性的交流和坦诚对话，大力开展增信释疑工作，得到包括东南亚国家政党在内的亚洲政党代表的理解、认同和支持。第三届亚洲政党国际会议等多边活动，实现了"一次活动，多方传播"，通过一次活动，最大范围、最大效能地传播中共的信息，[1]使不同意识形态和社会制度国家的政党对中共的执政理念和外交方针有了进一步了解和认同，提高了中共政党外交工作的开放度和透明度，展示了中共作为负责任大党的良好形象。中共十八大召开前后，东南亚国家政党、政治组织和政要纷纷发来贺电，高度赞誉中国改革开放的成就，积极评价中共与时俱进的时代精神。这是中共国际形象不断改善和国家影响力不断提升的有力证明。

三、政党外交方式创新和机制化建设取得新进展

后冷战时代的中国对东南亚国家政党外交，在基本方式上既发扬传统，又有开拓与创新，为中共政党外交积累了丰富的经验。传统的政党外交方式，除了前述互派政党代表团、举办双边会议以外，还包括书信、电报往来等。以中越政党外交为例，两党自关系正常化以来，在两党党代会的召开、新任总书记的当选、成立逢五逢十周年纪念日，均互致贺电（函）表示祝贺。越共八大、九大召开时，中共中央政治

---

[1] 王家瑞主编：《中国共产党对外交往90年》，北京：当代世界出版社，2013年版，第257页。

局常委、总理李鹏,中共中央政治局常委、国家副主席胡锦涛分别应邀出席,并向大会递交中共贺词。此外,在中越建交50周年及55周年,两党和两国最高领导人也联名致电祝贺。1997年,中国恢复对香港行使主权后,越共专门致电祝贺。邓小平、彭真、阮文灵、范文同逝世后,两党主要领导人均发唁电表示哀悼。1998年,越共中央总书记黎可漂就中国长江、嫩江流域发生特大洪灾致电慰问。在中国对东南亚其他国家政党外交中,书信、电报往来作为最经常的一种政党外交方式,在新的历史时期仍展现出强大的生命力。

后冷战时代以来,在继承传统政党外交方式的基础上,中国对东南亚国家的政党外交方式又有了新的拓展与创新。一是专题考察和理论研讨制度。经过多年的经验积累和创新,中共与东南亚国家政党的交往已从传统的"团组互访型"关系,转向以专题考察和理论探讨为主的"深入交流型"关系,并逐渐形成新的交往机制。通过调研获取第一手材料,为中央决策和党的中心工作服务。中共与越共、老挝党建立的理论研讨会机制,不仅有利于相互学习借鉴治党治国的经验、深化双方对党的建设和社会主义理论与实践的认识,而且增进了中越、中老之间的相互了解、信任和友谊,对探索社会主义、充实和发展党际和国家关系具有积极意义。这种党际高层交往和治党治国经验交流已经逐步机制化。二是多边政党外交平台的拓展。以2000年9月创建的亚洲政党国际会议为代表的多边合作机制,成为中国对东南亚国家开展政党外交的新平台。这是亚洲首个的多边政党外交平台,促进不同国家、不同政治体制下具有不同意识形态的政党开展对话与交流,为亚洲地区的和平、发展与繁荣做出独特贡献。[①]亚洲政党国际会议的制度化是中共和东南亚国家政党倡导适合亚洲政党特点的交流合作原则,并为各国政党所接受的结果,而中共和东南亚国家政党正是这一机制的推动者。

---

① 艾平:《双洲记:政党国际交往亲历》,北京:当代世界出版社,2018年版,第225页。

结束语：中国对东南亚国家政党外交的展望

中共政党外交理论既源于对马克思主义党际关系理论的历史考察，也源于包括对东南亚国家政党外交在内的中共几代中央领导集体开展的丰富多彩的政党外交实践。本书提出了中国对东南亚国家政党外交的四个重要政治条件和三对核心辩证关系，在此基础上，结合对中国对东南亚国家政党外交的宏观考察，提出三个方面的理论思考。以此为总领和思维视角，本书系统梳理、回顾和研究了中国共产党与东南亚国家不同类型政党的交往历史，研究对象的时间跨度为1949年10月新中国成立至2012年11月中共十八大召开。在结束语部分，本书将对中国对东南亚国家政党外交的历史得失进行综述，同时，结合中共十八大以来中国外交形势的新变化，对未来中国对东南亚国家政党外交作出展望。

一、中国对东南亚国家政党外交的历史得失综述

中国对东南亚国家政党外交是中国政党外交的重要组成部分。新中国成立以后，特别是中共十一届三中全会以来，改革开放、社会主义现代化建设以及中国特色社会主义建设事业都迫切需要一个和平、安全、稳定的国际环境和周边环境。其中，东南亚国家是中国周边外交的重要发展方向。与政府外交相比，政党外交以维护国家利益、促

进国家关系、提高政党执政参政能力、树立政党良好国际形象为目的，数十年来，中国对东南亚国家政党外交发挥了特殊作用。

中国对东南亚国家政党外交所取得的成效突出表现在三个方面：

一是配合总体外交，在不同历史时期维护了国家利益，促进了国家关系的建立和发展。在毛泽东时代，中国对东南亚国家政党外交为打破国际反华势力对新中国的孤立、封锁和遏制，拓展新中国的外交空间，提升新中国的国际地位，发挥了不可替代的作用。改革开放以来，中国对东南亚国家政党外交立足于为改革开放和社会主义现代化建设服务，为争取和平有利的国际环境服务，为国家总体外交事业服务。特别是后冷战时代以来，中国对东南亚国家政党外交不再局限于政治领域，而是在政党外交中注入经济因素，坚持政治、经济、文化等多种因素相结合，加强文化、科技、教育等多领域的交流与合作，从而有效地维护了国家的综合战略利益，促进了中国与东南亚各国国家关系的进一步发展。

二是巩固了中共作为世界上最大的马克思主义执政党的地位，提高了中共的执政能力，树立了良好的政党国际形象。在毛泽东时代，中共长期以革命党的思维方式面对和处理与东南亚国家的政党交往。到邓小平时代，通过调整与东南亚国家共产党的关系，中共在对外关系上逐渐实现向新型党际关系的转变，在自身建设方面迈出了重要的一步。后冷战时代以来，中国在对东南亚国家政党外交中，不仅与社会主义国家执政党一道研究社会主义建设规律、共产主义政党执政规律，也与其他国家执政党共同探讨政党执政理念、执政体制、执政方式、执政规律及政党理论创新等议题，交流中国改革开放的情况和经验。生态环境、恐怖主义、能源、人口、贫困等全球性问题以及青年干部培养问题也纳入政党外交议题，成为政党应对国际事务的重要方面。这些都有效地推动了中共的理论创新和执政能力建设，中共的国际形象也与时俱进、焕然一新，中共对外交往的"窗口"作用更加突出。

三是丰富了中共对外交往的经验，深化了对政党外交的理论认识，为中共党际关系四项原则的确立、发展和成熟作出了贡献。中共对东南亚国家的政党外交属于中共区域政党外交的研究范畴。但是，基于东南亚地区的地缘政治考量、域外大国对东南亚地区的影响，以及东南亚国家政党类别的多样性和复杂性，中国对东南亚国家的政党外交事实上折射出中共总体政党外交的发展历程和经验得失，也清晰地展示出中共政党外交的探索历史和新型党际关系原则的发展脉络。这种新型党际关系主要表现在以下几个方面：一是新在顺应时代和形势发展的要求，致力于和平与发展；二是新在吸取历史经验和教训，遵循科学的党际关系原则；三是新在超越意识形态差异，同一切愿与中共交往的各国政党联系往来；四是新在通过开展全方位、多渠道、宽领域的党际交流与合作，促进国家关系的发展。①在新型党际关系思想的基础上，中共进一步确立了党际关系四项原则。而中国对东南亚国家政党外交既丰富了中共对外交往的经验，也推动了上述新型党际关系四项原则的确立、成熟和发展。

中共执政初期对东南亚国家的政党外交也存在一些不足，这主要表现在如何正确处理意识形态和国家利益关系方面。中共既要坚持革命理想和国际主义，又要发展与民族国家的外交关系，势必产生矛盾。改革开放以来，特别是冷战结束以来，如何在政党外交中平衡政治观念和国家利益，为坚持正确义利观的新时代外交打开新局面；如何平衡政党外交和政府外交的关系，从政党外交的主体拓展、客体延伸等层面彰显特色，错位发展，实现新突破；如何平衡信任外交、柔性外交与政党外交的制度化建设的关系，在政党外交的内容和方式、政党领袖作用的发挥以及政党外交的机制化建设等方面实现新创制，这些都成为当下中国政党外交需要思考的新课题。

---

① 王家瑞主编：《中国共产党对外交往90年》，北京：当代世界出版社，2013年版，第267页。

二、中共十八大以来中国外交形势的新变化

2012年中共十八大报告明确提出"要倡导人类命运共同体意识"。2013年，习近平在出访哈萨克斯坦和印尼期间分别提出共建"丝绸之路经济带"和"21世纪海上丝绸之路"，这两者共同构成了共建"一带一路"倡议。习近平在许多重要国际场合阐释和倡议共建"一带一路"和构建人类命运共同体，相关理念的内涵不断丰富，实践不断推进，产生了日益广泛而深远的国际影响。中共十八大以来，中国外交进入了新的发展阶段。新的外交形势为政党外交提出了新的要求。其中，对中国对东南亚国家政党关系发展产生重要影响的，是以下三个重大变化：

一是总体国家安全观的提出助力总体外交的发展。中共十八大以后，习近平提出了总体国家安全观。总体国家安全观是对后冷战时代中国新安全观的继承和升级。在新的安全观念下，要求国内安全和国际安全、主权安全和社会安全等融为一体。要维护总体国家安全，仅仅依靠传统军事手段和外交手段是远远不够的，必须依靠总体外交的支撑。可以说，作为外交的终极目的，国家安全和国家利益内涵的变化导致外交手段出现相应的变化。在总体外交框架下，政党外交、民间外交、军事外交、文化外交等手段交叉配合，有助于夯实国家间关系的社会基础，增强战略互信，为总体国家安全服务。

二是周边外交在中国外交格局中的地位凸显。2013年10月，中共中央首次专门召开周边外交工作座谈会，周边外交的地位在新形势下得以凸显。中国提出了"亲、诚、惠、容"的周边外交理念，指向建设东亚地区命运共同体的目标。其中，东南亚地区是周边外交工作的核心地带。亚洲相互协作与信任措施会议、共建"一带一路"倡议、亚洲基础设施投资银行等举措，都把对东南亚外交提升到一个新的高度。可以说，东南亚地区在中国外交中的地位得到进一步提升。

三是正确义利观的提出进一步明确了政党外交的角色定位和发展方向。正确义利观是习近平新时代中国特色社会主义思想的重要理念

之一,着眼于提升中国外交的政治影响力和道义号召力。中国外交除了互利合作之外,还要讲情义、树道义,赢得国际民心。在新时代,在新的形势和新的要求下,需要发挥政党外交优势。中国外交的"道"与"义",中国共产党不讲,就没有更适合的主体可以讲;政府外交讲规则、谋利益,政党外交则要交朋友、讲情义。我们甚至可以说,未来中国外交的"义利平衡",可能将很大程度上取决于政府外交和政党外交的平衡。

三、新时代中国对东南亚国家政党外交的发展与展望

进入新时代,以习近平同志为核心的党中央深刻阐明了新时代党的对外工作的基本定位、时代特征、宗旨使命、主要任务、指导原则和科学方法等重大理论问题,形成习近平总书记关于党的对外工作的重要论述。新时代的中国特色政党外交立足于"党的一条重要战线、国家总体外交的重要组成部分、中国特色大国外交的重要体现"这一基本定位,把维护党的执政安全和中国特色社会主义制度安全作为第一属性和根本使命,聚焦促进政党交往、深化特色调研、提升国际形象、做好人的工作、筑牢民意基础、构建协同格局六方面工作,积极打造全方位、多渠道、宽领域、深层次的政党外交格局。[①]在2017年中国共产党与世界政党高层对话会上,习近平总书记首次明确提出:"不同国家的政党应该增进互信、加强沟通、密切协作,探索在新型国际关系的基础上建立求同存异、相互尊重、互学互鉴的新型政党关系,搭建多种形式、多种层次的国际政党交流合作网络,汇聚构建人类命运共同体的强大力量。"[②]

在中共十八大以后新的外交形势下,中国对东南亚国家的政党外

[①] 宋涛主编:《中国共产党对外工作100年》,北京:当代世界出版社,2021年版,第134页。

[②] 《习近平出席中国共产党与世界政党高层对话会开幕式并发表主旨讲话》,载《光明日报》,2017年12月2日,第1版。

交继续发展。如前文所述,东南亚国家是当前中国实施"亲、诚、惠、容"周边外交理念、推动构建周边命运共同体的主要工作方向,也是推动实现"海上丝绸之路"建设的重要节点,在今后相当长一段时间内,更是安全风险集中、大国政治角力的关键舞台。中国要发展好与东南亚国家的外交关系,必须加速提升总体外交水平,全方位推动政府外交、政党外交、公共外交等手段协同发展,既为推动构建周边命运共同体奠定政治和经济基础,也为其提供扎实的社会和民意支撑。其中,政党外交在中国和东南亚国家特殊的政治体制和国际政治生态中,需要发挥更大的作用。

  在上述思想和理念的指导下,中国对东南亚国家政党外交在继承改革开放以来的优良传统的基础上,取得了新进展。中共十八大以来,习近平先后出访东盟十国。东盟是中国周边外交的优先方向。2021年11月22日,国家主席习近平在北京以视频方式出席并主持中国-东盟建立对话关系30周年纪念峰会时指出:"中国发展将为地区和世界提供更多机遇、注入强劲动力。中国愿同东盟把握大势、排除干扰、同享机遇、共创繁荣,把全面战略伙伴关系落到实处,朝着构建更为紧密的中国-东盟命运共同体迈出新的步伐。"① 并提出未来中国东盟要共建和平家园、安宁家园、繁荣家园、美丽家园、友好家园。中共十八大以后,老挝党总书记、国家主席朱马里,泰国为泰党高级顾问、前总理颂猜·翁沙瓦,缅甸联邦巩固与发展党总书记吴貌貌登,柬埔寨人民党主席、政府首相洪森,新加坡人民行动党主席许文远,柬埔寨奉辛比克党主席诺罗敦·拉那烈、诺罗敦·阿伦·拉斯美,缅甸联邦巩固与发展党主席吴瑞曼,缅甸全国民主联盟主席昂山素季,印尼民主斗争党总主席、前总统梅加瓦蒂,老挝党总书记、国家主席本扬,泰国民主党党主席、前总理阿披实,印尼专业集团党总主席、前国会议长诺凡多,缅甸联邦巩固与发展党主席丹泰,菲律宾总统杜特尔特

---

① 《习近平在中国-东盟建立对话关系30周年纪念峰会上的讲话(全文)》,http://politics.people.com.cn/n1/2021/1122/c1024-32288688.html。

等先后访华或多次访华,中共与东南亚国家扩大友好合作共识,政党高层交往日益密切;中共与越共、老挝党分别举办中越、中老两党理论研讨会;继续拓展多边政党外交平台,举办亚洲政党专题会议、中国共产党同东南亚国家政党对话会,助力周边国家在经济发展、扶贫减贫、疫情防控、青年交往等领域开展务实合作,为全球抗疫合作提供政治助力,促进共建"一带一路"民心相通。

虽然这一时期的中菲和中越关系受到南海有关争议的影响,但习近平仍两次就菲律宾遭受台风袭击向菲律宾总统杜特尔特致慰问电,并与杜特尔特多次见面和会晤,表示,"中方愿同菲方一道,坚持睦邻友好的大方向,确立共同发展的大目标,发扬妥处分歧的大智慧,确保中菲关系始终沿着正确方向健康稳定发展"。[①] 2015年和2017年,越共中央总书记阮富仲两次正式访华,中共中央总书记习近平也两次对越南进行国事访问。两党和两国领导人相互通报各自党和国家的情况,就双边关系及共同关心的国际地区问题深入交换意见,就新形势下进一步深化中越全面战略合作伙伴关系达成了重要共识,强调要珍惜和维护中越传统友谊,推动全面战略合作伙伴关系持续健康稳定发展。在南海问题上,中共坚持通过政党交往促进国际社会对中方立场的理解、认同和支持,坚定维护国家主权、安全和发展利益。双方发表联合公报和联合声明,两党总书记共同见证了两党未来合作计划以及金融、基础设施、文化、司法等领域合作文件的签署,并共同出席中越青年友好会见活动,为巩固中越传统友谊、深化全面战略合作伙伴关系、促进本地区乃至世界的和平、稳定与发展作出了重要贡献。这表明,中越党际关系坚持高层对话与战略沟通,体现了中国政党外交的成熟与张力。

改革开放以来的中国与东南亚国家关系处于历史上最好的时期,但同时也应看到,影响中国与东南亚国家关系的历史遗留问题并没有

---

① 《习近平会见菲律宾总统杜特尔特》,https://www.gov.cn/xinwen/2018-04/10/content_5281436.htm。

根除，这些问题归根结底主要还是战略互信问题。以中越关系为例，"越中之间存在的问题，不论是历史遗留的南海问题、历史积淀的心态问题，还是由此派生的其他问题，基本上都属于历史问题而不是现实问题。只要从大局出发，妥善处理好历史与现实之间的关系，不将历史问题现实化或扩大化，对华关系就不会成为越南的外交挑战"。①越南中国问题专家阮辉贵也曾借用中越两国边界的古树来形容中越关系的特点："在冬天寒冷的季节，枝枯叶落，但依赖地下留存的温暖，依旧可以生存；春天来的时候，又开始枝繁叶茂，开花结果。"②

"信"在东方文明价值体系中居于核心地位，而做人的工作更是中国政党外交工作的优良传统和突出优势。党的对外工作"通过交往、交流、交心，努力化解其他国家政党政要的疑虑，使对方理解、尊重乃至认可和接受中方的价值理念与方针政策，成为中国社会主义制度和道路的赞同者、支持者和同行者，深入探寻中国内外政策背后的优秀传统文化内涵，进而同中方一道推进世界和平发展与人类文明进步事业"。③因此，新时代的中国对东南亚国家政党外交，要进一步"丰富拓展党际关系的内涵和外延，分享治党治国理政经验，开展文明交流对话，加强思想交流，增进战略互信，促进务实合作"，要"不断开辟新形势下党的对外工作的新路径和新渠道，培育壮大党的对外工作新的增长点"。④以"讲信义、重情义、扬正义、树道义"为基本特质的中国政党外交在东南亚这个关键舞台上，必将发挥更大的作用，在推进中国与东南亚国家睦邻友好关系发展中，必将会有更为独到的作为，转型升级之后的中国政党外交，必将会为中国特色大国外交作出新的更大贡献！

---

① 林明华：《新时期的越南外交》，载《当代亚太》，2003年第3期。
② 阮辉贵：《60年来的越南——中国关系：回顾历史，面向未来》。转引自潘金娥：《越南政治经济与中越关系前沿》，北京：社会科学文献出版社，2011年版，第147页。
③ 宋涛主编：《中国共产党对外工作100年》，北京：当代世界出版社，2021年版，第290页。
④ 刘建超：《奋力谱写新时代新征程党的对外工作崭新篇章》，载《当代世界》，2023年第1期。

参考文献

一、基本文献与资料

[1] 当代中国研究所. 中华人民共和国史稿:全5册[M]. 北京:当代中国出版社,2012.

[2] 邓小平. 邓小平文选:第1卷[M]. 北京:人民出版社,1994.

[3] 邓小平. 邓小平文选:第2卷[M]. 北京:人民出版社,1994.

[4] 邓小平. 邓小平文选:第3卷[M]. 北京:人民出版社,1993.

[5] 江泽民. 江泽民文选:第1卷[M]. 北京:人民出版社,2006.

[6] 江泽民. 江泽民文选:第2卷[M]. 北京:人民出版社,2006.

[7] 江泽民. 江泽民文选:第3卷[M]. 北京:人民出版社,2006.

[8] 刘少奇. 刘少奇选集:上卷[M]. 北京:人民出版社,1981.

[9] 刘少奇. 刘少奇选集:下卷[M]. 北京:人民出版社,1985.

[10] 习近平. 论坚持推动构建人类命运共同体[M]. 北京:中央文献出版社,2018.

[11] 中共中央党史研究室. 中国共产党历史大事记[M]. 北京:中共党史出版社,2006.

[12] 中共中央文献编辑委员会. 周恩来选集:上卷[M]. 北京:人民出版社,1980.

[13] 中共中央文献编辑委员会. 周恩来选集:下卷[M]. 北京:人民出版社,1984.

[14] 中共中央文献研究室. 邓小平年谱:1975-1997[M]. 北京:中央文献出版社,2004.

[15] 中共中央文献研究室. 建国以来毛泽东文稿:第1册[M]. 北京:中央文献出版

社,1987.

[16]中共中央文献研究室.建国以来毛泽东文稿:第2册[M].北京:中央文献出版社,1988.

[17]中共中央文献研究室.建国以来毛泽东文稿:第3册[M].北京:中央文献出版社,1989.

[18]中共中央文献研究室.建国以来毛泽东文稿:第4册[M].北京:中央文献出版社,1990.

[19]中共中央文献研究室.建国以来毛泽东文稿:第5册[M].北京:中央文献出版社,1991.

[20]中共中央文献研究室.建国以来毛泽东文稿:第6册[M].北京:中央文献出版社,1992.

[21]中共中央文献研究室.建国以来毛泽东文稿:第7册[M].北京:中央文献出版社,1992.

[22]中共中央文献研究室.建国以来毛泽东文稿:第8册[M].北京:中央文献出版社,1993.

[23]中共中央文献研究室.建国以来毛泽东文稿:第9册[M].北京:中央文献出版社,1996.

[24]中共中央文献研究室.建国以来毛泽东文稿:第10册[M].北京:中央文献出版社,1996.

[25]中共中央文献研究室.建国以来毛泽东文稿:第11册[M].北京:中央文献出版社,1996.

[26]中共中央文献研究室.建国以来毛泽东文稿:第12册[M].北京:中央文献出版社,1998.

[27]中共中央文献研究室.建国以来毛泽东文稿:第13册[M].北京:中央文献出版社,1998.

[28]中共中央文献研究室.建国以来重要文献选编:第1册[M].北京:中央文献出版社,1992.

[29]中共中央文献研究室.建国以来重要文献选编:第2册[M].北京:中央文献出版社,1992.

[30]中共中央文献研究室.建国以来重要文献选编:第3册[M].北京:中央文献出

版社,1992.

[31]中共中央文献研究室.建国以来重要文献选编:第4册[M].北京:中央文献出版社,1993.

[32]中共中央文献研究室.建国以来重要文献选编:第5册[M].北京:中央文献出版社,1993.

[33]中共中央文献研究室.建国以来重要文献选编:第6册[M].北京:中央文献出版社,1993.

[34]中共中央文献研究室.建国以来重要文献选编:第7册[M].北京:中央文献出版社,1993.

[35]中共中央文献研究室.建国以来重要文献选编:第8册[M].北京:中央文献出版社,1994.

[36]中共中央文献研究室.建国以来重要文献选编:第9册[M].北京:中央文献出版社,1994.

[37]中共中央文献研究室.建国以来重要文献选编:第10册[M].北京:中央文献出版社,1994.

[38]中共中央文献研究室.建国以来重要文献选编:第11册[M].北京:中央文献出版社,1995.

[39]中共中央文献研究室.建国以来重要文献选编:第12册[M].北京:中央文献出版社,1996.

[40]中共中央文献研究室.建国以来重要文献选编:第13册[M].北京:中央文献出版社,1996.

[41]中共中央文献研究室.建国以来重要文献选编:第14册[M].北京:中央文献出版社,1997.

[42]中共中央文献研究室.建国以来重要文献选编:第15册[M].北京:中央文献出版社,1997.

[43]中共中央文献研究室.刘少奇年谱:1898-1969[M].北京:中央文献出版社,1996.

[44]中共中央文献研究室.毛泽东年谱:1949-1976[M].北京:中央文献出版社,2013.

[45]中共中央文献研究室.毛泽东文集:第1卷[M].北京:人民出版社,1993.

[46]中共中央文献研究室.毛泽东文集:第2卷[M].北京:人民出版社,1993.

[47]中共中央文献研究室.毛泽东文集:第3卷[M].北京:人民出版社,1996.

[48]中共中央文献研究室.毛泽东文集:第4卷[M].北京:人民出版社,1996.

[49]中共中央文献研究室.毛泽东文集:第5卷[M].北京:人民出版社,1996.

[50]中共中央文献研究室.毛泽东文集:第6卷[M].北京:人民出版社,1999.

[51]中共中央文献研究室.毛泽东文集:第7卷[M].北京:人民出版社,1999.

[52]中共中央文献研究室.毛泽东文集:第8卷[M].北京:人民出版社,1999.

[53]中共中央文献研究室.三中全会以来重要文献选编[M].北京:人民出版社,1982.

[54]中共中央文献研究室.十二大以来重要文献选编:上[M].北京:人民出版社,1986.

[55]中共中央文献研究室.十二大以来重要文献选编:中[M].北京:人民出版社,1986.

[56]中共中央文献研究室.十二大以来重要文献选编:下[M].北京:人民出版社,1988.

[57]中共中央文献研究室.十三大以来重要文献选编[M].北京:中央文献出版社,2011.

[58]中共中央文献研究室.十四大以来重要文献选编[M].北京:中央文献出版社,2011.

[59]中共中央文献研究室.十五大以来重要文献选编[M].北京:中央文献出版社,2011.

[60]中共中央文献研究室.十六大以来重要文献选编[M].北京:中央文献出版社,2011.

[61]中共中央文献研究室.十七大以来重要文献选编:上[M].北京:中央文献出版社,2009.

[62]中共中央文献研究室.十七大以来重要文献选编:中[M].北京:中央文献出版社,2011.

[63]中共中央文献研究室.十七大以来重要文献选编:下[M].北京:中央文献出版社,2013.

[64]中共中央文献研究室.周恩来年谱:1949-1976[M].北京:中央文献出版

社,1997.

[65] 中共中央文献研究室,中央档案馆.建国以来刘少奇文稿:第1册[M].北京:中央文献出版社,2005.

[66] 中共中央文献研究室,中央档案馆.建国以来刘少奇文稿:第2册[M].北京:中央文献出版社,2005.

[67] 中共中央文献研究室,中央档案馆.建国以来刘少奇文稿:第3册[M].北京:中央文献出版社,2005.

[68] 中共中央文献研究室,中央档案馆.建国以来刘少奇文稿:第4册[M].北京:中央文献出版社,2005.

[69] 中共中央文献研究室,中央档案馆.建国以来刘少奇文稿:第5册[M].北京:中央文献出版社,2008.

[70] 中共中央文献研究室,中央档案馆.建国以来刘少奇文稿:第6册[M].北京:中央文献出版社,2008.

[71] 中共中央文献研究室,中央档案馆.建国以来刘少奇文稿:第7册[M].北京:中央文献出版社,2008.

[72] 中共中央文献研究室,中央档案馆.建国以来周恩来文稿:第1册[M].北京:中央文献出版社,2008.

[73] 中共中央文献研究室,中央档案馆.建国以来周恩来文稿:第2册[M].北京:中央文献出版社,2008.

[74] 中共中央文献研究室,中央档案馆.建国以来周恩来文稿:第3册[M].北京:中央文献出版社,2008.

[75] 中华人民共和国外交部,中共中央文献研究室.毛泽东外交文选[M].北京:中央文献出版社,1994.

[76] 中华人民共和国外交部,中共中央文献研究室.周恩来外交文选[M].北京:中央文献出版社,1990.

[77] 中华人民共和国外交部外交史研究室.周恩来外交活动大事记:1949-1975[M].北京:世界知识出版社,1993.

[78] 中央档案馆.中共中央文件选集:第1册[M].北京:中共中央党校出版社,1989.

[79] 中央档案馆.中共中央文件选集:第2册[M].北京:中共中央党校出版

社,1989.

[80]中央档案馆.中共中央文件选集:第 3 册[M].北京:中共中央党校出版社,1989.

[81]中央档案馆.中共中央文件选集:第 4 册[M].北京:中共中央党校出版社,1989.

[82]中央档案馆.中共中央文件选集:第 5 册[M].北京:中共中央党校出版社,1989.

[83]中央档案馆.中共中央文件选集:第 6 册[M].北京:中共中央党校出版社,1989.

[84]中央档案馆.中共中央文件选集:第 7 册[M].北京:中共中央党校出版社,1989.

[85]中央档案馆.中共中央文件选集:第 8 册[M].北京:中共中央党校出版社,1989.

[86]中央档案馆.中共中央文件选集:第 9 册[M].北京:中共中央党校出版社,1989.

[87]中央档案馆.中共中央文件选集:第 10 册[M].北京:中共中央党校出版社,1989.

[88]中央档案馆.中共中央文件选集:第 11 册[M].北京:中共中央党校出版社,1989.

[89]中央档案馆.中共中央文件选集:第 12 册[M].北京:中共中央党校出版社,1989.

[90]中央档案馆.中共中央文件选集:第 13 册[M].北京:中共中央党校出版社,1989.

[91]中央档案馆.中共中央文件选集:第 14 册[M].北京:中共中央党校出版社,1989.

[92]中央档案馆.中共中央文件选集:第 15 册[M].北京:中共中央党校出版社,1989.

[93]中央档案馆.中共中央文件选集:第 16 册[M].北京:中共中央党校出版社,1989.

[94]中央档案馆.中共中央文件选集:第 17 册[M].北京:中共中央党校出版

社,1989.

[95]中央档案馆.中共中央文件选集:第18册[M].北京:中共中央党校出版社,1989.

[96]《王稼祥选集》编辑组.王稼祥选集[M].北京:人民出版社,1989.

[97]《中国共产党对外工作概况》编委会.中国共产党对外工作概况:1992—1993[M].北京:当代世界出版社,1993.

[98]《中国共产党对外工作概况》编委会.中国共产党对外工作概况:1994[M].北京:当代世界出版社,1994.

[99]《中国共产党对外工作概况》编委会.中国共产党对外工作概况:1995[M].北京:当代世界出版社,1996.

[100]《中国共产党对外工作概况》编委会.中国共产党对外工作概况:1996[M].北京:当代世界出版社,1996.

[101]《中国共产党对外工作概况》编委会.中国共产党对外工作概况:1997[M].北京:当代世界出版社,1997.

[102]《中国共产党对外工作概况》编委会.中国共产党对外工作概况:1998[M].北京:当代世界出版社,1999.

[103]《中国共产党对外工作概况》编委会.中国共产党对外工作概况:1999[M].北京:当代世界出版社,2000.

[104]《中国共产党对外工作概况》编委会.中国共产党对外工作概况:2000[M].北京:当代世界出版社,2001.

[105]《中国共产党对外工作概况》编委会.中国共产党对外工作概况:2001[M].北京:当代世界出版社,2002.

[106]《中国共产党对外工作概况》编委会.中国共产党对外工作概况:2002[M].北京:当代世界出版社,2003.

[107]《中国共产党对外工作概况》编委会.中国共产党对外工作概况:2003[M].北京:当代世界出版社,2004.

[108]《中国共产党对外工作概况》编委会.中国共产党对外工作概况:2004[M].北京:当代世界出版社,2005.

[109]《中国共产党对外工作概况》编委会.中国共产党对外工作概况:2005[M].北京:当代世界出版社,2006.

[110]《中国共产党对外工作概况》编委会.中国共产党对外工作概况:2006[M].北京:当代世界出版社,2007.

[111]《中国共产党对外工作概况》编委会.中国共产党对外工作概况:2007[M].北京:当代世界出版社,2008.

[112]《中国共产党对外工作概况》编委会.中国共产党对外工作概况:2008[M].北京:当代世界出版社,2009.

[113]《中国共产党对外工作概况》编委会.中国共产党对外工作概况:2009[M].北京:当代世界出版社,2010.

[114]《中国共产党对外工作概况》编委会.中国共产党对外工作概况:2010[M].北京:当代世界出版社,2011.

[115]《中国共产党对外工作概况》编委会.中国共产党对外工作概况:2011[M].北京:当代世界出版社,2012.

[116]《中国共产党对外工作概况》编委会.中国共产党对外工作概况:2012[M].北京:当代世界出版社,2013.

[117]《中国共产党对外工作概况》编委会.中国共产党对外工作概况:2013[M].北京:当代世界出版社,2014.

二、中文著作

[1]艾平.双洲记:政党国际交往亲历[M].北京:当代世界出版社,2018.

[2]毕桂发.毛泽东评说世界政要[M].北京:解放军出版社,2004.

[3]蔡武.和平、发展、进步:中国共产党对外友好交往[M].北京:当代世界出版社,2001.

[4]蔡武.中国共产党对外工作大事记:1949.10-1999.12[M].北京:当代世界出版社,2001.

[5]曹云华,唐翀.新中国-东盟关系论[M].北京:世界知识出版社,2005.

[6]陈敦德.崛起在1949:开国外交纪实[M].北京:解放军文艺出版社,2007.

[7]陈礼军.社会主义旗帜下的中越政治交往[M].北京:人民日报出版社,2012.

[8]陈乔之.冷战后东盟国家对华政策研究[M].北京:中国社会科学出版社,2001.

[9]陈志敏.次国家政府与对外事务[M].北京:长征出版社,2002.

[10]陈志敏,肖佳灵,赵克金.当代外交学[M].北京:北京大学出版社,2008.

[11]杜艳华.中国共产党对外党际交流史鉴[M].上海:上海人民出版社,2011.

[12]范宏伟.和平共处与中立主义:冷战时期中国与缅甸和平共处的成就与经验[M].北京:世界知识出版社,2012.

[13]葛红亮.新变局:演进中的东南亚与中国-东盟关系[M].北京:中国发展出版社,2018.

[14]古小松.越南国情与中越关系[M].北京:世界知识出版社,2007.

[15]郭明.中越关系演变四十年[M].南宁:广西人民出版社,1992.

[16]郭明.中越关系新时期[M].北京:时事出版社,2007.

[17]郭明,罗方明,李白茵.现代中越关系资料选编[M].北京:时事出版社,1986.

[18]郭业洲.长风破浪会有时:中国共产党对外工作九十年纪实[M].北京:当代世界出版社,2016.

[19]韩念龙.当代中国外交[M].北京:中国社会科学出版社,1987.

[20]贺圣达.世纪之交的东盟与中国[M].昆明:云南民族出版社,2001.

[21]胡昊,翟崑.中国-东盟合作中的政党与社会团体研究[M].北京:社会科学文献出版社,2021.

[22]黄阿玲.中国印尼关系史简编[M].北京:中国国际广播出版社,1987.

[23]黄国安.中越关系史简编[M].南宁:广西人民出版社,1986.

[24]黄金祺.怎样当好外交外事人员:论涉外人员素质修养[M].北京:世界知识出版社,2004.

[25]黄金祺.什么是外交[M].北京:世界知识出版社,2004.

[26]黄铮.中越关系史研究辑稿[M].南宁:广西人民出版社,1992.

[27]黄铮.胡志明与中国[M].北京:解放军出版社,1987.

[28]姜琦,张月明.国际共产主义运动中的党际关系史[M].上海:华东师范大学出版社,1991.

[29]蒋光化.访问外国政党纪实[M].北京:当代世界出版社,1997.

[30]金冲及.刘少奇传[M].北京:中央文献出版社,1998.

[31]金冲及.周恩来传[M].北京:中央文献出版社,1998.

[32]金正昆.外交学[M].北京:中国人民大学出版社,2004.

[33]康世平,张洁.冷战后近邻国家对华政策研究[M].北京:世界知识出版社,2005.

[34]李富强.中国与东盟交流合作史研究:政治卷[M].北京:民族出版社,2007.

[35]李健.天堑通途:中国共产党对外交往纪实[M].北京:当代世界出版社,2000.

[36]李健.和平发展进步:中国共产党对外交往80年[M].北京:当代世界出版社,2002.

[37]李景治.国际共运史学百年[M].北京:北京出版社,1999.

[38]李路曲.当代东亚政党政治的发展[M].上海:学林出版社,2005.

[39]李文.东亚:政党政治与政治参与[M].北京:世界知识出版社,2007.

[40]李颖.从一大到十七大[M].北京:中央文献出版社,2008.

[41]林文勋,郑永年.中国-东盟命运共同体与澜湄合作[M].北京:社会科学文献出版社,2019.

[42]刘杰诚.毛泽东与斯大林会晤纪实[M].北京:中共党史出版社,1997.

[43]刘万镇,李庆贵.毛泽东国际交往录[M].北京:中共党史出版社,1995.

[44]刘建超.国际社会眼中新时代的中国共产党[M].北京:当代世界出版社,2023.

[45]刘建超.中国共产党与世界马克思主义政党论坛实录[M].北京:当代世界出版社,2023.

[46]鲁毅,黄金祺,王德仁.外交学概论[M].北京:世界知识出版社,2004.

[47]米良.东盟国家宪政制度研究[M].昆明:云南大学出版社,2006.

[48]牛军.从延安走向世界:中国共产党对外关系的起源[M].北京:中共党史出版社,2008.

[49]潘金娥.越南政治经济与中越关系前沿[M].北京:社会科学文献出版社,2011.

[50]潘一宁.国际因素与当代东南亚国家政治发展[M].北京:中国社会科学出版社,2004.

[51]逄先知,金冲及.毛泽东传:1949-1976[M].北京:中央文献出版社,2004.

[52]裴坚章.中华人民共和国外交史:1949-1956年[M].北京:世界知识出版社,1994.

[53]裴坚章.毛泽东外交思想研究[M].北京:世界知识出版社,1994.

[54]裴坚章.研究周恩来:外交思想与实践[M].北京:世界知识出版社,1989.

[55]齐鹏飞.中国共产党与当代中国外交[M].北京:中共党史出版社,2010.

[56]钱江.周恩来与日内瓦会议[M].北京:中共党史出版社,2005.

[57] 钱江.秘密征战:中国军事顾问团援越抗法纪实:上,下册[M].成都:四川人民出版社,1999.

[58] 石仲泉,沈正乐.中共八大史[M].北京:人民出版社,1998.

[59] 石晓虎.政党政治与政党外交研究:第一期[M].北京:当代世界出版社,2022.

[60] 宋涛.中国共产党对外工作100年[M].北京:当代世界出版社,2021.

[61] 宋涛.携手构建人类命运共同体:中国共产党与世界政党高层对话会文集[M].北京:当代世界出版社,2018.

[62] 孙金伟.中国共产党对外政策研究:1921-1949[M].郑州:河南人民出版社,2007.

[63] 唐希中.中国与周边国家关系:1949-2002[M].北京:中国社会科学出版社,2003.

[64] 田永祥.中国共产党的国际交往[M].北京:五洲传播出版社,2022.

[65] 屠年松,屠琪珺.中国与东盟国家和谐关系论[M].北京:中国经济出版社,2018.

[66] 王长江.政党论[M].北京:人民出版社,2009.

[67] 王福春.外事管理学概论[M].北京:北京大学出版社,2003.

[68] 王光厚.冷战后中国东盟战略关系研究[M].长春:吉林大学出版社,2008.

[69] 王家瑞.中国共产党对外交往90年[M].北京:当代世界出版社,2013.

[70] 王坚红.冷战后的世界共产党[M].北京:中共党史出版社,1996.

[71] 王韶兴.政党政治论[M].济南:山东人民出版社,2011.

[72] 王双梅.刘少奇与中共八大[M].北京:中央文献出版社,2008.

[73] 王泰平.新中国外交五十年[M].北京:北京出版社,1999.

[74] 汪新生.现代东南亚政治与外交[M].南宁:广西人民出版社,1998.

[75] 魏炜.李光耀时代的新加坡外交研究:1965-1990[M].北京:中国社会科学出版社,2007.

[76] 文庄.记忆深处的胡志明[M].香港:香港出版社,2009.

[77] 吴辉.政党制度与政治稳定:东南亚经验的研究[M].北京:世界知识出版社,2005.

[78] 吴冷西.忆毛主席[M].北京:新华出版社,1995.

[79] 吴冷西.十年论战:1956-1966中苏关系回忆录[M].北京:中央文献出版

社,1999.

[80]吴兴唐.政党外交和国际关系[M].北京:当代世界出版社,2004.

[81]吴兴唐.政党外交工作的回忆与思考[M].北京:当代世界出版社,2020.

[82]谢益显.中国外交史:中华人民共和国时期,1949-1979[M].郑州:河南人民出版社,1988.

[83]谢益显.中国外交史:中华人民共和国时期,1979-1994[M].郑州:河南人民出版社,1995.

[84]谢益显.中国当代外交史:1949-2009[M].北京:中国青年出版社,2009.

[85]徐则浩.王稼祥传[M].北京:当代中国出版社,2006.

[86]许月梅.建国后中国共产党政党外交理论研究[M].北京:中国社会科学出版社,2003.

[87]杨奎松.毛泽东与莫斯科的恩恩怨怨[M].南昌:江西人民出版社,2012.

[88]杨奎松.冷战时期的中国对外关系[M].北京:北京大学出版社,2006.

[89]杨洁勉.中国共产党和中国特色外交理论与实践[M].上海:东方出版中心,2011.

[90]叶自成.新中国外交思想:从毛泽东到邓小平:毛泽东、周恩来、邓小平思想比较研究[M].北京:北京大学出版社,2001.

[91]叶自成.地缘政治与中国外交[M].北京:北京出版社,1998.

[92]俞正梁.当代国际关系学导论[M].上海:复旦大学出版社,1996.

[93]于洪君.当代世界政党情势:2012[M].北京:党建读物出版社,2013.

[94]于洪君.中国特色政党外交[M].北京:社会科学文献出版社,2017.

[95]余定邦.中缅关系史[M].北京:光明日报出版社,2000.

[96]余定邦.中泰关系史[M].北京:中华书局,2009.

[97]余科杰,柴尚金.新中国政党外交基本经验研究[M].北京:当代世界出版社,2023.

[98]岳奎.交流与展示之间:中共八大期间的政党外交研究[M].上海:三联书店,2019.

[99]张历历.现代国际关系学[M].重庆:重庆出版社,1988.

[100]张蕾蕾.中国共产党政党外交研究[M].北京:军事科学出版社,2013.

[101]张蕴岭.中国与周边国家:构建新型伙伴关系[M].北京:社会科学文献出版

社,2008.

[102]张锡镇.当代东南亚政治[M].北京:机械工业出版社,1995.

[103]周淑真.政党和政党制度比较研究[M].北京:人民出版社,2007.

[104]周淑真.政党政治学[M].北京:人民出版社,2011.

[105]朱良.对外工作回忆与思考[M].北京:当代世界出版社,2012.

[106]朱建田.马克思主义党际关系理论研究[M].北京:人民出版社,2017.

三、中文译著

[1]阿查亚.建构安全共同体:东盟与地区秩序[M].王正毅,冯怀信,译.上海:上海人民出版社,2004.

[2]巴斯顿.现代外交[M].赵怀普,译.北京:世界知识出版社,2002.

[3]戴蒙德,麦克唐纳.多轨外交:通向和平的多体系途径[M].李永辉,李期铿,田小惠,等,译.北京:北京大学出版社,2006.

[4]费丽莫.国际社会中的国家利益[M].袁正清,译.杭州:浙江人民出版社,2001.

[5]芬斯顿.东南亚政府与政治[M].张锡镇,译.北京:北京大学出版社,2007.

[6]傅高义.邓小平时代[M].冯克利,译.北京:生活·读书·新知三联书店,2013.

[7]哈比比.决定命运的时刻:印度尼西亚走向民主之路[M].李豫生,译.北京:世界知识出版社,2008.

[8]哈利迪.革命与世界政治[M].张帆,译.北京:世界知识出版社,2006.

[9]韩素音.周恩来与他的世纪:1898-1998[M].王弄笙,译.北京:中央文献出版社,1992.

[10]黄朝翰.中国与亚太地区变化中的政治与经济关系[M].张乃坚,译.广州:暨南大学出版社,1990.

[11]黄文欢.沧海一粟:黄文欢革命回忆录[M].文庄,侯寒江,译.北京:解放军出版社,1987.

[12]基欧汉,米尔纳.国际化与国内政治[M].姜鹏,董素华,译.北京:北京大学出版社,2003.

[13]库恩.中国30年[M].吕鹏,李荣山,译.上海:上海人民出版社,2008.

[14]麦克纳马拉.回顾越战的悲剧与教训[M].陈丕西,译.北京:作家出版社,1996.

[15]普利施科.首脑外交[M].周启朋,熊志勇,宫少朋,等,译.北京:世界知识出版

社,1990.

[16] 塞韦里诺. 东南亚共同体建设探源:来自东盟前任秘书长的洞见[M]. 王玉主, 译. 北京:社会科学文献出版社,2012.

[17] 张如磉. 与河内分道扬镳:一个越南官员的回忆录[M]. 强明,华实,译. 北京:世界知识出版社,1989.

四、期刊论文

[1] 曹云华. 新型的中国-东盟关系:利益共同体与命运共同体[J]. 当代世界,2015(3):26-28.

[2] 曹云华. 在大国间周旋:评东盟的大国平衡战略[J]. 暨南学报(哲学社会科学版),2003(3):11-21.

[3] 柴宝勇. 论政党认同与政党领袖的关系[J]. 理论月刊,2009(5):65-67.

[4] 柴尚金. 中国共产党对外交往理论的形成发展及主要特点[J]. 当代世界,2011(7):22-25.

[5] 柴尚金. 中国共产党百年对外交往对马克思主义党际关系理论的创新贡献[J]. 毛泽东邓小平理论研究,2021(4):42-50.

[6] 陈翔. 越南与中国东南亚外交突破的关系[J]. 世界经济与政治论坛,2015(2):58-72.

[7] 陈遥. 中国-东盟政治互信:现状、问题与模式选择[J]. 东南亚研究,2014(4):34-40.

[8] 崔海宁. 中国国家利益及其在中国-东盟关系中面临的机遇和挑战[J]. 南洋问题研究,2007(2):14-21.

[9] 崔运武,胡恒富. 论菲律宾政党政治的特点及其与政治文化的关系[J]. 南洋问题研究,1998(2):54-59.

[10] 戴秉国. 邓小平外交思想与新时期中国共产党对外工作的历史性调整与开拓[J]. 求是,1999(1):25-28.

[11] 戴可来,于向东. 90年代中越政治关系的发展及其动因[J]. 东南亚,2000(1):14-18.

[12] 杜继锋. 缅甸政党体制变革及未来走向[J]. 当代世界,2012(12):52-55.

[13] 范炳良. 国家外交形式的发展趋势[J]. 当代世界,2005(3):23-25.

[14] 范宏伟.中缅关系的转折:1954年,以外交部解密档案为视角[J].东南亚研究,2008(5):90-94.

[15] 方拥华.中菲关系的回顾与展望[J].东南亚,2005(4):17-22.

[16] 郭伟伟,徐晓全.马来西亚政党政治的特点与趋势展望[J].国外理论动态,2013(11):99-104.

[17] 古小松.中越如何重拾战略互信:从越南的历史传统与大国外交政策说起[J].人民论坛·学术前沿,2014(9):6-18.

[18] 韩博,王海毅.胡志明的七次中国之行[J].史海纵横,2011(2):10-12.

[19] 贺圣达.中缅关系60年:发展过程和历史经验[J].东南亚纵横,2010(11):12-20.

[20] 何立波.援越抗法斗争中的毛泽东[J].文史月刊,2005(5):4-11.

[21] 何平.全球化时代的新政治[J].当代世界与社会主义,2000(3):95-96.

[22] 洪左君.中越友好交往中的浓重一笔:记新中国成立后胡志明首次秘密访华[J].当代世界,2000(3):24-27.

[23] 胡波.中国东南亚外交亟须战略自觉与平衡[J].中国经济周刊,2013(40):17-18.

[24] 胡波.后李光耀时代,中新关系将开启新的可能[J].中国经济周刊,2015(12):20.

[25] 黄铮.发展面向21世纪的中越睦邻友好合作关系:中越建交50周年之际的回顾与前瞻[J].学术论坛,2000(1):1-6.

[26] 季玲.权力格局失衡与心理调适:中国东盟关系中的信任问题[J].南洋问题研究,2012(1):37-46.

[27] 贾美超.从"党际关系"到"政党外交"再到"大国特色":当代中国共产党对外交往的调整与转型[J].中共石家庄市委党校学报,2019,21(4):32-36.

[28] 姜琦.论党际关系[J].社会科学,2001(7):8-12.

[29] 姜跃.以党际关系推动国家关系[J].中共石家庄市委党校学报,2008(10):25-27.

[30] 金鑫.世界政党政治的现状、发展趋势及对当代国际关系的影响[J].国际论坛,2001(2):12-20.

[31] 金鑫.国内外关于中国共产党对外交往的研究综述[J].当代世界,2015(3):

10-13.

[32] 金鑫.新时代中国特色政党外交:机遇、挑战与任务[J].探索与争鸣,2022(1):5-8.

[33] 李才义.论毛泽东外交思想中的意识形态与国家利益[J].党史研究与教学,2003(6):29-35.

[34] 李晨阳.缅甸政治转型中的政党政治[J].当代世界,2014(3):67-70.

[35] 李成仁.深化睦邻友好,促进全面合作:中越、中朝、中老关系三个16字方针的产生和发展[J].当代世界,2010(10):25-29.

[36] 李大林,王西庆.论邓小平党际关系思想的形成与发展、逻辑及价值[J].南京政治学院学报,2003(3):17-21.

[37] 李丹慧.关于1950-1970年代中越关系的几个问题(上):对越南谈越中关系文件的评析[J].江淮文史,2014(1):68-84.

[38] 李纲.回忆邓小平会见各国政党领导人:中联部原部长李淑铮访谈录[J].党的文献,2007(3):37-40.

[39] 李家忠.亲历中越关系正常化[J].湘潮,2010(4):36-39.

[40] 李家忠.中越领导人成都秘密会晤内幕:中越关系实现正常化的前奏曲[J].党史纵横,2006(1):22-26.

[41] 李景治.周边安全新态势与中国和平发展新考验[J].新视野,2010(6):10-13.

[42] 李庆四.中国与东盟关系:睦邻外交的范例[J].国际论坛,2004(2):30-34.

[43] 李淑铮.意识形态的差异不应成为建立新型党际关系的障碍[J].当代世界,1996(2):4-5.

[44] 李亚男.中国与东南亚共产党关系的正常化及其影响:兼论中共从革命党向执政党身份转换的完成[J].攀登,2014,33(3):8-13.

[45] 李艳辉.战后中国与印尼的关系[J].南洋问题研究,1994(2):14-22.

[46] 李一平,罗文春.转型时期的外交:1975年的中泰关系[J].华侨大学学报(哲学社会科学版),2013(4):31-37.

[47] 李永辉.积极打造周边战略依托带,托升中国崛起之翼[J].现代国际关系,2013(10):35-37.

[48] 黎晓岚.中国与东盟社会主义国家政治交往实践:现状、成果及问题[J].东南亚纵横,2010(4):68-72.

[49]廖小健.中马关系的新发展与新挑战[J].东南亚纵横,2006(10):15-19.

[50]林怀艺.我国总体外交中的政党外交评析[J].华侨大学学报(哲学社会科学版),2005(4):24-29.

[51]林怀艺,陈心香.马克思恩格斯对共产党人处理党际关系的探索[J].当代世界与社会主义,2017(4):57-66.

[52]刘建超.把握世界大势谱写时代新篇:新时代党的对外工作成就经验展望[J].当代世界,2022(9):4-9.

[53]刘建超.奋力谱写新时代新征程党的对外工作崭新篇章[J].当代世界,2023(1):4-9.

[54]刘建超.深刻领会习近平新时代中国特色社会主义思想的世界意义不断开创党的对外工作新局面[J].当代世界,2023(7):4-11.

[55]刘建超.同行天下大道共筑世界和平[J].当代世界,2023(8):4-7.

[56]刘静,柳慧.新中国成立以来我国多边政党外交的议题变化及启示[J].社会主义研究,2021(6):18-25.

[57]刘红凛.论政党意识形态[J].山东师范大学学报(人文社会科学版),2007(5):73-77.

[58]刘庆."战略互信"概念辨析[J].国际论坛,2008(1):40-45.

[59]牛军.1962:中国对外政策"左"转的前夜[J].历史研究,2003(3):23-40.

[60]潘敬国,张颖.周恩来与中国同东盟国家关系的开启[J].中共党史研究,2010(5):47-53.

[61]潘正祥,李宇征.从和平外交到革命外交:20世纪50年代中后期我国外交战略大转变国际原因探析[J].安徽史学,2003(5):62-64.

[62]潘一宁.越南战争后期中越关系的演变:1968-1972[J].南洋问题研究,2008(3):91-99.

[63]彭述刚,万灵枝.一党专权或多党竞争:印尼政党与政治发展的回顾与前瞻[J].东南亚研究,1999(5):18-21.

[64]钱健.建国初毛泽东睦邻外交思想及其在东南亚的实践[J].黑河学刊,2009(3):54-57.

[65]秦艳峰,喻常森.20世纪70年代中马建交的背景与意义[J].东南亚研究,2011(4):60-67.

[66]邱治家,叶晓林.周恩来与党际关系四项原则[J].当代世界,1998(3):8-10.

[67]饶小琴.试析20世纪70年代中越关系剧变原因之苏联因素[J].西伯利亚研究,2011,38(5):79-84.

[68]邵笑.论中国对越美和谈态度的转变及其对中越关系的影响:1968～1971年[J].当代中国史研究,2012,19(2):96-105.

[69]沈志华.毛泽东与东方情报局:亚洲革命领导权的转移[J].华东师范大学学报(哲学社会科学版),2011,43(6):27-37.

[70]沈志华,李丹慧.中美和解与中国对越外交:1971-1973[J].美国研究,2000(1):98-116.

[71]时新华.新中国成立70年来中共对外党际交往之考察与思考[J].理论学刊,2020(1):32-40.

[72]宋涛.建立新型政党关系建设更加美好世界[J].当代世界,2018(1):1.

[73]宋涛.党的对外工作是中国特色大国外交的重要体现[J].当代世界,2022(1):4-10.

[74]舒建国.毛泽东"反帝反修"外交战略的内涵及其实践效应[J].南昌大学学报(人文社会科学版),2008(3):8-14.

[75]孙健.论政党政治、政党外交与中国特色的政党外交[J].内蒙古大学学报(哲学社会科学版),2011,43(4):42-46.

[76]唐翀.从敌对到正常化:冷战时期中国与东盟国家的外交关系[J].东南亚南亚研究,2013(2):1-6.

[77]唐秀玲,李建光.泰国的民主发展与政党定型分析[J].中共中央党校学报,2012,16(3):103-106.

[78]陶元浩.试论新加坡政党体制及经验启示[J].东南亚南亚研究,2010(2):26-29.

[79]田立加,王光厚.中缅关系面临的挑战及中国的战略选择[J].长春理工大学学报(社会科学版),2014,27(5):20-22.

[80]王长江.党有自身利益是一种客观存在[J].党的生活(黑龙江),2010(6):17-18.

[81]王家瑞.邓小平与政党外交——纪念邓小平诞辰100周年[J].当代世界,2004(8):4-7.

[82]王明进.战略概念的拓展与国际战略学的创立[J].国际关系学院学报,2008(1):1-6.

[83]王喜满,巩效忠.中国共产党对外党际交往的百年历程和基本经验[J].贵州省党校学报,2022(6):68-74.

[84]王续添.论邓小平的大局观[J].教学与研究,2000(11):11-18.

[85]王洋.意识形态的嬗变与中国共产党党际关系的发展[J].理论导刊,2008(4):31-33.

[86]魏炜,邱小云.邓小平与中新友好是领袖外交的典范[J].党史文苑,2006(24):24-25.

[87]文庄.我所经历的毛泽东与胡志明的三次会面[J].党史纵横,2005(4):14-17.

[88]吴兴唐.中国政党外交的特色与优势刍议[J].当代世界,2014(4):58-61.

[89]肖枫.时代主题转换与党的对外工作转变[J].当代世界,2008(12):26-28.

[90]肖刚,李亮.中国的东南亚外交再思考[J].东南亚研究,2009(3):50-56.

[91]许梅.老挝对华政策的演变与发展[J].东南亚研究,1999(1):29-34.

[92]徐焰.波尔布特:"左祸"的一面镜子[J].百年潮,2001(3):66-72.

[93]徐行.周恩来的党际关系思想及其当代启示[J].中国政协理论研究,2013(3):37-43.

[94]阎学通.中国外交需立足周边[J].瞭望新闻周刊,2000(11):49-50.

[95]杨保筠.柬埔寨政党政治的发展及其特点[J].当代亚太,2007(1):11-19.

[96]杨奎松.新中国从援越抗法到争取印度支那和平的政策演变[J].中国社会科学,2001(1):193-204.

[97]杨胜刚.正确义利观:中国共产党开展对外党际关系指导思想[J].陕西行政学院学报,2021,35(3):46-51.

[98]杨玉琦.毛泽东党际关系思想探析[J].云南社会主义学院学报,2016(2):53-57.

[99]叶自成.中国传统文化中的义利观与中国外交[J].国际政治研究,2007(3):24-29.

[100]尹鸿伟,陈平.回家的路还很漫长[J].南风窗,2008(21):86-88.

[101]于洪君.中国的睦邻友好外交与中国共产党的周边政党交往[J].红旗文稿,2005(16):34-36.

[102]于向东.正常化以来中越关系的全面发展及其展望[J].郑州大学学报(哲学社会科学版),2008,41(6):81-86.

[103]余科杰.论中国共产党政党外交的基本经验[J].中国特色社会主义研究,2011(3):33-37.

[104]余科杰.关于政党外交的几点认识和思考[J].当代世界与社会主义,2011(6):100-104.

[105]余科杰.论"政党外交"的起源和发展:基于词源概念的梳理考察[J].外交评论(外交学院学报),2015,32(4):124-136.

[106]余科杰.关于政党外交研究的若干思考[J].新视野,2018(1):116-122.

[107]余科杰.改革开放以来中国共产党对外党际关系的历史考察[J].当代世界社会主义问题,2019(1):59-69.

[108]余科杰,杨胜刚.坚持对外党际关系四项原则的历史经验[J].当代世界社会主义问题,2020(1):47-56.

[109]余科杰,安姿瑜.中国共产党百年对外工作的历史经验[J].当代世界社会主义问题,2021(2):35-44.

[110]俞新天.东亚认同感的胎动:从文化的视角[J].世界经济与政治,2004(6):20-25.

[111]泽山.独立自主论:毛泽东独立自主思想的形成和发展[J].江苏社联通讯,1989(4):71-75.

[112]翟强.周恩来和中越关系[J].觉悟,2010(2).

[113]张德维.成都会谈:中越相逢一笑泯恩仇[J].湘潮(上半月),2012(3):40-44.

[114]张青."渡尽劫波兄弟在,相逢一笑泯恩仇":中越关系正常化的前前后后[J].东南亚纵横,2000(2):4-7.

[115]张锡镇.中泰关系四十年[J].东南亚研究,1990(2):1-12.

[116]赵可金.政党外交及其运行机制[J].当代世界,2010(11):43-46.

[117]赵启正.由民间外交到公共外交[J].外交评论(外交学院学报),2009,26(5):1-3.

[118]郑一省.后苏哈托时期印尼政党制度的变化及其影响[J].当代亚太,2006(7):32-37.

[119]周方冶.中泰关系-东盟合作中的战略支点作用:基于21世纪海上丝绸之路的

分析视角[J].南洋问题研究,2014(3):17-22.

[120]周孟雄,米良,陈文定.东盟与中国的关系及其对越-中关系的影响[J].云南大学学报(法学版),2008,21(6):159-162.

[121]周淑真.试论21世纪初世界政党发展的新特点[J].当代世界与社会主义,2006(4):78-82.

[122]周淑真.借鉴世界政党制度文明,创新中国政党制度[J].江汉论坛,2008(8):5-9.

[123]周淑真.政党政治理念的变革及其深层逻辑[J].新视野,2013(3):41-46.

[124]周鑫宇.美国对缅政策调整述评[J].现代国际关系,2012(2):60-66.

[125]周鑫宇.中国要面对亚洲安全的新现实[J].世界知识,2014(11):75.

[126]周永生.中国对东南亚的大战略思想梳理[J].人民论坛·学术前沿,2014(7):6-12.

[127]周余云.论政党外交[J].世界经济与政治,2001(7):16-21.

[128]周余云.论新型党际关系[J].毛泽东邓小平理论研究,2009(1):22-26.

[129]周玉文.中共在政党外交中处理意识形态问题的发展历程[J].党史文苑,2011(8):15-17.

[130]周玉文.毛泽东政党外交的风格[J].江西社会科学,2014,34(4):184-188.

[131]朱建田.邓小平对外党际关系思想探析[J].邓小平研究,2017(5):21-30.

[132]朱良.试析指导党的对外工作战略思想的变化[J].当代世界,2010(9):9-15.

[133]朱昔群.执政党的国际定位与党际交往[J].领导之友,2004(6):37-39.

[134]朱振明,谢远章.和平共处五项原则与中泰建交[J].东南亚,1990(1):7-12.

五、学位论文

[1]曹希岭.1949-1956年中国共产党外交思想与政策研究[D].北京:中国人民大学博士论文,1995.

[2]丁进孝.1950年至1975年的中越关系研究[D].长沙:湖南师范大学,2014.

[3]冯瑾.中国共产党与西欧共产党党际关系研究[D].北京:中国社会科学院研究生院,2023.

[4]郭安娜.当代中国与东南亚国家政党外交研究[D].北京:外交学院,2016.

[5]古小松.从恩恩怨怨到平等互利:20世纪后期中越关系研究[D].广州:暨南大

学,2000.

[6]姜峰.中国共产党政党外交国际身份演变研究[D].北京:外交学院,2015.

[7]金是用.安全与发展:二战以来中国-菲律宾关系之研究[D].广州:暨南大学,2009.

[8]黎氏秋红.中国东南亚睦邻外交战略研究:兼论中国与东盟及其成员国的关系[D].北京中国人民大学,2011.

[9]李桂华.地缘政治视角下的中越关系研究:1949-1972[D].北京:中国人民大学,2011.

[10]罗雪珍.中国共产党与越南共产党关系的考察与反思:基于意识形态与国家利益的视角[D].泉州:华侨大学,2014.

[11]时新华.中国共产党政党外交:理论·实践·经验[D].济南:山东大学,2011.

[12]王创峰.新时期中国共产党政党外交理论与实践研究[D].北京:中共中央党校,2006.

[13]王丽丽.中国共产党与新加坡人民行动党党际交往研究[D].北京:外交学院,2014.

[14]徐善宝.建构共同利益:中国-东盟关系研究的新视角[D].广州:暨南大学,2007.

[15]杨扬.毛泽东执政时期的中共政党外交[D].北京:中国人民大学,2010.

[16]杨胜刚.新中国政党外交维护国家利益研究:以处理意识形态与国家利益相互关系为视角[D].北京:外交学院,2022.

[17]伊士健.中越两国共产党党际关系研究[D].北京:外交学院,2014.

[18]张蕾蕾.社会身份理论视域下中国共产党政党外交研究[D].上海:复旦大学,2011.

[19]张秀阁.援越抗美与中越关系的演变[D].天津:南开大学,2010.

[20]赵乾坤.大国权力与地区规范:中国与东盟关系研究[D].北京:外交学院,2006.

[21]周建华.中越两党关系研究[D].北京:中国人民大学,2000.

六、电子资源

[1]东盟秘书处[Z/OL].https://asean.org.

［2］广西社会科学院东南亚研究所［Z/OL］. http：//www. gass. gx. cn.

［3］哈佛大学费正清中国研究中心［Z/OL］. https：//fairbank. fas. harvard. edu.

［4］华东师范大学历史学系［Z/OL］. http：//history. ecnu. edu. cn.

［5］暨南大学国际关系学院/华人华侨研究院［Z/OL］. https：//sis-aocs. jnu. edu. cn.

［6］厦门大学国际关系学院/南洋研究院［Z/OL］. https：//guoguan. xmu. edu. cn.

［7］新加坡东南亚研究所［Z/OL］. https：//www. iseas. edu. sg.

［8］新加坡国立大学东亚研究所［Z/OL］. https：//research. nus. edu. sg/eai.

［9］熊光清. 中国的柔性外交维系了东亚的和平局面［N/OL］. 联合早报,（2014-03-17）［2024-02-22］. https：//news. uibe. edu. cn/info/1371/11198. htm.

［10］云南省社会科学院东南亚研究所［Z/OL］. http：//www. sky. yn. gov. cn/jgsz/yjys/dnyyjs.

［11］中华人民共和国外交部［Z/OL］. https：//www. fmprc. gov. cn.

［12］中共中央对外联络部［Z/OL］. https：//www. idcpc. gov. cn.

［13］中共中央党史和文献研究院［Z/OL］. https：//www. dswxyjy. org. cn.

［14］中国-东盟中心［Z/OL］. http：//www. asean-china-center. org.

［15］中国社会科学院亚太与全球战略研究院［Z/OL］. http：//niis. cssn. cn.

［16］中山大学历史学系［Z/OL］. https：//history. sysu. edu. cn.

后　记

　　《中国对东南亚国家政党外交述论（1949—2012）》一书是我在博士论文的基础上进一步修改而成的。出版之际，首先要感谢的是我的导师、中国人民大学国际关系学院教授周淑真。我因工作而与周老师相识，也因工作之缘投到周老师门下。几年来，周老师引领我一步步踏进专业领域的门槛，指引我迈向学术研究的殿堂。在论文写作过程中，周老师在论文选题、逻辑思路、结构框架、材料筛选，乃至谋篇布局、字句标点等各个方面给予我精心、细致的指导，老师也为此付出双倍乃至多倍的心血。对于跨专业学习的我而言，导师在为学、为文、为人等方面的言传身教将使我受益终生。

　　我要感谢的还有我的论文预答辩专家——中国人民大学国际关系学院教授黄嘉树、王续添、王英津；答辩委员会专家——中国人民大学国际关系学院教授李景治、王续添，中央编译局研究员王学东，北京大学政府管理学院教授金安平，北京行政学院教授李燕奇，以及匿名评审的其他五位专家。他们或是在中国人民大学国际关系学院的课堂上传道授业，给我如沐春风般的教诲和启迪；或是在匿名评审、论文预答辩和答辩时给我激励和鞭策。他们一丝不苟的严谨教学态度以及鞭辟入里的真知灼见，使我充满对学术的尊重和对真理的敬畏。

　　我要感谢的还有北京外国语大学国际关系学院教授李永辉、丛鹏、王明进、周鑫宇，亚非学院教授孙晓萌，马来语专业教授吴宗玉，印尼语专业老师王丹丹，以及我的博士同门、中国社会科学院大学教授柴宝勇，深圳大学博士袁超，常州大学博士朱世龙，感谢他们在论文写作过程中提出的宝贵意见。感谢我在北京外国语大学的各位领导对我在职学习的关心、鼓励和支持。感谢我的同事祝和军、韩强、刘荣、张鹂、滕岑、陈小龙等在此过程中给予我的多个方面的帮助。我还要感谢审阅书稿并提出宝贵意见的中联部有关专家学者，感谢当代世界出版社李双伍社长，刘娟娟、魏银萍、徐嘉璐编辑在编辑出版过程中所付出的辛勤劳动。

最后，我要感谢的是我的四位老人、爱人、儿子和所有的家人。读书期间，几易寒暑，我几乎把我的业余时间全部交给了学业和论文，而他们也默默地承担了几乎所有的、我应尽却未能尽到的义务和责任。我用一种几近"两耳不闻家务事"的方式去修炼我的"正果"，如今圆了我的梦，却白了老人的头。

在本书写作过程中，我参考和借鉴了学界同仁的一些研究成果，在此一并致谢。由于成书比较仓促，加上本人能力水平有限，书中难免存在一些谬误和不尽人意之处，敬请各位读者批评指正。

贾德忠
2024 年 11 月 19 日
于北京中关村